# 初中那三年

唐 鉴 著

中国农业出版社
北 京

## 图书在版编目（CIP）数据

初中那三年 / 唐鉴著 . —北京：中国农业出版社，2022.4（2023.12 重印）

ISBN 978-7-109-29267-3

Ⅰ．①初… Ⅱ．①唐… Ⅲ．①初中—班主任工作 Ⅳ．①G635.16

中国版本图书馆 CIP 数据核字（2022）第 050955 号

初中那三年

CHUZHONG NA SANNIAN

中国农业出版社出版

地址：北京市朝阳区麦子店街 18 号楼

邮编：100125

责任编辑：黎思玮

版式设计：杜　然　　责任校对：吴丽婷

印刷：北京通州皇家印刷厂

版次：2022 年 4 月第 1 版

印次：2023 年 12 月北京第 3 次印刷

发行：新华书店北京发行所

开本：880mm×1230ｍm　1/32

印张：12.5

字数：340 千字

定价：38.00 元

# 共生最美的教育生活

第一次捧读唐鉴班主任老师的教育小说，就被其独特的教育视角、细腻的文学笔触、感人的教育场景、真实的教育故事所吸引。而最让我震撼的却是，在平实而不乏生动的教育叙事背后，呈现的是一位普通教育者的教育思索和教育理解。

在百年未有之大变局中，与时代洪流一起裹挟演进的不仅仅是教师，还有学生和家长。每一个教师，都在新的时代呈现对教育的理解，每一位家长都在新的时代对教育做出判断，而每一位学生，都在面对新的时代做出自己的理解和成长选择。没有任何一个时代像今天的教育这样，关联着民族复兴、大国崛起，更关联着每一个孩子、每一个家庭的生活幸福。教育理论的创新总是在理论创新的路上，教育实践也常在经验思维束缚中陷于如旧如常，而一线教师、学生、家长在现实生活的裹挟面前往往陷入现实的迷茫。

当新冠肺炎疫情横扫全世界的时候，我们才猛然发现，诗意温暖的生活，总是以公共安全和健康作为最基本的社会基础。当教育内卷被绑上功利竞争的战车，被国家双减政策摁下停止键的时候，其实全社会都在重新思考：我们究竟需要什么样的教育？高质量的教育生活究竟应该是一个什么样的最理想的样子？

而唐鉴老师呈现的教育生活，似乎正是我们该认真去把握和实现的教育的样子。

在今天经济发展推动竞争性焦虑不断升级的时候，在今天网络信息化导致学生早早实现人生剧透、弱减生命动力的时候，当价值多元化导致人们被观念迷乱、无所适从的时候，当人工智能推高技术崇拜而忘却人的主体生命、意志重构的时候，我更想说，我们更应该，回归教育生活本身。

无论是学术家的理论研究，还是教师的教学实践；无论是面对学生成长的迷惘与探索，还是面对家长心理失衡与挥之不去的教育焦虑；我们都应该唤起全社会的共识：让我们一起共生最美的教育生活本身。我以为，唐鉴老师的教育小说，正是再现了这样的教育生活。

只有共生最美的教育生活，当每一个孩子、每一个家长、每一个教师在这样的教育生活中拥有生命的获得感、存在感和价值感的时候，教育才真实发生，教育的意义和价值才得以真正重构，而每一个教师的职业幸福、每一个孩子的生命成长、每一个家庭的幸福期望才能从这样真实的教育生活场域中获得教育真正的力量和希望。

因此，这部教育小说应该是学生、家长、教师可以共同获得启发和力量的书。

如果你是正在成长路上的孩子，希望你从唐老师的教育小说中获得你自己的理解和思索，世界未必如我们所期待的样子，但是唐老师教会我们学会热爱生命、热爱生活，希望和力量更多来源于我们的自信和自觉。我们更应该相信，真正理想的学校生活一定不是自我缺位的学校生活。选择什么样的班级、什么样的学校，其实并不是最重要的。我们学会选择什么样的学习生活本身，才是每一个孩子成长中最重要的自我责任。共生最美的教育生活，我们的生命也就从此因为真正的成长而精彩！

如果你是一位普通教师，希望你和唐老师一样，让平凡的教育生活更赋予教育的意义和价值，因为教育幸福就蕴藏在日常的教育生活之中。当我们与学生共情共鸣，感同身受，一起直面问题和挑战的时候，当我们和学生一起共生共长，探秘生命成长的智慧、感受时代的脉搏、将个人梦想与中国梦想融合的时候，教育的幸福就已经在最美的教育生活之中！

如果你是一位普通的家长，希望你在小说中，走进孩子和班主任的心灵世界，教育是一段生命孵化的温暖行程，请保持你的定力和初心，坚定教育自信和对你孩子的生命自信，当你和孩子、老师一起，也构建起最美的家庭教育生活的时候，你的孩子一定会因为爱与希望更加充满力量！

有人说，一线老师不一定是教育家，但是有爱有智慧的一线老师，比教育家更能给孩子和家长带去真实的教育幸福和教育力量。一部教育叙事小说，也未必是教育百科全书，但是，富有教育意趣的教育小说再现的教育生活和故事，一定会绽放激动人心的力量。

是为序。

中国教育学会班主任专业委员会理事

重庆市教育科学研究院德育研究所副所长　　杨昌义

2022 年 3 月 5 日

# 人物角色

### 汤老师

男，语文老师，（2）班班主任。胖圆脸，小眼睛，戴个眼镜。常常觉得自己的工作不仅是老师，而且是医师、心理咨询师、学习魔法师、教育雕刻师、灵魂工程师。

### 谭欣雅

女，班级首任班长。短发、大眼睛的胖女孩。妈妈是银行高管，家庭条件优越。心地善良，热情大方，单纯直率。有时做事有点儿欠考虑。

### 袁凯文

男，班级第二任班长。平头，长相老成，高大冷峻。从农村转到大城市上学，有两个姐姐。懂事，能团结同学，善于思考和总结。喜欢篮球、阅读和写作。

### 张苇

女，体型瘦弱，面色蜡黄，总是低头含胸。小时候是留守儿童，上中学后来到父母身边，却依旧不觉得幸福。表现一度异于其他同学，被认为有点神经兮兮，一直梦想去法国留学。

陈佳

女，语文科代表。长得白净漂亮，性格文静。父母都是工人，对她的要求很严格。她认真自觉，成绩优异，特长、爱好的水平也不错，就是胆子很小，缺乏自信。

郭一航

男，身材瘦小，风格搞笑。爸爸是公司董事长，妈妈是公务员。喜欢玩游戏，不爱完成作业，"懒癌"晚期。恶搞的能手，出丑的行家，总是在违纪的边缘试探。

刘唯彬

男，身材高大，皮肤黝黑，满脸的青春痘。父母离异，妈妈是乘务员。性格急躁火爆，还有点儿玩世不恭。聪明，有才华，讲义气，喜欢打篮球，玩游戏。

高雨涵

女，英语科代表。身材苗条，留着马尾辫，穿戴总是很讲究，脸上有点小雀斑。医生的女儿，总是自我感觉良好，有些没脑子。虽然备受父母宠爱，却也与父母时有矛盾。

曾育强

男，体育生，主项是铁饼。长得粗眉大眼，又胖又壮。爸爸是厨师，经常揍他。在班级中的成绩总是"吊车尾"，经常闯祸。因为不善于和人相处，还爱欺负人，被同学鄙视，他为此感到很痛苦。

李皓冬

男，皮肤白皙，表情木讷，平时少言寡语，动作还有点不协调。智力超群，心灵手巧，也是数学天才。但在交流和表达上有障碍。

林珮莉

女，插班生，初二才来到班上。斜刘海，梨花烫，苹果脸，爱打扮。父亲在台湾，她跟着母亲在大陆读书。因结交不良女孩，以及成绩不理想常常转学。喜欢流行时尚，想成为明星。

付娟

女，数学老师，（11）班班主任，新老师。体型纤瘦，性格柔弱，缺乏社会经验。工作勤奋努力，但是面对各种学生问题显得束手无策，打心眼儿里不喜欢当班主任。

吴淼

男，政治老师，（10）班班主任，新老师。体型匀称，不修边幅，头发有点卷儿。爱好很多，脑子灵活。虽然大学成绩并不好，但对中学的工作有点瞧不上。

# 目　录

共生最美的教育生活
人物角色

# 第一章

初一　风云际会

## 跳还是不跳

整个学校的所有台阶，只有进入二教楼的这一段没有护栏。如果站在台阶的边沿探出头去，会发现台阶下方有一条阳沟——阳沟离地面并不太高，只有一米多一点儿。张苇这时候正站在台阶边沿，面对着这条沟。

她深深地吸一口气，闭上眼睛，保持一个立正的姿势，然后，上半身开始向台阶外面一点一点地倾斜。

她想，一米多高的台阶，加上我一米多的身高，我的头离开地面快三米了吧？这样掉下去，我的头会不会像西瓜掉到地上一样摔个稀烂？

她在脑子里想象了一下西瓜摔烂的画面，稍微站直了一些。

但她又想，到底要到一个怎样的角度，才会掉下去呢？想到这里，她又开始向外倾斜，倾斜。

如果不是站在台阶的边沿，你可能以为，她保持这个诡异的站姿，是在模仿迈克尔·杰克逊跳舞。

匆匆进出教学楼的同学老师们，很少注意到她，也没人过来打扰。

张苇很享受这份不被打扰的宁静。眼睛闭上了，就能感受到更多的东西，比如拂过脸庞的微风。她想，毛伶会不会也感受到这份惬意呢？如果我摔下去了，她会不会到下面来陪我？

忽然耳边响起一声尖叫，把张苇吓得一个趔趄，差点儿失去平衡。

她恼怒地站直了身子，看到一个惊慌跑开的背影。

这些讨厌的同学，真是少见多怪，一定又是跑去告诉老师。老师呢，一定是如临大敌地跑来，然后打电话给妈妈，说她女儿有自杀倾向——在哪个学校都是这样。

趁着老师还没来，她又把身子探出去，享受这种在平衡与失去平衡之间摇摆的感觉。只需要一度的空间，就是生存与毁灭两个世界……

等了一阵儿，张苇开始在心里默数老师跑过来的倒计时：一百，九十九……

一般不等倒计时结束，她会被一把抓住后背拽回去，或是听到一声紧张的劝告——不要动！

倒计时数完了，什么也没有发生。

这老师反应也太慢了吧。张苇睁开眼睛，转身想回教室，却差点撞上脚边的什么东西。

定神一看，是个人。

这个人就蹲在她的脚边，也不知道是什么时候来的，煞有兴味地扭头看着她。

张苇吓了一跳，她那本来蓬乱的头发几乎要根根直立，好在她平时一般没什么面部表情，所以看上去还不算太糟。

这个人体积不小，圆脸，小眼睛，长得有点儿卡通。

愣了五秒钟，张苇忽然意识到，自己是认识对方的。只是这样居高临下的角度加上一时诧异，使她几乎没把这人认出来。

她迟疑地叫了一声："汤老师！？"

汤老师点点头，向她微笑，指指她刚才站的位置："为什么要保持刚才那个姿势呢，很有意思？"

这个遭遇让张苇太意外了，她完全是跟着本能在回答："不是，我只是想体会不同的世界，不同的感觉。"

汤老师听了，又探头望了望台阶下方那道黑漆漆的沟，使劲点点头，一副听懂了的样子。

远处传来音乐铃声，土耳其进行曲。

张苇扭头就往教室跑——该上课了。虽然回教室这件事情她一向不积极，但是班主任就在面前，不想死的话还是跑快些，张苇这样告诉自己。

这是张苇升入初中的第一周，她不愿意自己"死"得太快。


她在教室里木偶人一般地僵坐了四十分钟。刚打下课铃，一个叫不出名字的同学来通知张苇，汤老师叫她去办公室。

张苇没有马上去，而是先找了个地方大哭了一场。第一周就因为危险动作被班主任教育，难道这暗示了初中生活会和小学一样悲惨？

哭了一阵儿，她想起如果太久不去，会增添新的罪状，于是她低着头，慢慢地沿着墙边走到办公室前，望着那黑洞洞的门口，不敢进去，结果被汤老师隔着窗户看见了。

汤老师在里面喊："张苇，快进来。"

张苇只好硬着头皮踏进办公室。

一进门，她就一个九十度，不，是接近一百八十度的鞠躬。别人鞠躬最多与地面平行，她的鞠躬是脑袋靠着小腿——拉长了声音说道："对不起——"越是恭敬，老师的火气就会越小，这是张苇的心得。

"有什么对不起的，快过来！"

又是一个一百八十度的鞠躬，她说："对不起，我忘了喊报告……老师好，谢谢老师。"她觉得自己完成了这套程序，老师是不是不会那么生气呢？自己已经尽力了。

她除了鞠躬，腿根本没挪动一步。当她完成第三个鞠躬的时候，汤老师已经站在她面前，发现她脸上全是眼泪，没有梳理整齐的马尾上飞扬着几根蓬松的头发，看上去就像逃荒回来。

"张苇，你怎么哭了，谁欺负你了？"

张苇擦擦眼泪："没有人欺负我，我是因为被老师叫到办公室，所以就哭了。"说话的时候，她一直保持着半躬的姿势，再也找不到比这更恭敬的姿势了。

"为到办公室哭？为什么呢？老师又没批评你。"

张苇又弯一下腰："办公室就是老师批评人的地方，来办公室就是老师要批评我。"

汤老师觉得有些好笑："我还没和你说话，你就知道我要批评你？"

"是的。"

"那我要在办公室里和你聊聊天，或是告诉你一个通知，也算批评你？"

"是。只要在办公室里都是在批评。"

汤老师挠了挠头："原来是这样……"

他忽然一步跨到了办公室门外，朝张苇招招手："你也出来。"

　　张苇向办公室里其他的老师又深鞠一躬——其实只有一位其他班的老师在改作业，根本没抬过头——然后才跨出办公室，站在汤老师面前。

　　说也奇怪，一出办公室，她的紧张感就消失了，那种透不过气的感觉也没有了。

　　汤老师问："这下还算批评吗？"

　　张苇抬起头望着老师。说："这下不算。"

　　汤老师点头："哦，问题解决了。你跟我来。"

　　汤老师把她带到教室的窗边，放下窗帘。

　　"我想告诉你，你不是想体验不同世界的感觉吗？你看，教室里面的世界可以用窗帘隔开，外面又是一个世界了。"

　　汤老师用窗帘裹住自己，示范了一个向窗外张望的动作，样子很像一个阿拉伯女郎。

　　然后他说："以后你要探头，就站在这里吧。"

　　汤老师看上去好像并不那么凶，但是，张苇在心里不断地提醒自己，那只是表面现象。很多老师刚见面的时候都装得很和善，最终却一定会露出狰狞面目。

　　这是张苇的人生经验，她觉得没有老师会例外。


## 校服发放风波

　　张苇担心的情况很快就来了。

　　这天中午，语文科代表陈佳第一次组织不过关的同学重新听写。张苇准备好了听写本，乖乖地坐到指定的位置。她小学就是这样，虽然常常听默写不过关，但还是很听话。

多数人都坐好了，可是郭一航和曾育强还在大讲特讲，没有停下来的意思。

郭一航个子又瘦又小，上蹿下跳像只瘦皮猴，曾育强却又胖又壮，坐在那里像座肉山。郭一航坏点子多，喜欢贫嘴损人；曾育强却口齿笨拙，喜欢用拳头解决问题。这两人在一块，简直就是哆啦A梦里的小夫和胖虎。

陈佳手捧语文书，战战兢兢地喊了几声"安静"，小夫和胖虎却不买账，仍旧谈笑风生，搞得陈佳美丽的大眼睛里噙满了泪水，小嘴巴微微地噘着，好像是她自己犯了错误。

陈佳从小爱读书，擅长写作文，还写得一手漂亮的字。她小学也是当的语文科代表，她也喜欢干这个活儿。

可是，当科代表也有一桩她不喜欢的干事，那就是管人。

她从小就最怕管同学。可是，那些爱捣蛋的同学好像总能第一时间发现这一点。

陈佳感觉自己在哆嗦，齐耳的短发也跟着颤抖。

郭一航和曾育强却越讲越开心，完全不把她放在眼里。

为了壮胆，陈佳只好拿起班上的米尺使劲敲击讲台，鼓起勇气又喊了两声："安静！安静！"

"啪"的一声，木头做的米尺断成了两截。

陈佳顿时傻眼了。

曾育强马上跑到办公室告状："老师！陈佳把班上新买的米尺敲断了！"

汤老师在几个同学的簇拥下来到现场。陈佳一脸紧张地看着汤老师，眼泪在眼眶里打转。曾育强在旁边摇晃着脑袋，一脸的幸灾乐祸，仿佛他通知了老师，是这个事件里的大功臣。

汤老师拿起半截断尺，皱着眉，表情看上去很严肃。

张苇看见这情形，赶紧闭上眼睛，在心里面默念："来了，来了……"

她听见汤老师在问陈佳："尺子怎么断的?"

"我，我想让他们安静，就在讲台上敲……"

"那尺子断了怎么办?"

张苇感到批评要开始了，她把自己裹进教室的窗帘里，仿佛这样就能和近在咫尺的那个世界隔离。她的心里一直在默念："神啊，不要责备她!"

听到老师的问题，陈佳的头脑里也"嗡"的一声，乱作一团，仿佛变得不会思想。她想说赔尺子，但看到汤老师板着一张脸，又怕得不敢出声。她想，汤老师会怎样看这个事情呢，他会不会觉得这个错误很严重呢，他会不会因为这个事情对我印象不好呢?

其实汤老师选陈佳做科代表的时候就知道她是个乖娃娃，但此刻看着她苍白的脸色和哆嗦的嘴唇，汤老师又不太满意。

这不是汤老师想要的师生关系。

许多刚刚离开小学的初中生，面对老师时，都是陈佳这种心态。把老师当皇帝，一点儿也不敢违抗圣旨。

汤老师想，这心态是种病，得治。学生有这种心态多半是由于老师容不得孩子或家长有不同的意见，只要是老师说的，就一个字不得更改，必须严格执行。

其实有时候家长和孩子明明看出了这种老师的水平有限，却不得不向这种专制低头，毕竟孩子还小，以这种老师的境界，得罪了她还不知道要吃什么亏呢……

汤老师还在浮想联翩，陈佳见汤老师半天不作声，越发地以为问题严重，更是情不自禁地胡思乱想：写检查？请家长？

正在这时，汤老师说话了，每一个字都像铁锤，敲击着陈佳的耳膜："尺子有尺子的寿命，就像桌椅有桌椅的寿命，这是自然之道，有什么好责怪的呢？我们只要知道，到了这些物件寿命终结的那一天，我们该怎么办。"

陈佳长出了一口气，心想："怎么办，怎么办？"由于刚才的惊吓，陈佳觉得自己很迟钝，而且，她也不知道老师想听什么回答。

"还能怎么办，买根新的呗！"汤老师公布了答案。

围观的同学都笑了起来。

汤老师又对大家说："告状只会反映问题，而一个中学生在这种情况下最应该关注的是如何解决问题。"停了一停，他又说，"能够帮助班级和同学解决问题才算本事，只知道反映问题于事无补，不值得提倡。"

不少人都向曾育强投去鄙视的眼光，曾育强只好讪讪地笑了笑。

汤老师说完就回办公室去了，大家也一哄而散。

等张苇从窗帘里探出头来，暴风雨已经过去了。


陈佳很庆幸自己没被老师责怪，她提醒自己一定要小心，不要再犯错。

两天以后，学校通知去领新校服。陈佳作为值日干部，带了十个同学去搬校服。

发校服的房间门口人头攒动，远远望去就像一群排队采蜜的工蜂。采到蜜的立刻被维持秩序的兵蜂驱散，排队的工蜂络绎不绝地顶上来。正在领校服的那群工蜂体型大，一看就知道是高中的。陈佳带的这队人，只能算小蜜蜂。

好容易排到门口，那里的节奏快得像打仗。校服每人两件，分男女款式和不同尺码，发校服的老师机械地重复着：要多少？好——拿走！

陈佳本想对照手上的班级校服登记表，核对清楚了再搬走，可是发校服的老师用不容置疑的口气对她说："没有问题的，数什么数？快搬走！没看见后面排了那么多班？"

陈佳是个听话的孩子，就匆匆地让同学把校服搬走了。

放学前，她安排同学按照座次，一组一组地上讲台领走自己的校服。

还没等把校服发完，就出现了问题。

一米六和一米六五的校服已经发完了，可还有同学等着要；一米七的倒是多出来不少。再数一数剩下的校服，连总数都差好几件。

发校服的老师是说了离柜不认的。好几个组的同学还没领到合适的校服，领到的又有要求更换的，教室里面乱作一团。怎么办？才到新班级就连续捅娄子，陈佳简直要哭出来了。她不知道怎么解决，只好向着教室后面的汤老师投去求助的眼神。

汤老师却说："想办法自己解决——这样，你先回自己座位。其他同学，这种情况有没有办法解决，帮她出出主意——因为大家还不认识，发言的同学也自报一下家门，让我们看看哪些同学有办法。"

一说到出主意，很多同学都兴奋起来。一个表情喜气洋洋的胖女生第一个举手："我叫谭欣雅，我觉得，可以把所有的校服回收，按尺码整理好，再让同学按照报的尺码来领，不要按小组上来领，很容易出错的。"

另一个梳马尾的女生说："我叫高雨涵，我觉得其实不一定要全部回收，先让领到校服的人内部交换，确保他们没问题，再来清理剩下的就可以了。"这是一个扮相很干净的女孩，说话的语调有点刻意，也许是想让自己的声音听起来优雅。

她的同桌听到这声音皱了皱眉头，想要举手，又犹豫了一下，但最终还是举手发了言："我叫袁凯文。刚才发衣服的时候没有做好核对，同学说什么尺码就给什么尺码，这是会出问题的。有些同学根本没记住自己原来报的尺码，所以要根据记录发，还要做好登记。"这个男孩留一个平头，颧骨凸出，两颊瘦削，眼眶深陷，加上一双大手，很像武侠小说里的练武奇才。这老成的面相，说他是高中生也不为过。

坐在旁边的张苇注意到了袁凯文举手时的犹豫。她不觉得自己有举手发言的权利，所以没来由地开始想象袁凯文的犹豫是不是和自己有同样的原因。

等她的神游结束的时候，发言的已经换成了那个叫郭一航的男生，他挤眉弄眼地说："缺的衣服可以再去找发校服的老师要，可以让汤老师写个证明。她要是不给，咱们就威逼利诱……"

大家都笑起来，陈佳紧张的心情也逐渐放松了下来。

汤老师向她两手一摊，好像在说："明白了吗?"

陈佳也举手发言，她说："我也想到办法了。让大家坐在这里也耽误大家时间，还是把校服都收回，我整理以后明天发到座位上——保证记录清楚。至于缺的校服，我再去找发校服的老师。"

说完这番话，她看了一眼教室后面的汤老师。汤老师点头："行，这事，是你自己解决的。"

当陈佳赶到发校服的地方，老师正在清理场地。陈佳一眼看到门口桌子上有一叠捆扎整齐的校服。那老师见陈佳来了，把校服递给她，嘴里还在念叨："你这个同学啊，跑这么快。我看你落了一捆，出来叫你都叫不住……"

回家的路上，陈佳心情特别愉快，她很自豪可以靠自己的努力挽回过失。小学六年，她都是老师喜欢的班干部，可那时她最大的法宝似乎只是听话。但是中学生的要求好像和小学不一样了，一向懂事的自己，能不能适应新的要求呢？

## 霸王举鼎

第二天一早，陈佳就把所有的校服分类叠放好。一到课间，她就一件一件地把校服分发到每个同学座位上。每一件她都抚得平平整整，把它们当作瓷器一样小心轻放。正在专心做这事，忽然"哐当"一声巨响，吓了她一跳。循声望去，是那个看上去吊儿郎当的男生刘唯彬将自己的桌子推到了高雨涵的椅背上。

高雨涵脸涨得通红，嚷道："刘唯彬！你发什么神经？"

"你少装蒜！我已经一让再让，你还要嘚瑟，别以为你是女的，我就不敢动你！"

小小一间教室，坐了近六十名学生，空间自然不宽裕。高雨涵就坐在刘唯彬的前面，刘唯彬觉得，前面的高雨涵老往后靠，背后的同学又不肯后退，自己连进出的空间都快没有了。他就总是把自己的桌子故意向前顶，而高雨涵一看就是在家里大小姐当惯了的，哪受得住这样的气，就每次都将椅背向后靠，撞在他的桌子上。

如果刘唯彬高兴，他还是可以做到对女孩子有风度的。尤其是他常常说些搞笑的话，很讨女孩子欢喜——可是这仅限于他高兴的时候。

高雨涵用椅背故意撞他的桌子，这事让他不高兴。第一次撞的时候他没有发作，只是默不作声地将桌子向前推进了一厘米；第二次撞的时候，他又向前一厘米，并在心里默念"事不过三"；都是独生子女，面对高雨涵的刁蛮，刘唯彬的逻辑就是"东风吹，战鼓擂，这个世界谁怕谁"。

可惜高雨涵听不见他心里的警告，椅背又"咚"的一声撞了过上来。刘唯彬终于忍不住了，大力将自己的桌子推了上去。

那一声巨响也把高雨涵吓到了，好在隔着椅背，还不太疼。看到刘唯彬敢对她大喊大叫，她二话没说，抓起刘唯彬桌上的文具就向他扔了过去。

隔着两行桌椅的郭一航撑着桌面飞快地跳过来，一副唯恐天下不乱的表情："现在开始现场直播（2）班男女单打比赛，女方已经出招——流星火雨，魔法伤害，范围攻击，耗蓝110点，技能冷却时间15秒——下面轮到男方出招！"

笔袋、橡皮和签字笔砸到刘唯彬身上的时候，刘唯彬一下子愣了。他本来只是一时冲动，想吓唬一下高雨涵，却没想到高雨涵会马上将冲突升级。这下他进退两难了，继续吧，好男不该跟女斗；放弃吧，他又觉得在同学面前太没面子。

郭一航本来还在煽风点火："彬哥，给她个大招，让她见识一下男人……"声音却戛然而止。刘唯彬扭头一看，讲台上站着汤老师。

不知是谁多事，冲突一开始就给班主任报了信。

汤老师平静地说："好了，收拾好东西，到办公室来找我。"

这架看来是打不起来了。郭一航惋惜地撤回到自己的座位。高雨涵向刘唯彬得意地一笑，意思是：我就扔你东西了，看你能怎么样？

这一笑刺激到了刘唯彬，他最受不得这种窝囊气，觉得今天如果不做点儿什么，丢人就丢到家了。

他大吼一声，冲到高雨涵面前，将她的桌子掀了一个底朝天，东西落得满地都是。

所有的同学都惊呆了。当着老师的面还敢这样做，不想活了?!

郭一航还在小声点评："男方终于出了大招——霸王举鼎，物理伤害，单体攻击，耗蓝大概 200 点，冷却时间嘛——嗯——两分钟吧——第二回合结束……"

汤老师显然不高兴了，抬高声音说："刘唯彬你干什么！冷静一点儿！到我这里来!"

"好啊，"刘唯彬想："当着老师的面掀同学桌子，今天反正已经闹大了，我要让你们看看，我不是好惹的。"

容不得细想，他大步流星地走上讲台，面对面地站在汤老师面前。

虽然才初一，刘唯彬已经和汤老师一样高了，站在汤老师面前，气势上一点也不落下风。

汤老师没有说话，只是看着他，看他还要干什么。

对峙了几秒，刘唯彬有点儿心虚。为了壮胆，他又向前跨了一大步。

这下几乎和老师鼻子碰着鼻子了。

如果这个场面拍成电影，那应该叫"双雄会"之类的名字——一个学生和一个老师，脸贴脸地对峙在讲台上，一个眼神挑衅，一个表情冷酷，都不肯后退一步。

如果让刘唯彬自己在旁边围观，他一定会怀疑自己是不是吃错了药，但是在那个时候，他觉得自己没有选择——退后就输定了，如果能逼得汤老师让步，至少自己还能占个先手。

他忽然听到一个巨大的声音，震得他的耳膜"嗡嗡"直响，整个教室的玻璃都在颤抖，所有的吊扇和日光灯都摇晃不停。

汤老师贴着他的脸大喝一声："刘唯彬！你现在的样子像个小流氓！知不知道？"

这一声大喝之后，死一般的寂静，没有人说话。

良久，教室角落的窗帘里忽然传出一阵大哭。站在一旁的袁凯文掀开窗帘，露出了裹在里边的张苇。

她被吓坏了。

这大喝一声也似乎唤醒了刘唯彬，他摇晃着退了一步。

汤老师没有理会大哭的张苇，继续对刘唯彬说："如果你是一个学生的样子，我就用对待学生的方式来对待你。如果你是一个小流氓的样子，我就选择对待流氓的方式。"

刘唯彬面无表情地听完这句话，在原地呆立了几秒钟，转身往自己的座位走。

他开始收拾书包，作为一个敢作敢当的男子汉，他准备主动去办公室。

刚才这个场面也让高雨涵张大了嘴，简直忘记了本来自己才是和刘唯彬对抗的那一方。以至于刘唯彬收拾完书包从她身边走过的时候，她竟然本能地帮他拾起地上的校服，递给他说："你的校服掉了。"

其实，高雨涵除了有点刁蛮，本质里还是一个淳朴的女生，没有心机，也不爱记恨。帮别人捡起校服，简直就是习惯成自然的事。

刘唯彬没有接过校服，而是轻蔑地看了她一眼，说："你像个白痴一样。"

说完，刘唯彬就向办公室走去，头也不回，视死如归，像下定决心刺杀秦王的荆轲。

由于走得太快，出教室的时候差点撞上（11）班的班主任付娟老师。那是一个刚分配到学校还在见习期的女孩，可能是这边动静太大，她过来看看究竟。见事件已经平息，她向汤老师点点头，就退出去了。

刘唯彬这一去一节课也没回来，下一节课间的时候，汤老师把高雨涵也叫到办公室。不少同学假意路过办公室门口，窥探里面的情况，只看到里面多了一个中年女子——可能是刘唯彬的妈妈——刘唯彬低着头站在她身边，正在拉着高雨涵的手好言说着什么。

下午，刘唯彬又回到教室来上课，其他人问他老师在办公室里怎么说，他一脸的满不在乎："没事没事，一切正常！"

郭一航说："彬哥，老师是不是给你和高雨涵都点了赞？就凭咱俩的关系，你多少得透露点儿！"

刘唯彬含糊其词："各打了五十大板！"

这话没一个人信，就凭刘唯彬之前大逆不道的表现，还能不多得点儿待遇？

可是，刘唯彬不肯讲，高雨涵就像约好了一样也不肯透露办公室里谈话的内容，班级"狗仔队"只能从汤老师对刘唯彬的态度上来猜测。

感觉就像什么事也没发生过一样。刘唯彬上课照常举手，汤老师也照样点他回答问题。老实说，这小子真看过不少书，情绪好的时候还真可以口吐莲花。

下一周点评周记，汤老师念了刘唯彬的作文，还说他文笔很好，看过不少有质量的电影，就是字太烂，要练一练。

再下一周，汤老师人手发了两张印刷品，一篇叫《珍爱我们的男孩子》，大意是说，中国目前的中小学课堂管理，比较适合乖乖女，而容易压制有活力、有创意的男孩，因此不应该单一否定男孩的不守规矩；另一篇叫《如何看待有个性的人》。

于是，这件事情就这样平息下去了。


## 发脾气的时机

差点被刘唯彬撞上的付娟老师在回（11）班教室的时候，还有点儿后怕：现在的学生太厉害了，敢和老师公然对着干。那次还好是个男老师，要是换成体型娇小的自己，真不知道该怎么办。不过她也想，这汤老师怎么能朝学生大喊大叫呢？学生和他对着干与他的大喊大叫有没有关系呢？自己在面对学生的时候，态度一定要好，这样才能与学生关系融洽。

隔天去食堂吃午饭的时候，她把这见闻告诉了（10）班的班主任吴淼。来到这个年级的新老师，只有这个男孩和她被安排当了班主任，和没当班主任的同学相比，工作节奏感就有了不同。年级里其他年长的班主任倒是常见面，可初来乍到还谈不拢，所以两个人自然而然地行动保持一致，结成了攻守同盟。两个人虽然来自同一所大学，但是付娟是数学系的，一个三点一线的老实女生，读政治系的吴淼却不常待在学校，原本没什么交集。只是目前同一个战壕的处境，让两人的小伙伴的友谊与日俱增。

吴淼一边吃饭，一边听着付娟的讲述，不时抬头打量一下付娟。这个纤瘦的小妹妹长得有点像楚楚可怜的林黛玉，在大学里是属于传统意义上的好学生，不过吴淼觉得她也太少见多怪了。不就是学生跟班主任干起来了吗，在他上中学的时候，这种事没少见识。可对于付娟来说，却似乎是一件大新闻。听到付娟讲述她担忧搞不定对抗的学生，他不以为然地说："没那么严重。真要有学生想跟你过不去，我就在隔壁班教室，你叫我一声，我来帮你收拾他。"

可能是担心付娟真的有事就喊他，他又补充一句："其实学生没那么难相处的，只要跟他们拍拍肩膀，相互客气点，你敬我一尺，我敬你一丈，讲明了都是年轻人，好说话，他们就不会跟你怎么样。"

付娟若有所思地点头，她知道吴淼在大学的时候爱逃课，也不是认真学习的人，但肯定是个聪明的角色。从学校招聘新老师的时候就可以看出来，吴淼的专业功底在竞争者中不是最好的，但他很会说话，试讲和自我介绍都给招聘的老师留下了很好的印象。而且吴淼爱好多，朋友也多，付娟觉得能够有这样一个男生帮着出出主意其实挺好。

见付娟言听计从的样子，吴淼忍不住多发挥几句："其实，别看其他班的老师和学生干上了，你就紧张。那些老师别看可能工作了很多年，其实水平很低。你受的教育不一样，要相信自己。"

两人正说着话，学生处的朱主任从他们身边经过，搭话说："在吃饭哪？"

付娟赶紧站起来，毕恭毕敬地说："朱主任好，已经吃完了。"吴淼其实觉得没必要站起来，但是付娟站了起来，他也只好跟着站起来，向朱主任点头。

朱主任笑眯眯地说："不要客气，坐。开学几天了，还习惯吗？"

付娟点头："嗯，我会努力适应的。"

吴淼也跟着点头："没问题！"

朱主任说："饭后来我办公室坐坐好吗，给你们介绍个师傅。"

当吴淼发现朱主任给他们介绍的师傅就是刚刚议论过的汤老师的时候，忍不住和付娟交换了一下眼色。听了付娟的介绍，他已经感觉这个汤老师不怎么样，可是朱主任却推荐他来带自己，只能心里说呵呵了。

他不知道汤老师也不愿意带他们俩。昨天一听到朱主任的意思，汤老师就表示反对——孩子刚出生，家里事情多。教两个班的主科，要给120个人上课改作业，你知道的。当班主任杂事多，这个班刚成立还没理顺，班上学生的整体素质比我们俩合作的上一个班差距明显，你也知道我做事的风格，一旦接下来就会认真过度，嗯，我还有社会活动，还要忙着写东西……

朱主任讲了几句能者多劳之类的话，见汤老师不肯接招，又换个策略说："总要有人来做这事呀。帮助年轻人成长，多好啊——你也年轻过，是吧？就当支持我工作嘛！"

朱主任教汤老师班上的英语，两个人是老搭档，关系也好。做行政工作的人，很容易因为事务多而耽误教学，可朱主任从来没有因为行政工作耽误汤老师班上的英语学科：饿着肚子中午守着学生抽背啦，外出开会很晚仍然赶回上课啦，再忙再累也坚持批改作业啦。这种态度让汤老师佩服，同时又是一种杀手锏，使得朱主任提出的要求，汤老师没有认真拒绝过。如今这话一出，汤老师知道，自己又不会拒绝他了。

吴淼倒不知道其中有这样的波折，朱主任说汤老师和他们在同一个年级，对他们的开学工作也都看在眼里，让汤老师提提意见。吴淼原以为汤老师只会客套两句，没想到汤老师真开始提意见——开学领书的时候，如果班主任不在教室，要安排同学把教室管理好，这既关系到班级形象，又是在告知同学班级的秩序标准……

付娟带了笔记本，开始一板一眼地记；吴淼听了一阵儿，听到汤老师说（10）班的教室需要加强清洁维护，他开始不高兴了。他觉得都是当老师的，汤老师又不是什么领导，有什么资格指手画脚。而且，我们初来乍到，你也不说点儿好听的，实在有欺生之嫌。说我的教室不干净，至少学生还算听话吧？你班里的学生还跟你对着干呢。

也不知怎么的他没管住自己的嘴，汤老师刚讲完他就接了一句："我觉得我们新老师该多向有经验的老师学习。不过，有一个问题我作为新老师不大明白，想请教汤老师——您说加强常规管理，班级才能管好，那我听说前两天您班上有个学生差点儿跟您干起来，请问这是加强常规管理的结果吗？"

怎么这样说话呢？付娟悄悄踢了吴淼一脚，让吴淼闭了嘴。

这时候吴淼才开始有点儿后悔，可是话已出口，收不回来了。

现场气氛有点僵。

朱主任和汤老师交换了一下眼色，他知道这种情况汤老师可以搞定，所以也没打算开口。

汤老师开始侃侃而谈——

这是个坦率的问题，我也愿意就这个问题和你们交流。

其实，一个班级成立之初，擦出火花是很正常的。六十个性格迥异的人，来自不同的家庭，十二年来走过的路各不相同，难免各有各的问题。作为新老师，如果自己的班级在这个阶段出现矛盾对抗，不要担心影响人家对你的评价，甚至还可以乐观地认为，早出现问题有利于早解决。

重点不是现在有没有出现矛盾，而是到毕业的时候，这些矛盾是否得到了合理的解决。当然，问题发生时及时、正确的处理也很关键。

你们可能听到了我对那个学生——刘唯彬——的怒吼，觉得不认同。我也不认为这种方式需要你们模仿，但是，我是故意那样做的，我有我的道理。

我们要管理和引导学生，不可能三年下来没有矛盾。但有一个经验之谈，就是宁愿学生开始觉得有点儿怕你，后来慢慢觉得其实你很可爱，也不要学生开始觉得你很可爱，后来慢慢觉得你怎么越来越不近人情——这里面有心理学的道理。我带的每一届到了初三，都不用再发脾气。

其实我是在通过发一次脾气立威。如果我们只负责教二十来个学生，当然有条件精雕细琢，但是你俩都当了班主任，付娟还教两个班的数学，要面对 120 个学生，吴淼教六个班的政治，学生更多；我们得考虑一些节约时间成本的方式。大的局面有了高效率的掌控，才有时间精力照顾好局部。如果都从理想状况出发，永远不发脾气，不仅可能会累死，而且管不好。就像有些家庭的教育观念，不主张体罚小孩，但在孩子小的时候，可以打一次，也是出于同样的考虑。

　　当然，发脾气始终不好，其实我赞成魏书生（教育改革家）的观点，随时让学生提醒自己不要发脾气——不过，那要在这段磨合期之后。

　　我发脾气也是要看对象的——汤老师打个哈欠——有看到我们班那个经常低着头走路的小妹妹吗？就是开学那几天老站在台阶边沿那个。那个小妹妹没自信心，这样的学生一直到毕业，我可能都不会说一句重话。但是刘唯彬不一样，我观察他好一阵儿了。以他的个性，如果不给他一点儿压制，他会跳得更高的……

## "那个嗑瓜子的站起来！"

　　这时的刘唯彬正趴在课桌上写东西，忽然感觉耳根发热，嘟囔了一句："谁又在说我坏话了？"然后继续写。

　　他正在给郭一航写一篇小传——郭一航是他在班上最好的朋友。

　　他写道：如果你不认识郭一航，只需要来我们班上找形象最猥琐的那一个就可以了。其实单论相貌，郭一航也算是眉清目秀，可他那瘦小的身板和偷偷摸摸的神态，让人看来看去都有点儿贼眉鼠眼的感觉。

　　郭一航很少用正眼看人，他总是装作在看前方，却不时用眼角的余光瞟一瞟管纪律的干部有没有注意到他，或是装作在看书，却偷偷地抬眼观察讲台上的老师有没有在看他。一旦发现没人注意到他，他就开始吃零食，玩东西，写条子，做各种各样与课堂无关的事。

不过，刘唯彬继续写，这人挺好玩——

郭一航这人挺好玩。

中午学校有一个午管，让大家可以小睡一阵儿。就在昨天，别人都睡觉了，郭一航还在玩自己的东西。汤老师巡视过来提醒他该睡了，他乖乖地收起东西，装作趴着睡觉，却又眯缝着眼睛偷看老师的位置。等汤老师走出教室的门，他又坐起来，继续玩。

玩着玩着，郭一航忽然感觉空气里有一种不安的味道——多年的斗争经验让他形成了灵敏的嗅觉。他扭头一看，汤老师就站在他身后。

原来汤老师刚出了前门，就从后门兜了回来。

郭一航这样的笑话讲三天三夜也讲不完。数学裴老师查出他作业抄了答案，可是每本练习册的答案都上交了，他的答案哪里来的，又放在哪里呢？郭一航的爸爸把有可能藏答案的地方翻了个遍，也没找出罪证。后来被同学揭发出来，原来他把买来的答案藏在地铁站，每天上车前拿出来抄写。

他还有一个本事，就是站在队列里讲话和乱动，却总能不被发现。军训的时候，教官的眼睛那么厉害，抓了好几个在队列里和郭一航讲话的人，竟没发现他才是最不守规矩的那一个——因为他总是选教官背过身去的时候乱动。

据郭一航说，他的这个本事是被他爸爸训练出来的，他爸爸原来是干公安的，后来下海从商。要跟干公安的老爸斗，没点警惕性还行？

虽然我知道，这小子很狡猾，他喊着我彬哥的时候常常想把我当枪使，可我就喜欢这小子这点儿不老实的德性。人活在世界上，就要千姿百态，就要自由自在，个个都像陈佳那样循规蹈矩，多没意思？多泯灭人性？

郭一航成绩不怎么样，所以他总说成绩没什么意义。其实他也不是完全不在乎这事，可是这事既然解决不了，除了忽视它又能怎么办呢？所以郭一航总在其他地方寻找成就感。

有次汤老师问他，你爸爸妈妈是干什么的呀？郭一航腰板一挺："我妈妈是政府官员，我爸爸是公司董事长！"汤老师可能是听出了他语气里的炫耀，故意对他说："哦，是吗？那只能说明你的父母很优秀，不能说明你很优秀。什么时候你优秀了，我们再来表扬你。"也不知道郭一航当时是怎么想的。

听郭一航说，他的小学毕业成绩够不上进现在的中学，是家里想了办法把他弄进来的，难怪他成绩这么臭。不过他有小聪明，还不至于垫底。如果从老师的眼光看，郭一航确实不是个好学生，作业一般靠抄，做清洁拿钱请同学代做。他的座位，永远乱得像狗窝，抽屉里的东西乱七八糟，总是掉在地上，他也懒得管。

有次汤老师看不过去了，就发给他一个装牛奶的纸箱，让他把散落一地的东西收到箱子里，结果过不了两天，连纸箱都不在了。汤老师问他："这样看来，你的房间可能也和你的抽屉一个风格吧？"他不好意思地挠挠头，说："倒也差不多。"

后来汤老师在联系本上给郭一航留了一句话：从心理学的角度来看，一个人的房间象征着他的内心世界——可惜他不知道，郭一航对他的房间和抽屉，并没有什么不满意。

别看郭一航大大咧咧，其实感情很细腻。军训的时候，他甜言蜜语地哄得王教官开心，后来王教官做什么事情都让他跟在屁股后面，他也得意地向大伙宣称："我是王教官的小弟。"等到离开军训基地那一天，他哭得比女生还伤心，弄得王教官都眼泪汪汪的。

我就最喜欢郭一航这一点，重感情，讲义气。

一个人要是不重感情，那还有人味吗？


郭一航因为常常违纪，所以他总是宣称自己天不怕地不怕。

其实他在吹牛，他胆子小得很，让他害怕的人物可着实不少。

首先是他爸，他爸和郭一航的关系可以用两个外国人的名字来形容——汤姆和杰瑞……

然后是谭欣雅，郭一航常哀叹谭欣雅是他命里的克星。

有一天，汤老师正在上课，忽然闻到一股味道。这味道首先是香，让人精神一振；接着是甜，由鼻腔一直刺激到味蕾，让人不由自主地产生对奶油的联想。

"巧克力炒货"，汤老师心想。

仔细一找，坐在教室中间的刘唯彬正在嗑抽屉里的瓜子。汤老师气沉丹田，大喝一声："那个嗑瓜子的站起来！"

所有的同学都回头看，谁是倒霉蛋。

结果最后一排站起来一个人，定神一看，是郭一航。

汤老师诧异了，问他："我让嗑瓜子的站起来，你站起来干什么？"

这时候刘唯彬才忍住笑慢慢地站起来。

郭一航张大了嘴说："啊，不是我呀？"

这一张嘴不要紧，嘴里还有几颗半截瓜子仁，看样子是嚼碎了还没能全部咽下去的。

原来瓜子是郭一航分给刘唯彬的。汤老师发现刘唯彬嗑瓜子的时候，郭一航正在把辛苦剥了半节课的瓜子仁一口塞进嘴里，却发现忽然全班都转过来望着他。关键是坐在他前面的谭欣雅，还对他说："糟了，你被发现了。"

谭欣雅的表情真挚而关切，加上同学也都回过头来，由不得郭一航不信——

于是，他就这样中枪了。

汤老师高举双手，转身"啪"的一下倒在黑板上，做出一个沿着黑板慢慢滑下的姿势。

全班狂笑五分钟。


## 机器少女阿拉蕾

回家以后，谭欣雅把郭一航躺枪这件事连说带比画地讲给妈妈听，母女俩又笑了一回。

谭欣雅的妈妈是银行高管，口才一流，她也继承了妈妈的伶牙俐齿。郭一航的油嘴滑舌曾经让不少女生眼圈发红，但课间谭欣雅和郭一航斗嘴的时候，总是郭一航败下阵来。谭欣雅还学得一手好厨艺，这来源于懂得生活情趣的妈妈悉心调教。班级开冷餐会的时候，谭欣雅小试牛刀，就被大家封为"美食达人"。

要当美食达人当然是要付出代价的，据郭一航说这个代价就是谭欣雅的身材。谭欣雅的身材确实稍显雕肿，每次郭一航说不过谭欣雅的时候就拿她的身材说事，管谭欣雅叫"老坛酸菜"。他还解释说，谭欣雅的体型像老坛，一头短发像酸菜。谭欣雅听到这个外号百分之九十的时候都不生气，但心情不好时也会掉眼泪。哭完以后，雨过天晴，照样找郭一航斗嘴。

谭欣雅的爸爸当年是个足球运动员，在国企干到五十岁，觉得不甘心，又出来创业。爸爸常宣称自己永远三十岁，说自己年轻时戴过无镜片眼镜，穿过破洞牛仔裤，还告诉她年轻一定要追逐自己的梦想。谭欣雅学摄影、学架子鼓、学外语，他全支持；谭欣雅在学校参加舞蹈比赛，他到现场来加油；还常说找男朋友就要找像他这么帅的。

有这样的爸爸妈妈，谭欣雅的性格就像日本漫画里的机器少女阿拉蕾，超级热情外向。只要是她认识的人，隔着二三十米，她就会大声打招呼。她还是个自来熟，来了两个星期，就认识很多其他班的同学。谁要是忘了带课本，她马上就能自告奋勇地帮着借来。甚至进校门的时候，学校的门卫都冲她喊："谭欣雅，你的信！"感觉熟得一塌糊涂。

谭欣雅还给妈妈讲起昨天发生的一件事情。

昨天中午放学后，谭欣雅来到办公室，作为班长，她想向汤老师请示，作业检查不过关的同学怎样处理。

汤老师正趴在桌上睡午觉，这是他每天的习惯。

谭欣雅不想打扰老师睡觉，可是不过关的同学中有王聆苏，她是学校的舞蹈尖子，中午要出发去参加舞蹈比赛，下午不回学校。如果等汤老师醒了再请示，王聆苏就听不到了。

本着负责任的精神，谭欣雅叫醒了汤老师，得到了答复后离开办公室，她觉得自己是个负责任的班长。

下午的德育课上，汤老师给大家讲故事。他说，他在调到求是中学以前，在原来的学校当主任。那时候他很年轻，也不通人情世故，总认为自己要请示的事情很重要，于是在校长吃午饭的时候去请示一件其实并不紧急的事情。校长是个老太太，放下筷子对他说，小汤啊，老天打雷都不打吃饭人啊，你能不能等人把饭吃完了再说事呢？

还有一次，他遇到一个外班的学生，特别有礼貌，见了他就要打招呼——这本是件好事。结果有一天，他正冲进卫生间的小格子里，那同学从门的上方把头探进来，居高临下地对刚蹲下去的他说："汤老师好。"

这个故事笑得全班同学肚子疼，也让谭欣雅满脸通红。她知道汤老师是讲给她听的。

妈妈说："老师在教你们找人办事要分时间场合，考虑别人的感受。你呀，要从老师身上学的东西多着呢。"

选班干部的时候妈妈坚决支持她报名，说跟老师多接触才能有更多的收获，结果老师竟然委任她做临时班长。谭欣雅知道，论成绩，看修为，自己在班上都不是最棒的，所以她很珍惜这个机会，把班干部职责中关于自己的这部分读了又读，执行得不折不扣。

像做班长总结、做班费记录等，这些事情都是小菜一碟。可是，老师不在的时候，班长要协助纪律委员管纪律，却着实有些令人头疼。

在谭欣雅小学班上，多数同学还是听班干部的话，有少数几个刺头儿，只要搬出老师来，也能让他们乖乖听话。可现在的班上，刘唯彬连老师都敢顶撞，还会怕一个班干部？

谭欣雅忐忑不安地管了几天，发现其实刘唯彬不难管，因为他毕竟讲道理；郭一航也不难管，因为他讲交情；真正讨厌的是曾育强。老师在的时候他就装老实，老师一走他就搞破坏。去制止他，他就顶嘴；记了他的名字，他下课还会来纠缠不清。好几次弄得谭欣雅想掉眼泪。

谭欣雅很想找汤老师反映这个问题，可是又想起老师说过要学会解决问题。她担心去找老师，老师会觉得，这么丁点儿的问题都解决不了，还想当班长？因此她只好忍着。

可是曾育强老是当众不服从管理，时间长了，其他同学也会效仿，怎么办呢？

最终她忍不住在联系本上给老师留言，说了自己的顾虑。

这一天的自习课，曾育强又不守纪律，谭欣雅正在和他争得面红耳赤，忽然看见教室后门的小窗上，嵌着汤老师的脸，不知道他已经来了多久。见谭欣雅发现了他，他转身就走了。

晚上，汤老师在联系本上给谭欣雅留了这样一段话：

不要总抱怨同学觉悟不高。作为一个管理者，在有解决问题的意愿和问题得到解决之间，还有策划、沟通和执行。如果问题解决不了，先想想，功夫做足没有。

功夫做足没有？谭欣雅想，我去找朋友和妈妈商量，一定要找到办法，把你这小小的曾育强治得服服帖帖。


谭欣雅在学校最喜欢做的一件事，是当篮球啦啦队长。班上的男生篮球打得不错，又有汤老师做义务教练，所以在年级里所向披靡。

男生们在场上挥汗如雨，自封为啦啦队长的谭欣雅在场边也激动不已。进球时，她欢呼雀跃；危险时，她紧张尖叫。也许是受父亲的影响，她是一个专业的女球迷，她知道在我方被断球以后组织女生一起喊"防守防守",知道在对方罚球的时候发出干扰的嘘声,还常常在比分落后的时候对女生们说:"越是落后越是要使劲加油,这才是真正的球迷!"

当然,谭欣雅还有一个小秘密。她喜欢看篮球比赛不仅是因为这项运动精彩刺激,给她带来快乐,还因为场上有袁凯文。

袁凯文是这支球队的灵魂。他不仅技术好,得分能力强,而且在场上有出众的大局观和心理素质。用央视解说员的话来说,他有一颗大心脏。有好几次相持或是落后的时候,都是他力挽狂澜,投中关键球或是送出致命一传。

每次凯文拯救球队的时候,谭欣雅都会夸张地一甩头,握紧双拳,发自肺腑地感叹一句:"太——帅——了!"

可惜凯文的注意力全在场上,从来不看她一眼。不过谭欣雅对此完全理解,因为有本漫画里说过,男生专注的眼神是最吸引人的。

明天篮球队就要对阵(10)班了,谭欣雅对这场比赛充满期待。

## 不就是场篮球赛?!

其实这场比赛的确定并不那么顺利。最初是计划找(11)班比赛,可当汤老师去找付娟约比赛的时候,付娟显得有些为难。

打篮球比赛?我很愿意,可是,我不懂篮球啊!

不需要你懂啊,只要你通知打篮球的学生到时候来就好了。

那什么时候呢,后天中午一点二十,那不是午管的时候吗?

没办法呀,我们两个班体育课的时间不重叠,中午是有一个小时的吃饭时间,可是那时候球场上高年级的学生多,初一的孩子小，根本占不到完整的场地。

那年级不会有意见吗？

偶尔破例一次嘛，没什么关系的，顶多我给年级组长说一声。

可是，会不会有人对这样的安排有意见呢？前几天有一位主任说，我们班上的调皮学生多，建议不要鼓励他们打球。她看见我们班的男生一到午饭时间就拍球，说老打球把心打野了，会影响学习。

这什么时代了，还有这样的论调？适量的运动不仅有益身心，也有助学习，甚至还可以让你认为的调皮孩子发泄过剩的精力——你以为他们不打球就找不到调皮的事做？

我知道打球有好处，可是汤老师，您看，我还在见习期，我不想得罪您，可也不想给领导留下不好的印象，万一领导觉得午管的时候我们出来比赛不合适呢？或者就算答应了也觉得我是在找麻烦呢？咱不能换个时间吗？

汤老师不由得想，不就是小小的一场球赛吗，这未免顾虑太多了吧？换个时间，那能安排在什么时候呢？我们的学生在学校待的时间那么长，却不能安排一场比赛的时间？

当然你可以说这是应试教育造成的，我们是个十四亿人口的大国，竞争激烈。把问题都推给制度实在是个好办法，可是，作为这些孩子的老师，就不能为他们争取一点锻炼的时间和机会吗？

无休止、长时间地读死书就是学习吗？你可以用形势所迫来解释，就像印度电影《三个白痴》的开头，"从出生我们就被灌输——生存就是赛跑，全速前进，否则你就会被践踏，甚至包括出生，你也得和另外三亿精子赛跑……"就连印度的导演也在反思他们的教育制度，我们为什么还要这样的学习方式？

学生是应该多些时间锻炼，但是——很多老师在说完应该之后，行动上却不按照应该的做，而是强调这个词：但是。

我们有太多应该落实却有理由不落实的事，数量多到我们习以为常，认为这样才理所应当，然后又把这观念传达给我们的下一代。

付娟应该还在顾虑——可是汤老师，我还是担心——我上中学的时候，班上的男生就因为打球的纠纷和隔壁班打架，万一出了这样的事情该怎么办呢？

汤老师按住头，表示他头疼——可怜的小妹妹，我们老师为什么要在一旁观战，不就是起监护作用的吗？就算不打球，他们彼此讲话也可能会打架，我们要不要禁止他们讲话？打球如果影响学习，那是因为引导不到位。

"万一他们在比赛中受伤或者伤到别人怎么办呢？"付娟要哭出来了，"人家还在见习期呢，转不了正怎么办？"

看看咱们的邻居，很多韩国和日本的小孩放学后参加足球训练，他们的家长不会因为可能受伤或者伤到别人就不参加这样激烈的运动。你知道有多少中国小孩因为缺乏运动对抗中的磨砺而意志薄弱吗？

汤老师心中还在翻江倒海，思绪却忽然被打断，付娟小心地喊："汤老师？您没事吧？"

汤老师这才回过神来，意识到刚才那些激动的言论其实并没说出口，不过是自己在内心演绎的对白。付娟见他神情激动也不说话，才唤醒了自己。

这些话怎么能这样说出来呢？还要做同事的。这样讲，不被年轻老师看作专横，也要看作狂妄吧？

于是汤老师吞了口唾沫，客气地对付娟说："那既然不愿意，就算了吧。"

付娟如释重负地鞠了个躬："谢谢汤老师!"

汤老师走出（11）班就去了（10）班,吴淼可没想那么多——打篮球? 好哇! ——一口就答应下来。

不就是场篮球赛吗? 没有那么多麻烦,干就是了。吴淼在大学也打过篮球。


孩子们当然不会知道约比赛过程中的周折,对手是谁不重要,只要有人陪着玩就好。消息确定后,谭欣雅照例拿了张纸在教室后面画比赛海报,顺带旁听篮球队的准备会。

汤老师开始在黑板上画战术图,要大家守一个 2—1—2 的联防。

战术图刚刚画好,刘唯彬就摆出一个整理发型闪亮登场的造型,故意用浮夸的腔调说："哇,在这个众星拱月的奇阵中,那个站在中间当之无愧的核心,显然只能是本球星了。"袁凯文笑着推了他一把,表示受不了他的自恋。

汤老师居然点点头："你说对了。"

刘唯彬诧异地张大了嘴,核心什么的只是玩笑话,谁都知道袁凯文才是核心。再说他一个打控卫的,站在四个队友中间干什么?

万鸿问："不打盯人吗?"

汤老师开始解释,大家都知道（10）班有个能力很突出的队长高富帅。高富帅每天跟着学校田径队训练,有速度和弹跳优势,我们没有人可以一对一盯住他。派两个人盯他又会漏掉（10）班的其他队员——他们也不弱。

刘唯彬不以为然地插嘴——他们哪里不弱了,除去高富帅,剩下的人,放他们投篮也进不了。

"彬彬别打岔",正聚精会神听汤老师布置的袁凯文说。

我们这个站位其实是一个四人的联防,中间那个人负责盯高富帅。本来论意识和体能,应该袁凯文来打中间,可是高富帅身高有1米8,凯文只有1米7,而且让我们的主力得分手把体力都消耗在防守上也不经济,所以——

"所以就轮到我这个屌丝了是吧?"刘唯彬似笑非笑地说。

汤老师说,这个位置能不能打好是这场比赛的关键,刘唯彬是我们当中身高最高的,只比高富帅矮两厘米——刘唯彬打岔说:"你一定要强调这一点吗?"——你这场的主要任务不是组织,而是限制高富帅的发挥,当高富帅打到低位的时候,我们在篮下的两个人可以协防,与刘唯彬形成局部的二防一。

刘唯彬又摆出一个思考者的造型:"没问题,零封高富帅,这件小事就交给我了。"

汤老师泼冷水:"摆造型没用,要看场上的表现。"

袁凯文也提醒说,高富帅远投命中率低,他的得分手段是中投和上篮,如果他离篮很远就作势要投,肯定是想突破,别上他当。

刘唯彬眉头一挑,正要回一句"别小看我",却见汤老师正看着他。他马上开始扮"萝莉",扭扭捏捏地说:"讨厌啦,怎么这么不放心人家嘛,高富帅这样的兄贵,弱爆啦。"

演完了,他又小声地嘀咕了一句:"不就是场篮球赛吗?这么小题大做干什么。"

汤老师稍稍皱起了眉头,不是很喜欢刘唯彬的这种表现。

如果刘唯彬脑子单纯,只是骄傲自满,汤老师会觉得他这是因为年轻与热血。可是汤老师感觉到,刘唯彬是故意摆出这么一副造型。他明明知道骄傲自满是不好的，甚至他会瞧不起自高自大的人，可你一旦要和他说正经事，他就会做出这么一副玩世不恭的样子。

他为什么会这么做？在他目空一切的表象下面，真实的自我究竟长什么样子？

## 挑战高富帅

比赛的时间终于到了，两个班的人都顶着烈日来观战，汤老师和吴淼有说有笑地站在同学堆里。

高富帅接到队友的传球，向刘唯彬的左侧突破，刘唯彬向左一转身，高富帅从背后把球交到左手，又向刘唯彬的右边突。

等到刘唯彬再转向右边的时候，高富帅又变向到左侧上篮，补防的张百悟来不及阻止他，只能眼睁睁地看他进了第一个球，（10）班的女生顿时欢呼声一片。

轮到（2）班发球，袁凯文一接球，对方两名球员像约好了一样，同时上来包夹。凯文看摆脱不了，把球分给控球后卫于鹰。

于鹰拍着球过了中线，还在磨磨蹭蹭地抬头找人，高富帅冲上去把球一抄，打了个快速反击。由于于鹰是最后一名队员，高富帅轻松地再度上篮得分。

在（10）班女生的欢呼声中，刘唯彬火冒三丈，朝着于鹰大喊："你在干什么?!"

袁凯文皱着眉头说："张百悟回去接球，于鹰出球快点。"

张百悟把球运过半场，在对方的逼抢下分给刘唯彬，希望他过渡一下，刘唯彬却接球后一阵猛跑，摆脱了对手的纠缠，冲到对方的底线，高富帅挡在了他的面前。

凯文大喊："刘唯彬传球！"

刘唯彬犹豫了一下，把球分给万鸿。万鸿是个得分后卫，他刚一拿球，对方的球员就贴了上来。万鸿一看，袁凯文还被两个人夹着，只好慌慌张张地出手，球砸在篮筐上弹下来，被对方 6 号抓住了。

球再度快速地推进到了（2）班的半场，高富帅拿球，这回刘唯彬全神贯注地把他跟得紧紧的。在有人协防的情况下被高富帅一开场就生吃，这让刘唯彬很不爽。高富帅忽然一加速，越过了刘唯彬半个身位，刘唯彬赶紧追上去，高富帅却来了一个潇洒的急停，让开了刘唯彬，一个中投，又进了。

一连三个回合，（2）班一分未得，场边的啦啦队急得直跺脚。好在袁凯文及时地上篮进了一个球，稳住了阵脚。对方的 24 号投进了一个三分，袁凯文也拉到外围还以颜色，双方进入拉锯战。

汤老师一直在注意刘唯彬的表情，那张脸上写着两个字：焦躁。每次打顺风球，刘唯彬防守组织得兢兢业业，得分也不含糊，高兴的时候他还会像电视解说员里那样侃侃而谈——华丽的进攻可能让你赢得一次比赛，坚实的防守才能让你获得最终冠军，可一到逆风球，他就爱单干。

球又交到了刘唯彬手上，这时他眼里只剩下了高富帅。他已经忘记了要他少进攻多防守的布置，一路杀到三分弧顶，高富帅又挡在了他面前。

这个讨厌的高富帅！刘唯彬平时打球就看不惯他，觉得他神气活现得很讨厌，更何况现在那么多人在围观，说什么也不能输给他！

这时，高富帅忽然向刘唯彬勾勾手指，做了一个让他放马过来的手势。刘唯彬觉得头脑里"嗡"的一声，一股热血直冲脑门：还敢挑衅我?!

据说得过三次总冠军的"大鸟"拉里伯德曾经这样挑衅他的对手："我过你就像过清晨的马路，等下我还要在这里绝杀你，认准了，就这儿。"

这样的垃圾话要是用在刘唯彬的身上效果一定会很好，因为高富帅一个挑衅的手势已经让他没办法思考。

袁凯文注意到了他的情绪，甚至场上所有的人都知道刘唯彬要单干了，凯文赶紧大声提醒："传球！他比你快，你突破不了的!"

"魔术师"约翰逊说过，得分可以让一个人很快乐，但助攻可以让两个人很快乐。

可惜刘唯彬只打算让自己快乐。

他一个加速就向篮下冲了过去。高富帅一直跟着刘唯彬跑，卡住内线不让他内切。刘唯彬好容易把球运到篮下，强行出手上篮。

高富帅早就等着他出手，跳起来盖了他一个大火锅！更要命的是，盖完了火锅，高富帅向刘唯彬双手一摊，做了个无能为力的姿势。

对方又开始反击，（2）班的人疲于奔命地回追。他们的 2—1—2 联防已经没有了中间的那一位，刘唯彬自动把联防变成了全场盯防，不再回到防守位置。他想就算付出任何代价，也不再让高富帅在下一次进攻中得分，也许他打算践行阿泰斯特的口号——让我们倒在敌人的尸体上。但高富帅看出了他的心思，故意先把他吸引到外围，然后突然加速空切接球，刘唯彬就只有尾随的份了。

对方的 24 号看到了高富帅的切入，给了他一个击地传球，好在袁凯文预判在先，把球截了下来。

看到刘唯彬正在气头上，球不敢再交给他了，袁凯文把球扔给万鸿，万鸿看出手机会不好，把球分给了在空当的于鹰。

于鹰一拿球，对方的 7 号就扑了上来。于鹰让开 7 号，开始找人，却没想到已经过了的 7 号从后面伸出手来，把球打掉了。

（10）班的人持球推进，又打到（2）班的半场，把球交给了高富帅。刘唯彬咬牙切齿地盯着他，眼神好像要杀人。

高富帅开始横向带球，把球分给刘唯彬侧面空位的队友，刘唯彬无奈，只好补防过去，队友又把球回给高富帅，这时他已经完全空位了。

刘唯彬再度扑向高富帅，却只见高富帅大喊一声，腾空而起，这一跳差一点就可以灌篮，不仅球进了篮筐，落下来的时候高富帅几乎是骑在了刘唯彬身上。

刘唯彬哪能忍受这"胯下之辱"，他的肺都要气炸了，冲着万鸿大吼："你怎么盯人的，一个对两个你叫我怎么防？"

万鸿可不是好惹的，也冲刘唯彬吼回来："你凶什么凶，你自己被打爆了还神气什么？到处乱跑，位置都丢完了还来怪队友？"

刘唯彬把于鹰发给他的球一把扔到界外，开始歇斯底里："我乱跑？好不容易防下来的球都被你浪投掉了！"他指了指旁边愁眉苦脸的于鹰："还有这些，猪一样的队友，怎么打？"

高富帅在旁边笑盈盈地看着这场内讧，劝说道："好了好了，友谊第一，比赛第二，别伤了和气！"

一直在旁边不说话的汤老师忽然对替补席上的卫晨星说："刘

唯彬已经失控了，你换他下来。"刘唯彬下场的时候一脚踢飞了场边的矿泉水瓶，头也不回地回教室去了。

这场球最终输了，这让谭欣雅有些难过，好在袁凯文一直没有放弃，带着大家努力追分，没有输得太惨。

谭欣雅觉得，越是在这种时候，越能看出凯文的与众不同。

## 麻烦的日志

周五放学，班上的男生在汤老师带领下训练篮球。每周，汤老师都会带大家练一次技术，遇到比赛，他会布置战术，没有裁判的时候他还客串裁判。这让其他班的篮球迷都很眼红。

汤老师说球队板凳深度不够。为了增加篮球人口，今天让一些不大会打篮球的同学也来体验体验。

大家正练着，高富帅凑过来，问可不可以让他也一起玩玩。

郭一航小学就认识高富帅，这时候嬉皮笑脸地迎上去说："那怎么可以？让你参加不是把我们的战术秘密都泄露了吗？"

袁凯文说："这样不大好吧……平时都在一起玩球的，场上是对手，场下不用这么针对吧？"说着，他看看汤老师。

汤老师朝他点点头。

袁凯文笑了，喊道："高富帅，快过来，让我会会你！"

汤老师拍拍袁凯文的肩膀，说："凯文，以后你就当咱们班的篮球队长吧。我把篮球队这群男孩交给你了，尤其是刘唯彬，多帮助一下他。"

袁凯文回过头来，使劲地点头。金色的夕阳洒在他小麦色的脸庞上，映着他灿烂的笑容，很好看。

天刚擦黑，袁凯文抱着篮球进了家门。妈妈看他汗涔涔的，赶紧撵他去洗澡。等他出来，晚饭已经摆上桌了。

爸爸出去和人谈生意了，一起吃饭的只有妈妈和两个姐姐。上大学的大姐一周才回来一次，晚饭桌上不断地回答二姐的刨根问底，如同答记者问。凯文从不插嘴，只管埋头吃饭，妈妈一边听两个姐姐聊天，一边不时地往他碗里夹点菜。

好不容易得来这个儿子，妈妈难免有时情感会倾斜一下。加上算命先生说凯文面带异相，必成大器，妈妈愈发期望值高——时常念叨凯文，像两个姐姐一样考上大学是不够的，一定要考个名牌大学。这种时候，凯文都选择不说话。

家里人都说凯文性格像爸爸，沉默寡言，心中有数。那其实是他们没看到运动场上生龙活虎的凯文。一回到家里，凯文就自动开启静音模式。他想，像他这样的男生面对三个女人的时候，还是少说为妙。虽然不喜欢妈妈总给他一个人夹菜，却忍住不开口。

吃完饭，凯文手脚飞快地洗完碗，赶紧钻进自己的房间里登上QQ。每周五的晚上，他都要在空间里写一两篇日志，有散文、有诗歌，也有心情日记——这个习惯已经坚持了三年。

今天他想写两篇日志。

第一篇日志是记球赛的总结会。

比赛第二天汤老师就召集大家开总结会，上来第一句话就是——我们可以输球，但最好不要输人。

凯文觉得汤老师说话太有道理了，他的小本本里记了不少汤老师这类很有道理的话：就算技不如人，我也要跟对手死磕，让他赢得不轻松，这样他会觉得你是一个值得尊敬的对手。可要是看见输了就破罐破摔，怨天尤人，那你丢人就丢到家了。

放下小本本，凯文在空间里写了这样一段话。

可能你还觉得，反正都是丢人，有什么区别？

其实不然。

胜负是经常会发生的事情，赛场上的常胜将军固然可喜，但如果你在和别人的交往中总要当赢家，可能没人愿意和你玩。

而且你如何看待胜负，体现了你的境界。一般说来，那些经历胜负较多的人容易淡定，胜则得意扬扬，败就洋相百出的，往往是经历少的。你可以极度讨厌失败，但不等于你应该在失败面前失态。

比技不如人还要糟糕的事，是没有品，是失了格。如果你能想到，我今天技不如你，但我可以明天追上你，你向别人展现的会是一种自信；如果你能领悟，我这项技艺不如你，不等于其他技艺不如你，你会多一分平和。这样的人尽管输了技艺，但以后大家还有一起玩的机会。要是为人的质量被看低了，可能就没有以后了。

凯文又想起汤老师给大家讲的故事。

有一次，汤老师和朋友去踢球，对手每一个人的实力都比汤老师这边的人强。按理说，遇到这样的对手，大家应该更加勤奋；如果你喜欢挑战，应该更加兴奋才是。

可是踢了不一会，形势的被动就让几个队友相互埋怨起来。一个长着啤酒肚的队友埋怨那个小个子不传球，这情绪影响了另一个不会防守的高中生，他也埋怨小个子防守不到位。小个子在两人的交相嘲讽下心态失衡——好，你说我不传球，那我就不传球；你说我防守差，我就不回防。

反过来，他也开始嘲笑高中生的意识不佳。

汤老师是认识小个子的，对他说："高中生比你儿子也大不了几岁，跟小孩较劲，有意思吗?"

本来技不如人，就应该整合资源，发挥每个队友的长处。这是一项团队运动，需要有团队精神。就拿"啤酒肚"来说，你要是觉得自己比队友水平高，你就应该承担更大的责任，带领队友走向胜利，或者至少不要输得太多。你没有能力改变局势，却只会用埋怨队友来表达自己的不满，除了被对手笑话，还有什么意义呢?

就算你认为，遇上这些队友算你倒霉，你可以选择下次不和他做队友，也没必要现在弄得大家不开心。总是希望队友按自己的方式玩，那叫任性。

后来大家都闭了嘴，只是踢球。

再后来，居然赢了。

总结会结束的时候，汤老师对大家说："我年轻的时候，没少干过埋怨队友的事，可现在我明白了，埋怨小伙伴可能很容易，却意味着是自己扛不住压力。带领小伙伴逆袭可能很困难，但那才叫乐趣。因为难，才好玩。"

"今天还要写一篇麻烦的日志。"凯文想着，不禁叹口气，准备开始写第二篇。

他不喜欢写这第二篇日志，因为这篇记录的是一件烦恼的事。这又不像写篮球日志，不管是赢球还是输球，写起来都有意思。但是凯文还是觉得该写一写，有了烦恼可以把它寄托在日志里。

这篇日志的内容是抱怨同桌。袁凯文一直希望汤老师给他换个同桌，他和高雨涵虽然说不上天天拌嘴，但是互不待见。袁凯文小学六年级的时候才从乡镇转到城里来，没学过英语。第一节课朱老

师说句 "Turn to Page five （翻到第五页）"，他都不知所云。

开始的时候，上课有听不懂的话，下课有做不来的英语题，他就会向高雨涵请教。高雨涵呢，其实还是会给他讲，只是每次都以这样的口气："这都不知道呀……"这语气让凯文听了很不舒服，后来索性不问她了。

时间长了，袁凯文注意到，高雨涵经常有意无意地提起：谁又给她当医生的爸爸送了什么稀罕的吃的呀，谁用的手机是她早就淘汰的款式呀，哪个亲戚送她的衣服是国内买不到的呀……每当高雨涵讲这些的时候，她总是希望身边的人能够凑趣地表示羡慕，最好是来个特别凑趣的，能对她说："哎呀雨涵——你快拿来给我们见识一下吧。"

可是坐得离他最近的袁凯文却从不给面子配合一下，当她开始显摆，凯文就背过头去，当她是空气。如果她能进入凯文的内心，会听到他正在默念一句话，那是他从《读者》上看来的：如果你总是想显示你很牛，那你现在一定很傻。

两个人的爱好也使得他们话不投机。袁凯文喜欢读书，想聊的是喜欢看什么书，对书里的人物或观点怎么看，可是高雨涵除了课本，几乎不看课外书。高雨涵感兴趣的是娱乐资讯和流行趋势，而袁凯文只觉得这些很无聊。

语文课上组织了一个以临近四个人为单位的比赛，老师的意图想要让大家体会合作的乐趣，可是这只让袁凯文和高雨涵的关系更糟。袁凯文想让四个人坐下来讨论参赛的细节，刚一开始高雨涵就嫌麻烦，她的理想模式就是其他三个人都听她安排，哪怕袁凯文觉得这安排漏洞百出。结果是袁凯文觉得高雨涵超级没内涵，浅薄无知又专横；高雨涵觉得袁凯文就是个农村来的"土包子"，只会蛮不讲理地唱反调。

　　高雨涵是班上的宣传委员，经常张罗人手出黑板报和布置教室。袁凯文冷眼旁观，觉得她实在差劲。其实高雨涵不是不认真，每次都还是能完成任务，只是她不能站在别人的立场想问题，又喜欢颐指气使，常常和同学拌嘴。结果事情做得越多，讨厌她的人就越多。

## "万人烦"的那一个

　　有一天放学后，袁凯文在走廊上遇见一个头发花白的家长，感觉有五六十岁了，可能是谁的爷爷。那家长拦住他问道："小同学，你知道初一（2）班怎么走吗？"

　　袁凯文说："我就是初一（2）班的，您找谁？"

　　"啊，太巧了，你们那个班主任，姓什么来着，下班了吗？"

　　袁凯文说："你是说汤老师吧，我刚才路过办公室还看见他，我带你去。"

　　那家长又问："高雨涵走了没有啊？"

　　"原来是高雨涵的爷爷"，袁凯文想，但他还是回答："她今天不做清洁，已经走了好一阵儿了。"说着把家长带到了办公室。

　　那家长一见汤老师就伸出手来："老师你好，我是高雨涵的爸爸。"

　　凯文吃了一惊，边走边想，无论如何也想不到高雨涵的爸爸竟然这把岁数。

　　办公室里，高雨涵爸爸对汤老师说："我今天第一次来学校接她，顺带来拜望老师，也向你介绍一下我女儿的情况。"

汤老师指了指对面的座位："您请坐。"

高雨涵爸爸把椅子拉到汤老师的身边，挨着汤老师。

他说："我这个女儿啊，是我到了四十五岁的时候才得的，所以我们全家都很宝贝她。我今天主要的意思呢，也就是想拜托老师对她多点儿照顾。"

汤老师说："那是我应该做的。"

高雨涵的爸爸说："实不相瞒，我是在钢铁总医院工作的。我虽然不是什么领导，但在我们医院，要提起我的医术，大家都是说这个——"

他伸出大拇指在汤老师面前晃了晃，继续说："我在我们医院还是比较牛的，平时找我动手术，托我帮忙，请客送礼的人，那是很多的。"

汤老师说："佩服，佩服。"

高雨涵的爸爸一下子高兴起来："所以我们家的物质条件，平心而论，还是可以的，高雨涵从小到大，吃的穿的，可以说是应有尽有。当然，我在老师面前，不是夸耀我们家怎么样，只是想让老师知道，这个孩子从小被照顾得很好。还有，如果老师需要在我们医院找人办事，给我说一声，没有问题！"

汤老师说："那我先谢过了。"

高雨涵爸爸把手一挥："不用客气。我们这个孩子，从小教得很好的，说句不吹牛的话，小学奖状都是多得不稀罕的。升初中的时候，她没发挥好，只差一点点保送，把自己关在屋子里哭了半天。"

汤老师心想，这个班上保送上初中的孩子就有二十多个，但他还是说:"看得出来她很乖。"

高雨涵的爸爸越发高兴了,为了体现他和老师谈得很投机,他每说几句话,就用手戳戳汤老师的手臂:"所以我说老师,我看你虽然年轻,没什么经验,但是态度很不错。麻烦你,多关照我们高雨涵,我不会亏待你的。"

汤老师被戳了十几下后,就抬起手来看表:"您的意思我已经领会了,如果没什么别的指教,我们就到这里吧?"

高雨涵的爸爸还有点意犹未尽,但是汤老师这样说,他也只好站起身来。

他打开手机出了门,又转身进来,对汤老师说:"这孩子,总在通话,也不知道到了哪里。我跟他说过我只会接电话,不要发其他东西,她总记不住——老师,你能不能帮我看看,刚才手机响了一声,短信里又没找到内容,她是不是发了什么东西给我?"

汤老师一看,高雨涵在 QQ 里给爸爸留了言。他一边帮高雨涵爸爸点开 QQ,一边说:"QQ 呀,微信呀,这些工具,你可以让高雨涵教你用呀。"

高雨涵爸爸说:"我都要退休的人了,学这些有什么用,我只要会打电话、接电话就够了。"

高雨涵在留言里说她在和朋友煲电话粥,让他爸爸去车站找她。

高雨涵爸爸又问:"麻烦再问问,往我们家方向的那个车站该怎么走呀?"

可能他自己也觉得这个问题有点儿好笑,又补充说:"我这人别的都行,就是找不到路。主要是我们家和单位一直在一块儿,不需要走远。实在要办事,单位有很多便车可以搭,时间长了,找路就不行了。真的，我这人没其他毛病，就这点不太擅长……"

问清了路，高雨涵的爸爸急匆匆地往车站去了。高雨涵在车站怕是等得不耐烦了吧？

高雨涵还在煲电话粥，主题是吐槽曾育强。

如果她对袁凯文的印象是不喜欢的话，对曾育强简直就是厌恶——这也是班上大多数女生对曾育强的态度。

曾育强经常拽女生的头发，谭欣雅还曾经因为被拽疼哭过。不过汤老师说爱欺负女生的男生都是鼻涕虫，劝谭欣雅勇敢一点儿不要哭，因为越哭鼻涕虫越高兴，所以谭欣雅后来再不搭理曾育强。

曾育强不仅拽过高雨涵的头发，还经常叫她的外号"高老庄"。这个外号本来不是曾育强取的——高雨涵觉得他还没那智商——取外号的是郭一航，他给全班每个人都取外号。但是郭一航只是为了好玩偶尔叫一叫，高雨涵觉得还挺有意思。而曾育强却是以高雨涵心烦为目的，总是在人多的时候大声反复地叫。

班上有像张苇这样的同学，没什么朋友，那是张苇自己不愿意交朋友，可曾育强却是全班都不和他玩。曾育强一个人不好玩，就常常在同学聊天的时候故意在旁边插嘴。

比如说前天，刘唯彬正在和郭一航聊周末的篮球赛："周末凯尔特人那场你看了没有？第四节凯尔特外线火力全开，靠三分球翻了盘。"

这时曾育强插嘴说："凯尔特人？我喜欢，尤其喜欢科比。"

刘唯彬白了他一眼："科比是湖人的。"

曾育强只好悻悻地走开。

路过高雨涵的座位时，听到高雨涵正在向围在身边的几个女孩抱怨："这个星期真倒霉，老丢东西。先是弄丢了饭卡，到后来连钱包都不见了。"

曾育强伸个脑袋过来说："那这个星期你都吃不了午饭啰？钱包里有多少钱？要是那个钱包我捡到就好了……"

高雨涵恼怒地转过头去，心想我再怎么掉钱包也不可能没饭钱。不过她实在没兴趣搭理曾育强。实际上曾育强一开口，在场的每个人都不说话了，曾育强似乎注意不到。等他喋喋不休地再讲几句，刚才围在一起的人都走完了。

高雨涵最希望的，就是哪天曾育强生病来不了学校。可惜曾育强是学校田径队练铁饼的，生得膀大腰圆，看不出有生病的迹象。据说因为曾育强是体尖，开学的时候汤老师还专门找他交流过，告诉他体训的同学缺课多，说学习、训练要兼顾。曾育强当时不以为然，觉得自己还可以，结果几次测验下来，每次都全班倒数。

每天的作业，曾育强不是少交两样，就是偷工减料，经常被各科老师叫到办公室；老师不在的时候，他还极不老实。学习委员和纪律委员每天都要扣他的班级分，结果他的班级分就像他的人际关系，每况愈下，一直被扣到负数。

曾育强还超级没有自知之明，上课的时候，老师问的问题他明明答不上，却总是把手举得高高的。叫他起来回答，每次都吞吞吐吐地半天答不上，浪费大家的时间，所以看见他举手，大家就心烦。

曾育强越是不受人欢迎，就越是想证明自己。可是他有什么拿得出手的本事呢？可能就只剩那一身蛮力了。于是他就经常动手欺负那些比他弱小的同学，把人家一把推倒，或是摔到地上，这样他就觉得自己很厉害了。

有一次，他看郭一航长得瘦小，就把郭一航从后面抱住使劲转圈，结果刘唯彬马上过来，警告他如果再碰郭一航就揍他。

论体型，曾育强比刘唯彬大两圈，但他却立刻放下郭一航，躲得远远的。他知道刘唯彬在年级里认识很多人，怕刘唯彬找他麻烦。

但他又觉得这样太没面子，就站得远远地扬言："你有什么了不起嘛，我还不是可以找田径队的人来。"其实他是吹牛，因为在田径队里也没人喜欢他。

如果不了解曾育强的人看到他，浓眉大眼，一身的腱子肉，很有阳刚之气。可谁会想到，在这个庞大的身躯里面，藏着这样一个渺小的灵魂。

## 教室里的全武行

让高雨涵解气的时候终于来了。

一天课间，高雨涵正在翻她的娱乐杂志，忽然听到教室门口一声怒吼："曾育强，兔崽子你给我滚出来！"

教室门口站了一个三十来岁的中年男人，体型相貌和曾育强就像一个模子里倒出来的。

再一看曾育强，平时红润的脸上没有了一点儿血色，就像老鼠见了猫。这种绝望的脸色仿佛昭示着末日的来临，让在场的同学都感到害怕起来。

见曾育强半天没挪动步子，那男人又咆哮起来："还不出来，要我揪你出来？"

曾育强战战兢兢地靠过去，挤出一个难看的笑容："爸……你怎么来了？"

"老子在外面辛辛苦苦挣钱，你就在学校调皮捣蛋？一天到晚不学好你专学搞破坏？"曾育强爸爸的声音很刺耳，有点像金属摩擦的声音。

曾育强一脸的无辜："没有啊？"

"没有？"曾育强爸爸再度提高了音量，"你们班干部都给我打电话了你还狡辩？你个狗东西！"

曾育强爸爸忽然抬起手，对着曾育强的脑袋就是一下。

"啊！"曾育强抱住了头，喊道，"不要在这里，这是在教室！"

"还敢顶嘴？"见曾育强抱住了头，他爸对着脸一耳光扇过去。

曾育强捂住脸，转过身去，背朝着他爸喊："我没有调皮，不信你去问汤老师！"

"没有？我找了你的三科老师，才知道你们已经测验了好几回，你个狗东西回回排倒数，没有一次向我报告过！"

见曾育强背对着他，他爸一拳捶在他背上，"咚"的一声闷响，不等曾育强反应过来，又飞起一脚，蹬在曾育强的大腿侧面。

"啊！"曾育强惨叫一声，被蹬得一个趔趄，撞进了卫生角里，扫帚拖把摔了一地。"啊，痛！"尽管曾育强皮糙肉厚，这一下也疼得咧嘴。

"收拾书包跟我回去，不读了！"

"不，我要读……"

"你这样子读个屁，跟我回去学厨，以后也去给人家做饭！"

曾育强坐在地上大哭起来。

在同学面前打孩子是最糟糕的教育方法，或许这根本不算什么方法，只是一种发泄。遗憾的是，这个法子总有些家长要用。

刚开始高雨涵看见曾育强挨揍，还觉得有点幸灾乐祸，可看到后来，她简直不敢相信自己的眼睛。曾育强的爸爸太过分了！怎么可以这样打人呢？而且还是当着全班同学！

她甚至有点同情曾育强了。

给曾育强爸爸打电话的是谭欣雅，她帮老师打印家长通讯录的时候备份了一份。她想到让曾育强服从管理的办法，就是给曾育强的爸爸打电话。她还以为曾育强的家长会像自己的爸爸一样，坐下来讲一番道理，等看到曾育强坐在地上号啕大哭，她后悔得要命。早知道会这样，她说什么也不会做这件事。

就在曾育强爸爸当着全班同学的面上演全武行的时候，背后传来一个声音："住手，不要打孩子。"

曾育强爸爸正打得兴起，头也不回地说："我打的是我儿子，关你屁事？"

说完这话，他忽然意识到有什么不对，回头一看，是汤老师。

汤老师淡淡地说："儿子不是你拥有的一件东西，不能随便处置。别打了，靠打是教育不好孩子的。"

也许是中国几千年的封建思想在作祟，不少家长就是把孩子当成自己的财产——我生养了你，你就要听我的话，否则就是不孝。对于这类家长，要讲与子女平等相处，甚至做朋友，简直如同天方夜谭。怎么可以平等呢？你的命都是我给的，吃我的穿我的，怎么可以不听我的？

然而事实上，父母对子女的付出应该源于无条件的爱，这种爱是不求回报的。如果把服从作为抚养的回报，倒有点像饲养马戏团的动物。子女对父母的赡养，也应该看成是对家庭成员的关爱而不是报答，如果一种施与是带有获取回报的目的，它就不是爱的行为而更像是一种借贷交易。

当然汤老师脑中闪过的这些念头，对于从不看书的曾育强爸爸来说肯定是无稽之谈。这个男人信奉"黄荆棍下出好人"，对于汤老师反对打骂的主张实在是觉得迂腐。不过在众目睽睽之下，也不好再大打出手。经过老师的劝说，曾育强爸爸就愤愤地回去了。

这件事过后曾育强消停了几天，他得知是袁凯文到办公室叫来了汤老师，因此每次看见凯文都特别亲热——不过袁凯文对这种亲热似乎没什么热烈的回应。可能是曾育强妈妈的主意，曾育强又每天拿着联系本来找汤老师签表现，汤老师在本子上帮他说了不少好话后，曾育强的"危险期"渐渐地过去了。

## 连环恶作剧

这天放学过后，曾育强看见李皓冬站在教室门口的院子里，望着天空发呆。心情大好的曾育强凑上去，也往天上望来望去："你在看什么呢?"

李皓冬看了曾育强一眼，没有说话。

这倒不是故意不理曾育强，李皓冬从来就很少说话。刚开学的时候，课堂上请他答问，他站起来一个字也不会说；办公室里老师和他说话，他从来也不回答，最多用点头和摇头来表示，偶尔"嗯"一声，就已经是少见的发声了。和他讲话的人常常不知道他的意图，只有靠猜。他心情好的时候，会和袁凯文、陈佳简单交谈几句，除此之外，也不大搭理同学。

曾育强又望了一阵儿，觉得无聊，恶作剧的念头又上来了。他对李皓冬说："天上什么也没有，有什么好看？如果你愿意，我让你看到星星！"

他一把抓住李皓冬的瘦胳膊："来，我带你转几十个圈圈，你就能看到星星了。"

路过的谭欣雅看到这情景，大声喊："曾育强，你不要欺负他！"

李皓冬本来就白皙的脸更是没了一点儿血色，他努力想从曾育强的掌握中摆脱，但是曾育强的手就像一道紧紧的铁箍，怎么也挣不开。曾育强得意地看着他徒劳地挣扎，等他没力气了，就开始拽着他飞快地转圈，让李皓冬像个陀螺似的身不由己地跟着转。

也不知转了多少圈，曾育强觉得太有意思了，他忽然将李皓冬向外一甩，想看看这个陀螺要转向哪里。

这一甩让李皓冬冲了出去，重重地撞在走廊的柱子上，又"啪"的一声摔倒在地上。

曾育强惊呆了。

李皓冬伏在地上，一声不吭。

这时陈佳也跑过来，把李皓冬从地上扶起来。鲜血从李皓冬的两个鼻孔里涌了出来。

陈佳和谭欣雅赶紧拿纸给李皓冬擦血，曾育强站在原地看了一阵儿，决定脚底抹油——开溜。

谭欣雅气坏了，她想曾育强真不值得同情，挨揍没几天皮又痒痒。她朝着曾育强大喊："曾育强，你给我站住！"

这一喊不要紧，曾育强转身就开始猛跑，跑到走廊转弯的地方，和一个人撞了个满怀。

那个人抱怨道："哎哟，曾育强，你把我撞坏了。"

谭欣雅赶紧大喊："汤老师,快抓住曾育强,他把李皓冬摔出鼻血了!"

汤老师一把抓住曾育强的手腕,将他又拽回了事发现场。

李皓冬的鼻孔被两个女生用纸堵住了。血虽然止住了,但是鼻子明显地肿了起来,看上去很是狼狈。

汤老师俯身安慰了李皓冬几句,站起来,用严厉的眼神逼视着曾育强。这眼神,比他不交作业或是违反纪律的时候,还要严厉得多。

"干什么?"曾育强被看得发毛,辩解道,"我只是和他玩一玩,不小心……"

汤老师还是逼视着他。

曾育强一副愁眉苦脸可怜巴巴的样子:"不要这样嘛,人家又不是故意的……"

汤老师又看了他半天,说了一句:"这由你父亲决定。"

"啊?"这下曾育强是真急了。

他的眉心皱到一起,双手一阵乱摇:"不要呀,老师你知道的,我爸会揍我!"为了表明他反对的程度,他的肩膀不住地扭来扭去,还不时地跺跺脚。

谭欣雅觉得曾育强太恶心了,长得五大三粗还像小姑娘一样卖萌,如果不是汤老师在,她一定要指着曾育强的鼻子说:"你活该!"

如何处置曾育强呢?汤老师还在犹豫。这时,李皓冬伸出手来,向汤老师摇了摇手。

汤老师用质疑的眼光看了李皓冬一眼。

没错,李皓冬又摇了摇手,这是他的表态。

汤老师释然了,对曾育强说:"你走吧。李皓冬不愿意我告你的状。但是，明天你得写份检查来。”

谭欣雅说：“啊？就这样放他走了？他这种人，检查不知道写过几百份了。”

汤老师没再说话，和李皓冬交换了一下眼神。

李皓冬的眼神平静而柔和。虽然他的脸上没什么表情，但是汤老师觉得，他心里在微笑。

记得上次军训的时候，男生们住进军训基地过集体生活。多数的男生很兴奋，也有一部分像李皓冬这样的，很不适应。

在闷热的寝室里打赤膊，到集体澡堂洗澡，这对于李皓冬来讲，是无法接受的事情。

晚上大家都上床的时候，刘唯彬见李皓冬不肯脱裤子，还把自己包裹得严严实实，就来跟他开玩笑，把他的皮带扒了。

一直不多言语的李皓冬憋红了脸，半天吐出来四个字：“记恨三年！”

汤老师为这件事和李皓冬聊了一个多小时。

说是聊，其实只是汤老师找话说，李皓冬偶尔做出回应。汤老师说的那些宽容啦，缘分啦，乐观啦，李皓冬已经有点记不清了，他只记得汤老师最后那几句话：“你是一个内心很鲜活的孩子。要记住，经常微笑。我们脸上可以不笑，但心里要常常笑。”

比起那时候，今天的李皓冬可进步多了。汤老师抚了抚李皓冬的头，李皓冬温顺地低下头去。他已经不太生曾育强的气了，还有点儿高兴，因为曾育强不用被暴打一顿。

更何况，他还能得到汤老师的特别关照。

李皓冬特别喜欢汤老师对他说话的语气，总是很和气，从来都不会抬高音量。有些大人和他说上几句，见他不说话就放弃了，汤老师却可以和他聊很久。

其实，李皓冬心里有很多话想说，可是，一到老师面前，或是被点到发言，他就说不出来。

他知道汤老师对他很照顾，他有什么事情没做好，老师从来不批评他。当然，他也是个老实安分的孩子，不会犯什么大错。

真正让李皓冬觉得汤老师可以信任，是开学两个月后的一个傍晚。

那天汤老师接待完来访的家长，走廊上已经没人了。他匆匆忙忙地走出办公室，赶着和妻子去听音乐会。却看见李皓冬捂着肚子蹲在教室门口。

汤老师把李皓冬扶回座位上，在他肚子上按了一阵子，又问了他几句，确认不是阑尾炎。但看他脸色惨白，就给他妈妈打电话。他妈妈马上开车过来，但是遇到下班高峰，要四十分钟才到。看他瑟瑟发抖，汤老师又把自己的毯子给他裹上。再看看时间，再不走音乐会就要迟到了。

汤老师温和地和他商量："你可以自己在教室等妈妈过来吗?"李皓冬没有说话，但是眼神里闪烁出一丝惊恐。汤老师叹口气，陪他坐下来。一会儿，李皓冬觉得腹痛如绞，从椅子上跪到地上，最后全身乏力，瘫倒在地上。汤老师把他扶起来，看他没力气坐稳，就让他趴在椅子上，他大口大口地呕出口水，情况很是吓人。

其实当时李皓冬心里明白得很，他在想自己会不会死掉。他听到老师在打电话和门卫交涉，放妈妈的车进来；他感到老师背起他在向操场飞跑；他听到老师托起他冲进急诊室喊医生。最后医生、妈妈和老师都向他确认，他不会死掉。

从那以后李皓冬就愿意和汤老师说话了，他觉得汤老师救了他的命。虽然他上课仍然不说一句话，但下课以后，在没有旁人的时候，他会和汤老师聊上几句。

他喜欢在汤老师看上去很忙的时候给汤老师做些推荐，比如他喜欢的书，他喜欢的游戏。还要老师交出 QQ 号码，方便他随时骚扰。这些时候，汤老师会夸张地做出一个抓狂的姿势，逗得李皓冬笑个不停。

他把校园里的树枝削去皮，做成牙签送给汤老师；还用一些树枝做成铅笔——通过细心地雕镂，构成漂亮的笔杆，再插上自动铅笔的笔芯，就做成了。他很满意汤老师的笔架上总是插着他做的铅笔。


## 班级分 VS 霍格沃茨的学院分

付娟从汤老师的笔架上拿起一支"纯手工"制作的铅笔，赞叹道："好精致呀，这是谁做的?"

在刚刚结束的期中考试中，付娟的（11）班排在年级第五，吴淼的（10）班排在第七，（2）班正好在他们中间。

看得出来付娟心情不错。虽然她并没有要刻意胜过谁的想法，但不想比小伙伴落后，也是人之常情。在她的学生生涯里，成绩排名从来都名列前茅，她对自己也有了相应的要求和意识。

汤老师正拉出椅子招呼吴淼坐下："啊，那是一个学生做的，送了我几支。"

吴森坐了下来，跷起二郎腿。月考成绩不如（11）班，他也没有任何不开心，因为他根本不在乎。

付娟还在端详那支笔："汤老师，我觉得你们班孩子真乖，跟老师感情挺好的，老师不在的时候也自觉，哪像我们班有些学生，野孩子似的。"

付娟的班上有几个调皮孩子也许是看她温柔，有点儿不服从她的管理，这迫使她调整自己的态度，开始增加严厉。她在教室的时候，学生还是很听话的，但不在的时候，就有些让人头疼。

汤老师说："自觉吗？那也未必。不过如果老师不在，教室就管不了，实在是个问题。"

汤老师要两个年轻人给自己的班级都制定了班规，但看过以后很不满意。付娟的过于烦琐，可操作性不强，吴森的又过于简单，没什么操作价值。

汤老师给他们讲解（2）班的规章制度，包括规范每天各时段行动的《一日常规》，也有用于评分的《班级分评定制度》。

付娟小心地问："我听有的老师说，班级分是哄小孩的，没什么用？"

汤老师解释说，霍格沃茨学院的学院分对哈利波特们都是有影响力的，这说明类似的评分制度不会没有意义。不过为了日后能坚持执行，就需要制定相对完备的制度。

在汤老师的班级，通过每天的班级总结，每周对班级分的评定和每学期对规章制度的学习，不断增加成员对制度的重视，避免让制度流于形式。

"实际上，"汤老师说，"我们的评优评先，操行等级，都根据班级分选出，这样班级分的重要性就增加了，而且也避免了班主任凭个人好恶随意评价学生。我想你们年轻人的民主意识应该比我强，更喜欢看到'法制'而不是'人治'，是吧？"

付娟想到前段时间班级推选"文明学生"，就是自己指定的，暗自吐了下舌头。

汤老师又谈到，老师不在的时候，一方面靠制度的管理，另一方面也要依靠班干部。他希望两个年轻人科学地设置班干部岗位，用书面形式确定每个岗位的职责和评价方式。

"我们在做的是一项管理的工作，"汤老师说，"我希望我们的教室像一个可以保持稳定运作的机器，不要因为班主任的离开就停摆。教室里的氛围可以是人文自由的，但是班级的组织管理应该是科学严密的。"

付娟一边点头，一边在小本本上做记录，吴淼却一副心不在焉的模样。

谈完班级制度，汤老师趁着下课时间，带付娟和吴淼参观各自的教室。

走近（10）班教室的时候，门"砰"的一声打开，一个男生在几个女生的追打下从里面冲出来，差点儿撞到他们。从打开的门里传出响亮的音乐声，原来是有学生把手机接到教室的音频线上，正在放流行歌曲。

一群男孩正在教室一角相互推挤，还有几个学生正在手机上玩游戏。见有老师进来，学生收起了手机，其中一个还向吴淼挥手致歉："对不起淼哥，下不为例！"

这间教室的地面和墙上内容都很丰富。地面主要是小食品的包装和废纸，墙上贴满了动漫和明星的海报。黑板报的位置贴上了纸，改造成了一大面涂鸦墙，据吴淼说这是学生的主意，画满了就换一张。

　　见教室地面不干净，吴森有些不好意思地叫一个女生管管，那女生马上从推挤的男生堆里拽出一个："森哥吩咐，把地扫了！"

　　（11）班的教室则要安静得多，地面特别干净。汤老师注意到教室的墙上除了贴了两张名人名言，什么都没有。教室里的学生只做两件事——做作业或者聊天。汤老师问为什么没人看书，付娟解释说，她不准学生带课外书。

　　（2）班的教室里有书架、盆栽、挂钟、微波炉。墙上有学生的书画和照片，也有作文角和通知栏。教室里有不少人下五子棋——汤老师说班上正在搞五子棋比赛，其他还有看书的、画画的、做手工的。

　　付娟注意到门的上方有一个像纹章一样的徽记，问了才知道是（2）班学生设计的班徽。班级还在学生中间征集班歌。

　　汤老师说要重视班级文化的建设，教室的布置或者班级的标志物都是载体。他建议三个班相互取长补短，隔一个月大家再来比较。

　　听到这话，吴森一副欲言又止的样子。出教室的时候，他故意走在后面，叫住了汤老师，吞吞吐吐地说："呃……那个……汤老师，我想跟你说个事。"

　　"什么事？"汤老师问。

　　吴森斟酌着措辞："很谢谢你对我的指点。不过……呃……我已经决定去考公务员……也就是说我不久就会辞职……我的意思是……您就不用这么严格要求我了……"

　　汤老师愣了一秒钟，然后一副恍然大悟的表情，说了声："收到，理解。"

吴淼脚步轻快地走开了，汤老师看距离下节自己的课还早，决定去操场上走走。

天气很好，汤老师沿着红色的跑道一个人转圈。和煦的阳光慵懒地洒在肩膀上，在他的身后投射出孤独的影子。

从教育行业投身公务员，是很多人顺理成章的选择，这个行业的待遇让他们义无反顾地跳了槽。一般遇到这种情况，同事们都会祝愿那个做出抉择的人一路走好。

跳槽无可厚非，谁不想日子过得好点儿呢，汤老师想。

他停下来，看看渐渐强烈的阳光，有些睁不开眼睛。


## 夜半歌声

就在吴淼声称要考公务员的那天晚上，十点三十分。

夜幕下的教学楼静悄悄地屹立在操场边，楼内所有的灯都已熄灭，正所谓黑灯瞎火，人去楼空。

初一（2）班的教室忽然被推开，有人钻了进来。

张苇突发奇想，要开展一次夜间探险。她想体验一下，晚上睡在教室里是什么感觉，就用口袋提上毯子，摸黑进了教室。

到十一点的时候，操场对面的宿舍楼会熄灯，生活老师会查寝室。不过她不会发现床上没人，张苇已经在被子里塞上衣服，布置成了有人睡觉的样子，并拉下了床帐。

张苇把口袋放到课桌上，塑料袋与桌面接触的时候发出"哗哗"的响声。

"小声点儿，会被发现的！"教室一角传来不满的声音。

张苇循声望去，嘴角浮现出微笑："你来了，毛伶？保安已经离开大楼了，不会被发现的。"

毛伶带着一丝嘲讽："你心情很好？晚上不怕冷跑教室里来兜风？"

张苇一点儿也不介意毛伶的语气，兴奋地说："我有一个新的愿望要告诉你，我决定了，要让自己成为一个演讲达人！"

"据我所知，"毛伶还是一贯的高冷，"你想去法国留学，想当作家，想和我一起周游世界，还想当小旅店的老板娘……貌似这些愿望一个也没实现。"

"这次不一样，"张苇说："你知道上周后面两天汤老师没来，到哪里去了？"

"不是出差了吗？"

"他是去比赛去了——演讲比赛——全国的。"

"你怎么知道的？"

周六的时候，张苇在家里拨弄电视机遥控板，意外地看到了那场演讲比赛的转播，她羡慕地盯着荧屏上的汤老师，幻想自己也能在台上大方地展现自己。一直以来，她都希望自己能在新班级的讲台上有所表现，每到有上台或是发言的机会都把手伸到最直。可惜她每次一站起来，说话就结结巴巴，让发言变成一场灾难。

"听得出来你很想做这事。不过我可要提醒你，不要忘了你受过的那些奚落，那种滋味可不好受！"

张苇低下头，陷入了沉默。

隔了几分钟，可能是为了打破这尴尬的寂静，毛伶提议："别再想那些不开心的事了，我们唱首歌吧。"

"好哇！"张苇拍手，"你起个头！"

在黑暗空旷的教学楼里，悠长的歌声在弥漫和回荡，也许唱歌的人陶醉其中，但这气氛却是说不出的诡异。

张苇忽然听到教室外传来什么声音，仿佛远处有人在敲击摩斯电码。这声音初时缓慢而微弱，张苇正沉浸在合唱的愉悦中，没有理会。不久这声音就变得急促而强烈，是什么东西在猛烈地撞击着地面，"嘭嘭嘭嘭嘭嘭！！！"

张苇猛然一下反应过来，是保安！是保安的皮靴踩在地面上的声音，这声音已经很近了！

她用几乎变形的声音警告毛伶："保安来了！快躲起来！"

"砰"的一声巨响，教室门被撞开，一道雪亮的手电光照了进来。

张苇脸色惨白地站起来，面向那道刺眼的光亮，把毛伶刚才待的那个角落挡在身后。


"基本情况就是这样，保安发现她的时候，她正一个人在教室里唱歌。"住读部的郎老师介绍道。

"为什么会一个人深夜跑教室里去呢，没有同伴？"汤老师问。

"这个嘛……"郎老师犹豫了一下，"是保安把她带过来的，据那个保安说，没发现其他人。不过那个保安常常很粗心，我也没有在现场，所以……"

汤老师转向张苇，蹲下来，面对面地看着她，问道："一个人怎么会去教室呢？"

汤老师向郎老师质疑的时候，张苇的心怦的一跳。不过现在她已经镇定下来了，若无其事地说："就是……想感受一下独自探险的感觉……"

她猛地一个九十度鞠躬："对不起，我再也不敢了!"

郎老师代表住读部提出意见："我们的建议是，取消住读资格。"

"啊?"张苇的眼泪无声无息地涌了出来。

汤老师站了起来，解释说："是这样的情况——这个小妹妹离家很远，不具备走读的条件。再给她一次机会，观察一段时间，好吗?"

郎老师严肃的表情缓和下来："既然班主任这样说，那就这样吧!"

汤老师点头为谢："那就给您添麻烦了!"


本来每天下课以后，张苇都会把脑袋伸到窗外，把身体包裹到窗帘里，一个人在那里讲个不停——她很享受这种状态。可自从这件事发生以后，张苇下课就哪儿也不去，一个人坐在座位上，一动不动。

她感到其他同学似乎都在背后议论那天晚上的事情，真切地听到压低的声音："知道吗，她就是那个夜半歌声的主角，可吓人了……"

在这个世界上，也许只有那个叫毛伶的女孩才理解她的孤独和寂寞。她不愿意把心交给除了毛伶以外的任何人。可能她曾经有过这样的尝试，但是如果尝试换回的是伤害，就会让她失去再试的勇气。

这一天她的独处却被汤老师打断，老师给了她一项特别的任务。

学校承接了一项外事接待工作，威尔士政府的第一首相来这座城市访问。其中一项活动是参加一所中学的班会活动，这个任务最终被安排给了求是中学的初一（2）班。汤老师设计了一个威尔士知识竞赛，还计划安排一个同学给首相先生送上班级准备的礼物。

选谁去当这个班级代表呢？同学们在下面议论了好几回。选陈佳？她形象气质最好；或者谭欣雅？她性格最活泼大方，或者是凯文？他运动很棒，成绩也好。

可是汤老师居然选了张苇，让同学们大跌眼镜。

张苇知道，自己长得不漂亮，成绩也不好，每次听写都不过关。她觉得，老师不批评她就谢天谢地了，从来也没想过还会有这种好事落到她头上。

她其实很开心能够成为活动中的小明星，但是又觉得这种安排实在难以解释。她敏感地瞟了汤老师一眼，发现汤老师也正在看她。看见她抬起头来看自己，汤老师又立刻转过身去和其他同学讲话。

不管怎么样，接待外宾总不是坏事。张苇想起那个有人来访就恨不得把她藏起来的小学老师。感觉汤老师和她不一样，起码会常常在无意之中做出一些对她有利的安排。

或许，是有意的？

她在网上了解了许多关于威尔士的知识，又把要对首相先生说的那句英文练了又练。毛伶说她练得没问题了，她才满意。

首相先生来的那天，教室里每个桌上都插着两面小旗帜，一面中国的，一面威尔士的。郭一航自告奋勇地提出，由他爸爸的广告公司免费提供这些旗帜。学校的校长主任和英语老师，把初一（2）班的教室围了个水泄不通。

汤老师招手让张苇过来，帮她整理一下衣服。张苇还没有走近，先迎面扑来一阵恶臭。

汤老师皱了皱眉头，他知道恶臭来自哪里——张苇的鞋子。

张苇的第一任同桌只和她坐了两周就要求汤老师换位置，因为张苇除了常常自言自语和无缘无故地泪流满面以外，鞋还很臭。

张苇是住校的学生，平时来上课，她总是穿同一双运动鞋。那双鞋变得乌黑以前应该是白色的，其实不算太破旧，主要是她天天穿又不打理，味儿很重。汤老师曾经借关心她的住校生活，旁敲侧击地建议她勤洗脚，多换鞋。可是张苇根本没在意，像很多沉浸在自己内心世界里的孩子一样，她不关心自己的外表。同桌不喜欢她，她可以感受到，但她并不觉得有什么不妥，反正从小学开始，一直都这样。

怎么办呢？汤老师不愿意换人，给张苇换双鞋倒是办得到，但是怎么开口呢？

忽然，汤老师有了主意，一把拉着张苇："来，跟我来！"

张苇赶紧一个深鞠躬，说道："对不起——"

汤老师皱眉问："为什么要道歉呢？你做错了什么？"

张苇解释说："我不知道做错了什么，但老师要带我离开教室，肯定是我做错了什么。"

看到张苇总用这种方式来自我保护，汤老师心里很不是滋味。他认真地说："张苇，我要你答应我一件事，不要再为没犯的错误道歉，好吗？"

张苇似懂非懂地点点头，又鞠个躬："谢谢。"

汤老师把张苇带到办公室门口，说："张苇，今天你已经打扮得很漂亮了，但我总觉得，还少了点什么。"

张苇看着汤老师，不说话。

汤老师说："我们不仅要打扮得漂漂亮亮，还应该洒点香水。今天那么隆重的场合，在首相先生面前，怎么能不香喷喷的呢？来，让我们偷点杜老师的香水。"

张苇觉得很好玩，吃吃地笑了起来。

汤老师从办公室里找出杜老师的高级香水，朝张苇从头到脚仔细洒了一遍。洒完了再闻一闻，浓香扑鼻。汤老师努力地深呼吸，做出一副心旷神怡的表情，宣布："大功告成！"

在接下来的班会上，那位长得像肯德基老头的首相大人似乎并不介意张苇这股香臭混合的味道，反而在她结结巴巴地背出那句英文以后，给了她一个大大的拥抱。

张苇长出了一口气，午夜惊魂之后一直悬着的心，也似乎落了地。


## 只坐第二排

张苇的妈妈说，张苇之所以不肯换鞋，不是没鞋换，而是因为她固执地喜欢那双鞋。张苇妈妈说话总是很有道理，就像她为什么长时间不来学校看张苇，是因为张苇梦想着高中毕业去法国留学，她要忙着为张苇挣钱。

开学前几周，学生填了各种各样的登记表。其中家长资料这一部分，有的同学填了两个，有的同学只填了一个。

张苇一个也没有填。

汤老师问她怎么没填，她解释说："我是留守儿童，爸爸妈妈一直都不在的。"

　　再问她，她就流眼泪。

　　汤老师与张苇妈妈通了电话，她妈妈说自己和张苇的爸爸离了婚，张苇其实是喜欢妈妈的。至于为什么一个家长也不填，大概是她害怕老师知道父母离异，瞧不起她。

　　汤老师在给张苇的留言中引了一句诗，叫《花儿努力地开》："你知道，你爱惜，花儿努力地开；你不知，你厌恶，花儿努力地开。"

　　汤老师说花儿的开放不是为了别人的肯定和赞赏，而是为了实现自己的生命价值。他以前有一个学生，就是深以父母离异为耻，汤老师把这句诗送给她，让她走出了阴影。他告诉张苇，要记住就算生活对我不公，我也要追求幸福。


　　汤老师满以为自己这样的心灵鸡汤可以让张苇情绪好些，不料第二天调整座位，不知怎么，把张苇招惹到了。

　　初一（2）班的座位安排是这样的：先由每个同学把自己希望的位置和同桌写在纸条上，老师再根据纸条来协调。

　　等到下一次交纸条的时候，汤老师发现，要找个愿意和张苇一起坐的同学，真不是容易的事。

　　终于看到了袁凯文的纸条，写的是：只要不和高雨涵坐一起，坐哪儿都行。

　　凯文性格稳重，能够担待人，学习上也有能力帮助张苇，汤老师觉得，自己终于给张苇找了一个适合的同桌。

　　张苇自己没有交纸条，按照班上的规矩，这就代表服从分配。

　　汤老师在投影屏幕上打出重新排好的座位，下面的同学兴奋地找到自己的位置，叽叽喳喳地议论一阵儿后就开始搬桌子。

　　张苇默然地看了看屏幕，把桌子搬到第五排，挨着袁凯文的桌子放好。她坐下后，放声大哭起来。

在搬桌子的喧哗声中，张苇的哭泣声震屋宇，就像一个在闹市中啼哭的小孩。

汤老师赶紧过来问："怎么了张苇？你对座位不满意？"

张苇摇摇头不说话，继续哭。

哭完了，她擦掉眼泪，安安静静地上课。

汤老师在张苇那里问不出原因，同学也不知道，只好打电话给她妈妈，让她妈妈再问问。

这是怎么回事呢？袁凯文的性格、人缘都不错，很多人还盼着和他坐哩！

妈妈问了张苇后告诉汤老师，张苇上初中后有三大愿望，一是读（2）班，因为二是她的幸运数字；二是班主任是个男的，要姓汤，因为小学有个姓汤的男老师对她不错，这个愿望刚好也实现了；第三是，她要坐在第二排，所以没在第二排她就要哭。原来是这样。汤老师在教室门口的小窗上望望张苇，她正在默默地流泪。

一下课，汤老师就吩咐张苇和袁凯文一起换到第二排。刚刚眼泪还挂在脸上，这会儿她又破涕为笑了。

一定要坐第二排才满意吗？汤老师皱着眉头想。张苇的这种行为算什么呢？说是任性似乎不太准确。

汤老师最后想到一个词。

偏执。

语文课上放映了获奖电影《国王的演讲》，电影结束后，汤老师组织讨论，让大家发表观影感想。

看电影是全班都喜欢的一件事——不仅不用上课，老师还同意大家像进电影院看电影一样，准备好各种零食，还可以想坐哪儿就坐哪儿，这感觉不错。

但是看完电影的讨论和写观后感就不那么受欢迎。刘唯彬曾经问过汤老师，可不可以不要让他带着"思想包袱"看电影，可汤老师说那不是包袱是任务，只有分析清楚才能达到观影目的。

汤老师坚持认为，电影作为多种艺术形式的综合体，只要善于运用，对提升学生的文学和美学水平有显著效果。不过他放的电影却常常被刘唯彬吐槽，说这些电影不够刺激，多半是些"好莱坞生产的教育片"。汤老师听到过他的吐槽，但还是乐此不疲，因为他选电影的标准常常能够印证自己的主张。

对于老师的主张，学生一时不好接受，但通过电影故事从另一个角度再讲述一遍，学生就会容易理解吧，汤老师常常这样想。

陆陆续续有几个学生发表了意见，现在正轮到袁凯文点评，汤老师一边听一边点头，很满意的样子。

张苇看了汤老师一眼，又低下头。她想，电影里的国王患有口吃，却能战胜自己，发表伟大的演讲——当然，他有罗格老师帮助他，那谁是我的罗格呢？不知沉思了多久，耳边忽然传来汤老师的声音："我宣布，期末前举行一场演讲比赛，主题为'我有一个梦'。"

看来得去找个语言培训的周末班，张苇想。

就在张苇想方设法要在演讲比赛里获得好名次的时候，陈佳想的却是怎样可以不参加这个比赛。

也许是性格使然，陈佳似乎天生不是上台的料，一站到讲台上就面红耳赤、腿肚子转筋。小学的时候，作为班上成绩最好的学生，她从来不主动发言，被老师抽问的时候声音小得连同桌都听不见。老师后来知道了她这德性，索性不再点她答问，只要她在试卷上能够得高分就行了。老师也让她当了班长，不过并不指望她管事，而是把她当成"泥菩萨"——一个品学兼优的"泥菩萨"。至于管同学嘛，另找一个厉害的副班长来负责。

在这样的待遇下，陈佳愈发脸皮薄，台下同学的议论和嘲笑成为了她无法忍受的煎熬，她觉得自己这应该叫——上台恐惧症。特别是上次班级朗诵比赛的铩羽而归，更让她相信，自己不是这块料。

她鼓起勇气在联系本上留言，希望可以不参加这次比赛。可是汤老师并不体谅她这种恐惧症，反而宣布演讲比赛是语文学科的一项平时测验，不上台的就没分。这下陈佳傻了眼。

受考试方向的影响，不少语文课堂重读写而轻听说，作为一个语文老师，汤老师不喜欢这种倾向。而更重要的是，作为一个班主任，他觉得应该重视学生的全面发展。

不过汤老师不喜欢强迫学生，因此又做了一些解释工作。他说没有人生下来会走会跑，自己不擅长的方面可以通过学习和练习来提升。他劝说陈佳，他看到过的最优秀的学生，不是没有不足，而是非常善于发现和弥补自己的不足。

虽然汤老师早就在课堂上分析过登台紧张心理并不只是源于性格、经验、训练水平、准备程度，还有成功意愿，都会对登台心理构成影响，但汤老师也知道，像陈佳这样的思维定式不是一两次尝试可以改变的。

"别把自己想得太重要，"汤老师说，"观众们没那么关心你的失误，你以为每个人都在议论你的失误，实际上他们对你的失误根本不会留下印象——甚至在你失误的时候，他正在走神。"

这样的说法并没有让陈佳感觉好点儿，却很让其他同学振奋。袁凯文和刘唯彬都敏锐地听出了汤老师怎样粉饰自己的"强迫"行为："不抛头露面，不用承受压力，没有失败的风险，我有时也希望能有这样的安逸，可我也知道，这也是一条通往平庸的道路。为什么老师要求每个同学都参赛？因为我的经历告诉我，有时候正是由于别人的勉强和要求，才推动我们战胜怯懦和惰性奋勇向前。也许在当时我很不愉快，却在事后感激这样'勉强'过我的人。"

## 演讲比赛

演讲比赛在两周后举行。

坐在准备席上的张苇低头看了看自己的演讲稿，这份稿子已经改了三遍，她自己改一遍，谭欣雅和汤老师又改了两遍。现在稿子上画得密密麻麻的全是语文课上教的朗诵符号，谭欣雅还当她的义务听众，给她提各种意见。

这两周谭欣雅忽然对张苇热乎起来。从汤老师宣布要搞演讲比赛开始，她就主动找到张苇，说要找个人一起准备演讲稿，问张苇愿不愿意。这就像白天鹅要给丑小鸭当陪练——在班上已经举行过的朗诵比赛里，谭欣雅得的第一。

张苇没有拒绝这个天上掉馅饼的机会，她觉得谭欣雅人挺好，还向毛伶说起，可以让谭欣雅做她们的朋友。毛伶虽然不大欢迎谭欣雅，但也没有提出反对。

看电影的时候，谭欣雅就拉张苇和她坐一起，还抽空帮她改稿子，于是就有了张苇现在手上的东西。

　　张苇又抬起头，投影屏幕上用幻灯片标示着演讲的主题，那五个字映在一旁的鎏金小奖杯上。奖杯是为这次比赛准备的，用汤老师的话说，虽然是地摊货，但拿在手里比奖状有手感。

　　"我有一个梦"，张苇把那五个字读了一遍。

　　下一个就轮到张苇了，讲台上的陈佳正在结结巴巴。这情绪有点儿影响到张苇，她深吸一口气，闭上眼睛，希望不受陈佳的干扰。

　　她按照汤老师的要求又整理了一遍自己的着装，调匀呼吸，提醒自己别在意成败，把注意力集中到技术细节上，像什么上场的步伐，登台的礼仪，眼神的运用，开场的语气，动作的幅度……

　　在心如止水的状态中，她听到主持人的报幕："请本场的四号选手张苇上场！"

　　张苇的表现让很多同学大为吃惊。大家印象中的那个总想争取朗诵机会，却又声音低沉、缺乏技巧的女孩，竟然口齿清晰、声音响亮地完成了演讲。

　　由汤老师和三位家长担任的评委打出了九十分的高分！教室里安静了一秒钟，接着响起了长时间的热烈掌声。

　　张苇先是眼睛湿润，接着眼泪不间断地涌出来。这是她人生中的第一次，有这么多人为她一起鼓掌。虽然她曾经幻想过站在台上掌声响起的场景，但身临其境才发现原来收获掌声的感觉——是这样幸福！

　　在掌声中她由默默哭泣转为放声大哭，下台的时候甚至忘了鞠躬感谢观众。谭欣雅赶紧冲上去递上纸巾，安慰她平静下来。

　　谭欣雅很为张苇高兴。

在张苇的夜半歌声事件以后，汤老师吩咐谭欣雅她们多关心一下张苇。他觉得张苇会这么做是因为缺少朋友造成的。谭欣雅很乐意做这事，她觉得她是班长，平时又喜欢帮助人，做这件事最合适了。

所以当张苇完成演讲的时候，谭欣雅第一个给张苇鼓掌，她把张苇的成功看成是她当班长的成功。

当然汤老师也很得意，他一直觉得只有得到足够的鼓励和肯定，才能解决掉张苇缺乏自信的问题。

其实以张苇平时的表现，很容易让大家觉得她是个怪咖，可同学们的掌声让汤老师知道，孩子们的适应能力比成年人更强。

来吧，展现出更多的鼓励和宽容，这才是我要的班级，汤老师在心里默默地想。

热烈的掌声持续了好一阵子，谁也没有注意到，李皓冬已经在座位上站了好一会儿了。

下一个轮到上场的就是李皓冬。

上次朗诵比赛，李皓冬死活也不肯上台。主持人点到他名字的时候，他先是坐着一动不动，后来经不起主持人的反复催促，才慢慢地站起来，两手撑在桌上，目光一直不离开桌面，仿佛那是一件值得他聚精会神研究的文物。同学在一旁加油打气，老师不断地鼓励引导，李皓冬却无动于衷，也不知道他听见没有。反正他就不肯离开座位半步，直到老师叹口气，让他坐下来。

对于自己愿意做的事情和不愿意做的事情，李皓冬都同样顽固。比如他愿意看校园里的蚂蚁打架，只要没有铃声或其他人打扰，他可以看上半天。

虽然李皓冬不常和大家一起玩，但是他下课以后却过得很充实。尤其喜欢往学校的花园里钻，马蜂筑巢，麻雀觅食，花木荣枯，都是他注视的对象。

有一次，教室的天花板上垂下来一只小蜘蛛，女生尖叫一片。李皓冬却很有兴味地把它托在手里，翻来覆去地观察。

后来小蜘蛛不动了，李皓冬又用三角板把它做了解剖。解剖完了，他忽然想尝尝小蜘蛛的味道，又把它放进嘴里。

高雨涵看得一阵恶心，李皓冬的表情却那么津津有味。小学的时候，他尝试过喝墨水，老师看见了告诉他妈妈，这孩子有点问题。

当曾育强向汤老师报告，说他吃蜘蛛，汤老师并不诧异，说这是达尔文这样的人物干的事情，还表扬李皓冬勇于尝试，以后能当个不错的科学家。

尽管汤老师要压制刘唯彬，要勉强陈佳，但对李皓冬却总是一种顺应的态度。李皓冬随便做什么都有理，爱怎样就怎样，反正汤老师不干涉。

对于演讲比赛，李皓冬经历了这样的心路历程：

一，他不喜欢上台演讲；二，如果要勉强他上台，他会坚决抵制；三，汤老师表示要是李皓冬不愿参加也可以，这让李皓冬没那么反对上台；四，全班同学都要上台，李皓冬不愿意当特别的那一个；五，他决定参加。

在这样的逻辑引导下，李皓冬再一次站了起来，两手撑在桌上，耳旁是祝贺张苇演讲成功的掌声。

谭欣雅看见李皓冬站了起来，赶紧把巴掌拍得更加热烈，她觉得多来点儿鼓励的掌声会增加李皓冬的勇气。给张苇鼓掌的同学本来已经陆续停下，谭欣雅一带头，掌声又热烈起来。

但是李皓冬还是不动。

他只愿意在掌声结束后上台。他既不知道这一阵新的掌声是送给他的，也不愿意像有些同学一样，在前一个参赛者的谢幕掌声中上台。于是他就等着，直到汤老师示意大家停下这段长时间的掌声。

教室安静了下来，李皓冬抬起头，望向讲台。

从座位通向讲台的那条过道好像特别漫长，坐在两边的人看上去都不怀好意。

犹豫了半分钟，李皓冬终于吸了一口气，迈着僵硬的步子往前走。这走路的姿势就像他在家里组装的机器人，膝盖都不会弯曲。

所有的同学都不说话，紧张地看着他，好像担心一有什么响动，他就会夺路而逃。

好容易站到了讲台上，他略微抬了一下头，几十双眼睛盯着他，他赶紧又把头低下去。

他有些恼怒，为什么要大家上台呢？小学班上就不会有人人上台的麻烦，只要看着那些口才好的同学表现就可以了。他觉得自己开不了口，但又忽然想到这是测验，上了台不说话是不是会得零分呢？

不知不觉，他在台上已经站了一分钟。赵一贤开始打哈欠，郭一航开始和邻座小声议论起来。坐在门口的汤老师站起来，神情严肃地望向郭一航。

郭一航立刻闭嘴，他知道越是有登台恐惧症的同学发言，汤老师越忌讳其他同学叽叽喳喳——比在汤老师讲话的时候接嘴还要拉仇恨。

在上课说话的问题上，汤老师奉行有纪律性的自由，多数时候同学可以不失时机地接嘴，只要不影响其他人，也可以小声议论——甚至你还可以一边听汤老师叨叨一边做作业。用汤老师的话说，你只要带个耳朵就好了。

汤老师每堂课会给大家留几分钟讲废话，特别是在话题特别有趣，大家都想讲话，或者整堂课大家表现都不错的时候。

这个时候整个教室里人声鼎沸，鸡犬之声相闻。汤老师就笑眯眯地在讲台上看着，很满意的样子。他的逻辑是，霍格沃茨学院的开学典礼都能闹作一团，适当地给大家一些放松的时段是应该的。

但老师讲重要事情的时候，除了举手发问，同学不准讲话。如果有不识相的敢违规，汤老师会停下话头，把目光聚焦在那个可怜虫身上，直到他因为浑身不自在而闭嘴。

他曾向同学列举作为听众的礼仪，反复强调要尊重正在发言的同学。他不接受同学起来发言的时候，其他同学在下面议论。如果说在汤老师讲重要事情的时候讲小话可能会被汤老师怒视的话，那么在同学发言的时候讲小话一定会被汤老师仇视。

前几天高雨涵演讲的时候，刘唯彬一直在下面评头论足，结果汤老师足足瞪了他一分钟。据刘唯彬后来说这目光的效果大致等同于 X 战警里那个激光眼，被盯上的时候感到浑身灼热，所以他只好闭上嘴巴，以免自己灰飞烟灭。

像李皓冬这样有上台恐惧症的同学，汤老师对台下的声响就越发敏感。这样一来，李皓冬不说话，台下的同学也不说话，大家像一群木偶人，大眼瞪小眼地僵持着。

又过了好一阵子，计时的同学打破了沉寂："三分钟到了！"

比赛规定每个人讲三分钟。

一声没吭的李皓冬立刻走下讲台，若无其事地坐到座位上。

　　所有的观众好像从冬眠中苏醒，"嗡嗡"地议论起来。

　　主持人还在走程序："请汤老师评分。"

　　汤老师皱着眉头，报出分数："六十分。"

　　"啊？"郭一航忍不住抗议，"我把稿子读完了你也才给我六十分！"

　　别看郭一航在同学里废话特多，到上台的时候却特别不好意思。其他同学上台都是面对观众，郭一航上台却一直侧着身子。比赛要求脱稿，郭一航上台的时候却一直对着一张皱巴巴的纸在读。一边读一边间歇性地傻笑，这笑声传染了台下的同学，到最后所有人都"哈哈哈，哈哈哈"。

　　尽管有以上情况，但郭一航还是觉得自己比李皓冬好得多，起码读完了！

　　汤老师说对李皓冬而言，跨出上台这一步就已经是勇敢的进步了。要是郭一航实在有意见，就给他改成六十五分。所有的同学一起笑，因为就算提高了五分，郭一航还是倒数第二。

　　当然郭一航也就是随口吐个槽，一次平时测验多五分和少五分对他来说也没什么区别。更何况这种测验他爸爸也不会知道——爸爸不会知道的测验简直不算测验。


## 刺儿头难对付

　　下课铃响了，汤老师走出教室，听到走廊上有训斥的声音。

　　循声望去，是站在（11）班门口的付娟，正在训斥一个教室里的学生。

汤老师走了过去，发现付娟训斥的对象正站在讲台上。

这是一个高大的男生，满头蓬松的乱发，就像一年没洗过头。听着付娟的训斥，那男生一脸的不耐烦，把脸别向另一边。

男生本来就比付娟高，这时又站在讲台上，付娟要使劲仰起头，才能对着他的脸。

可能是觉得男生别着脸听不进教育，付娟往旁边挪了两步，继续仰起头朝着男生批评。

男生面无表情地听了几句，又把身子侧向另一边。

付娟锲而不舍地转过去，继续教育。

汤老师也教（11）班的语文，对那个男生并不陌生。男生叫皮小星，是（11）班家庭教育最差的学生。据说在他很小的时候，爸爸就抛弃妻子不知所终。还好妈妈有做生意的本事，经济上不用愁。付娟说过，皮小星妈妈没文化也没时间，根本教育不了他。皮小星不仅成绩差，文明和卫生习惯也差，是班上最让她头疼的一个。

只听见付娟说道："好吧，逃清洁也就罢了，早上迟到的问题我说过你多少回了？你说，我说过没有？"

皮小星沉闷地回答了一声："嗯。"

"我说你这个孩子怎么就说不听呢？早上来了，作业又不交，啊？语文和英语你一直乱做还没来找你，你连数学作业也不交了？"

皮小星的语文和英语都是班上最差的，就只对数学感兴趣，付娟生怕他的数学成绩滑下去，把他盯得很紧。

听到付娟的指责，皮小星很不高兴地回了一句："不是跟你说了吗？又不是故意的，昨天忘记带练习册回去了。"

"你骗谁呀？"付娟很不满意，"那你上周三周四没做也是忘带回去了吗？上学期和这学期加起来你忘带二十多次了！你是不是忘得多了一点儿？"

皮小星恼怒地抓了几下头发——这是他特别心烦时的习惯动作，没好气地说："你要不相信，我也没办法。"

付娟说："你怎么能怪别人不相信你呢？你骗别人次数太多了，别人自然不会相信你……"

汤老师本想等付娟停下来的时候插句话，但付娟这一开口又讲了五分钟。皮小星一脸厌恶地听了一阵儿，终于忍不住打断说："好了，有什么事三言两语说了就行了嘛！每天这样唠唠叨叨，你烦不烦呀？"

"你什么态度？！"付娟一下子火了，"有你这样说话的吗？"

皮小星的眼神里流露出嘲弄的神色，正要开口说点儿什么。汤老师马上插嘴进去，招呼了一声"付老师"。

付娟转身见到汤老师，一副见到救星的表情，实际上，她很担心说僵了，皮小星会不会乱来，这孩子没教养，还不知道会干出什么可怕的事呢。再说，讲了半天，她也确实有些词穷，汤老师再不现身，她已经不知道该怎么办了。

汤老师凑到付娟耳边小声说："咱们回办公室再说吧？你看，这里里外外围观的学生这么多。"

付娟这才注意到，在皮小星和她顶杠的时候，班上多数的学生都在看着。她又是羞愧又是愤怒，觉得脸都要丢尽了，气鼓鼓地回到办公室。

汤老师向皮小星使个脸色，示意他跟过去。虽然皮小星不喜欢语文学科，但和汤老师关系却不坏，因为他觉得汤老师不会像付娟一样勉强他。最终他还是拖着步子慢吞吞地进了办公室，站在付娟面前。

付娟正在气头上，也不理他，任他站了一节课。

一节课以后，付娟冷静了一点，又觉得一直让皮小星站着也不是办法，就对他说了一句："你回教室上课去吧。"

皮小星听汤老师的话跑来办公室，站了这么久就得了这么一句话，心里很不爽。走出办公室的时候，他往门口地上吐了一口唾沫，像个英雄一样大摇大摆地走了。

看到这一幕，付娟心里很不是滋味。她觉得皮小星和她简直是两个世界的人。从小到大，她没有一次被老师请进办公室，甚至连批评都极少，皮小星怎么这么没羞没臊呢？而且，他怎么不能想想，老师是为他好呢？

她又有些后悔，自己这段时间批评学生越来越多，汤老师说过对学生可以开头严厉后来和蔼，自己不是刚好弄反了吗，是因为自己开始的时候太和气了吗？

想到汤老师，付娟又意识到，他对这件事情不会感到满意。以前，遇到付娟教育有难度的学生，汤老师常常会旁听，必要的时候插句话或者给付娟提意见。但是今天汤老师并没有跟过来，他是不是不高兴呢？

反思完了付娟又去找汤老师承认错误，却发现汤老师一点儿也没为这事不高兴，反而安慰她说，这是需要经历的过程。

汤老师解释说，没过来旁听是因为陪朱主任听吴森的课去了。而且，老是和付娟一起教育学生会削弱付娟的权威，希望她能自己搞定。

付娟不知道，吴森比她更让人担心。朱主任在吴森班上听课的时候一直皱着眉头。不仅教室不整洁，而且学生精神状态也不好。

平时口才不错的吴淼也显得魂不守舍，整堂课拖沓散乱，还有知识上的错误，不像是认真做了准备的。

朱主任问汤老师："怎么会这样？"

汤老师反问："你觉得是为什么？"

朱主任说："他是不是逢人就说他要去考公务员？"

汤老师说："你也听说了？"

朱主任说："他还宣称他有一个亲戚，只要考过了就能给他安排差事，是吧？"

汤老师笑笑："这广而告之还是来得早了点。"

相比较而言，付娟至少在态度上讨人喜欢。她打开笔记本，端端正正地坐在师傅面前，想听听汤老师分析今天她教育皮小星的失误，认真得像个学生。

汤老师说得很不客气："你今天根本没教育皮小星。你发泄了对他的不满情绪，那不是教育；你从头到尾都在评价他的不对，可那也不是教育；遇到问题头痛医头、脚痛医脚，讲不到实质，说话重复啰唆，却没能提供指引——我觉得，你下次在教育学生之前，最好先想清楚，究竟要教给他什么……"

离开的时候付娟觉得自己好像听懂了，又好像没明白，她说要回去好好想想。


## 替小鸡报仇

有的人做某些事情好像生来就有天赋，有的人要经过磨炼才可以入门。付娟的稚嫩似乎就表明她不是那种"天生的班主任"，她还需要积累和学习，就像谭欣雅越来越意识到，当班长也需要学习一样。

学校的体育老师招募参加区里跳绳比赛的学生，谭欣雅一高兴，从班上拉了二十九个人去报名。袁凯文说，参加的同学要缺席一个多月的午自习和午休，问她要不要请示老师，谭欣雅却觉得没有必要，因为汤老师从来都没反对过大家中午参加社团活动。

结果有天中午英语朱老师来教室安排听写，除去合唱团、街舞社和机器人小组的，以及这二十九个跳绳的，教室里只剩十来个人。下午，这几十个没午休的在教室里哈欠一个接一个，让上课的老师直摇头。

汤老师说谭欣雅不该先斩后奏，如果是企业，谭欣雅这是申请"炒鱿鱼"的节奏。

妈妈说谭欣雅有时候没心没肺，谭欣雅也不知道是怎么回事，反正老师指出她问题的时候，她常常还一无所知。

不过好在她一向乐观，遇到这种情况就安慰自己说，不犯点错误，怎么摆脱青涩呢？

前几天汤老师问谁愿意帮班级收保险费，谭欣雅立刻把手举得高高的。

确认了由自己负责以后，她兴奋地问老师："每个人收多少？"

老师说一档是 100 元，二档是 200 元。

"那究竟是交一档还是二档呢？"

"自愿。"

谭欣雅马上施展她的大嗓门："带了钱的快到我这里交保险费！"

正是下课时间，带了钱的同学都凑了过来，把谭欣雅围得严严实实。

谭欣雅一边麻利地收钱登记，一边大喊"排好队"，还顺带回答同学的咨询："交多少？没听老师说吗？一百、两百自愿！什么？我建议交多少？这么便宜，肯定一般都交两百吧？"

汤老师听到这话皱了一下眉头，这时陈佳把手揣在兜里，从围在谭欣雅身边的人群中默不作声地退了出来。其实陈佳兜里正揣着一百块，这是她这个星期的伙食和零花钱。

到了下午，谭欣雅翻开联系本，看到一行留言：200元对有的同学来说是一大笔钱，要学会替别人着想。

谭欣雅吐了吐舌头，心想要是被妈妈看到，又要说自己没心没肺了。不过她并不担心汤老师提意见，因为妈妈说，人不犯错误长不大，还说提意见代表老师对她的重视。所以她认为，每接受一次老师的意见，自己就长一次本事，老师对她的喜欢也会增加一层。

对于神经大条的谭欣雅来说，她总以为自己和陈佳关系还可以，其实她没意识到，自己总在得罪陈佳。

有一天，陈佳正在座位上看书，曾育强忽然挤过来，往她桌面上扔了个纸团，又慌慌张张地走开了。

陈佳还没反应过来，旁边的谭欣雅一把将纸团抓起来："曾育强给的不会有好东西，我来帮你看。"

陈佳想要阻止，谭欣雅已经打开了纸团，念道："陈佳，我喜欢你，我会照顾好你的，你做我的女朋友吧。"

陈佳恼羞成怒地一把抓过纸团，撕碎了扔到垃圾桶里。她回到座位的时候，听到谭欣雅正在对高雨涵说这事。高雨涵嘲笑地说："还照凯呢，字都不会写还写情书。"

谭欣雅说："就是，癞蛤蟆想吃天鹅肉，恶心死了。"她又转向陈佳："没关系，陈佳，曾育强再敢来骚扰你，我就去告诉老师。"

陈佳没有说话。她想，谭欣雅怎么可以不经她同意就看她的纸条呢？虽然是出于关心也不能接受吧？

她生了好久的气，直到她想到曾育强可能会再来骚扰，才开始担心起来。曾育强再来该怎么对付他呢？陈佳想不出办法，这份担心让她忘记了怄气。

好在曾育强天生是个惹祸包，没过两天就又摊上事儿了。


学校门口来了个卖小鸡的，把小鸡染成各种各样的颜色，毛茸茸的很可爱，吸引了不少学生去买他的小鸡。

高雨涵放学后也买了一对小鸡，小心翼翼地捧在手上，打算装在盒子里回家精心喂养。曾育强也凑上来，装出很熟络的样子，要高雨涵把小鸡给他玩玩。

高雨涵怎么可能把小鸡给他呢？当然是一口拒绝了。

曾育强生气了，对卖鸡的小贩说，他也要买小鸡。

他把买来的小鸡捏在手上，对高雨涵说："捧回家养有什么稀奇，你看我马上就让这小鸡飞！"

高雨涵变了脸色："曾育强，你要干什么？你不愿意养这小鸡可以卖给我。"

曾育强狞笑着说："这是我的小鸡，我高兴怎样对它是我的事。"

说着，他举起小鸡，对着路边的垃圾桶说："看它飞进去！"

他一抬手，用他平时扔铁饼的标准姿势，转了半个圈，将小鸡扔进了垃圾桶里。

小鸡"吱"地叫了一声，落进了垃圾桶。

高雨涵眼泪一下子就涌出来了，她喊道："曾育强你这个混球，你在干什么？"

曾育强看见高雨涵流眼泪，越发得高兴。他跑到垃圾桶边探头一看："啊，小鸡还没死，再来扔一遍！"

高雨涵已经哭得脸都变了形，她拽住曾育强的手臂央求："曾育强，你别再干缺德事了，你放过它吧，呜呜呜……"

曾育强说："不行，这小鸡是我的。"

高雨涵哭道："我出双倍的钱买它还不行吗？"

"不行。"

"我出三倍的钱还不行吗？"

"不行不行就是不行！"

最后还是卖鸡的人看不下去了，说不卖给曾育强，救下了小鸡。

曾育强回家的时候还很高兴，心想："让你不给我玩小鸡！"可他第二天到教室的时候就笑不出来了。

汤老师不知道听谁说了这件事情，要曾育强写一个超长的检查向小鸡道歉，并且念给全班听。

曾育强并不觉得自己的行为有什么不妥。小学的时候，家里养了只狗，他爸爸常常把那狗踢来踢去。曾育强要爸爸别踢，爸爸说，你读书读到牛屁股里去了，它就是个什么都不懂的畜生，你以为它会不高兴？等到喂东西的时候它还不是屁颠屁颠地跑过来？

于是曾育强有了这样的观念，考虑畜生的感受是书读多了、迂腐的表现。

曾育强听到处罚意见并不服气，抗议说："我没违反班规！"

谭欣雅针锋相对："你虐待动物，没人性！"

汤老师的回答很妙："是，班规上没这一条，所以也没扣你的班级分。让你写检查是小鸡的要求，我们替小鸡报仇。"

第二天曾育强面红耳赤地当众念了检查。他觉得自己向陈佳递纸条以后，陈佳不仅没有增加对他的好感，反而看都不看他一眼。这次虐待小鸡当众做检查，倒是让包括陈佳在内的全班同学都关注他了，可这又不是什么光彩的事。

曾育强觉得这事影响了他在女朋友心中的高大形象，所以很想找个机会补救一下。难办的是这个挽回形象的机会实在不好找，毕竟他的成绩不仅吊车尾，人缘也不怎么样。想来想去，他认为只有在即将到来的运动会上当英雄才是个好机会。


## 船长的理想

为了当英雄，曾育强一口气报了四个项目，实心球冠军对他来说是小菜一碟，他的爆发力也不错，又拿下了 200 米的第二名和 100 米的第三名。班级接力赛上他又甩开对手一大截，确保了第一名。

因为曾育强的出色发挥，（2）班的运动会积分在年级名列前茅。在领个人奖状的时候，曾育强一直在想象自己回到班级时的场景，那画面里充满了山呼海啸般的欢呼和热情洋溢的掌声。

曾育强的想象画面忽然被一阵喧哗打断，原来正路过（11）班的"阵地"，班主任付娟带着学生在声嘶力竭地加油。突然，他们爆发出一阵欢呼，原来是在庆祝他们的选手参加 400 米跑了小组第一。

曾育强不屑地想，就这速度还小组第一，我要是参加比赛，你们就高兴不起来了……

隔壁（10）班的每个人似乎注意力都不在赛场上，看书、做作业、玩游戏，各做各的事。

吴淼一个人坐在边上，手拿一根树枝，机械地在地上划拉着。曾育强打量了他一眼，发现眼里没神，脸色灰暗，再加上低着头，一副垂头丧气的样子。

"比赛成绩差也不用这么难过吧？"曾育强自作聪明地想，他不知道吴老师这个状态已经持续好几天了。

曾育强以为自己能得到明星般的待遇，在他脑补的画面中应该是被簇拥着回到（2）班方阵的，郁闷的是，没有一个同学对他有特别的表示。汤老师向大家通报了他的成绩，动员大家用掌声表示祝贺，可是接下来稀稀拉拉的掌声，摧毁了曾育强的好心情，他沉下脸一屁股坐到板凳上。

刚坐下来，谭欣雅就鼓动全班给跑 800 米的张苇加油。张苇只报了一项 800 米，从出发开始就跑在最后，谭欣雅说张苇承担了女生们都畏惧的 800 米，解决了女生们的难题，像她这样的选手最需要得到大家的鼓励，全班都被谭欣雅游说到跑道边摇旗呐喊，除了曾育强。

这种前后的反差让感觉自己是大功臣的曾育强分外委屈，他躲到角落里生了半天的闷气，自言自语地骂道："反正不管我怎么做，你们都不会承认我的。你们都是混蛋！"

生完了闷气，他回到操场上，看见刚跑完了 800 米的张苇摇摇晃晃地走回来。

曾育强想到大家都给她加油的场景，顿时不爽起来，故作关心地迎上去："流了这么多汗呀？比赛完了这么久你还累呀？走路都走不动呀？这副模样还没得名次呀？"

可惜张苇是个闷葫芦，要是她能像高雨涵那样还击几句，再被说得痛哭流涕就最过瘾了。

曾育强还在自鸣得意，忽然有人插了一句："你一个体尖，和一个从来没训练过的女生比，有什么值得骄傲的？"

曾育强抬头一看，谭欣雅走过来，扶住了张苇。他知道谭欣雅不好惹，有点犯怵，但又不甘心就这样走开，回了一句："我就是拿体育鄙视你们，怎么了？"

谭欣雅说："你体育很好吗？破了世界纪录几次？大家都在一间教室上课，有本事比比成绩。你的成绩……就不跟我比了，就是张苇都甩开你几条街。你上次三科考了多少？一百？还是两百？再加一百分都赶不上张苇吧？"

"你!"

"像你这样的弱智儿童还好意思出来现世？你爸爸妈妈平时是担心你脸皮厚多一些呢，还是担心你的智商更低一些?"

曾育强忽然一屁股坐在地上，大哭起来。

办公室里，汤老师拿纸巾给曾育强擦眼泪，谭欣雅撇着嘴坐在一边，张苇不愿意进办公室，就让她待在门外。

据曾育强说，他大哭的原因是想起了平时妈妈对他的态度。曾育强妈妈做点小生意，没什么文化，但是很看重曾育强的成绩。从小到大，一说到曾育强的成绩，常常越说越气愤，越说越刻薄。什么智商低呀，什么头脑简单、四肢发达呀，什么谁谁谁甩你几条街呀，都用过。爸爸的暴打，耸耸肩就扛过去了，但是妈妈的挖苦和讽刺却常常让曾育强眼泪汪汪。谭欣雅的话语触动了他的伤心事，他又想起妈妈那些刻薄的话语，就忍不住哭了。

汤老师表扬曾育强在运动会上取得的成绩，说同学漠视曾育强的贡献是不好的，自己愿意想办法改变这种局面，又说谭欣雅不该揭别人的伤疤。当然遇到这种情况，曾育强迁怒张苇也不对，还是要多在自己身上找原因。曾育强终于擦干了眼泪走了。

曾育强一走，谭欣雅马上跳到汤老师面前："汤老师，您为什么要和稀泥，你不觉得曾育强很讨厌吗？"

汤老师问："怎么讨厌了？说来听听。"

"嗯……自私！"

"还有呢？"

"粗鲁、野蛮。"

"继续。"

"没有自知之明，明明自己不怎么样还喜欢嘲笑人，不会为别人着想……"

"你觉得这些现象属于什么不好？"

"嗯……性格不好吧？"

汤老师扬起眉毛："我觉得是人格不好。一个人性格不好别人还可能忍受，人格不好就很难得到承认了。"

"反正，"谭欣雅总结说，"他的表现、习惯没一样好的！"

汤老师笑道："是吗，那运动会拿奖状也是不好的？"

谭欣雅看老师的表情，感觉他在故意抬杠，回答道："可是要看主流嘛，要看主流。"

汤老师却认真起来了："集体中的成员做得好不应该被承认吗？我不愿意容忍我的班级里有人被孤立。"

谭欣雅撒娇地将身体来回转动，带动小脑袋也使劲摇晃："汤——老——师——你不要帮那个讨厌鬼说话嘛。我们也不愿意孤立他，可谁叫他自己讨厌呢？"

汤老师眼睛放光："曾育强为什么会挖苦张苇？因为他从小被妈妈挖苦。他为什么爱对同学动手？因为他爸爸就经常揍他。他是很讨厌，可他没得选择，他只是家庭教育的结果。我们应该同情他。"

"可是，"谭欣雅还要争辩，"家庭教育不好是他自己的事呀。他因为自己的家庭原因就来危害大家，不应该后果自负吗？"

汤老师微笑："我觉得一个班级呢，就像一艘大船。所有来到船上的船员，都是因为缘分聚在一起。船长的任务，就是让每个船员同心协力，穿越风浪，那样才算不负船员的信任。如果哪个船员不守规矩，咱们就把他丢到海里，那是海盗船长。"

谭欣雅笑了。汤老师眯缝着眼睛说："曾育强不过是一个需要照顾的船员，有时我会踢他屁股，但我不会把他丢到海里。我这个船长最愿意看到的场景，就是每个船员都能到达终点。当他们下船的时候，他们徘徊在甲板，伫立在船舷，舍不得离去……他们留恋在船上的经历，感叹与大家相遇真是幸会一场。"

谭欣雅鼓起掌来了："哇，老师你的教育理想好伟大，能不能透露一下你为什么能有这么高尚的理想呢？"

她忽然发现汤老师不说话了，眼神一动不动，好像望着远方。

良久，汤老师才回过神来，笑着说："欣雅，不是所有的人都能遇到像你这样好的爸爸妈妈。我自己的父亲，就是一个望子成龙却又不懂教育的人，这也让我走了很多弯路。直到我遇到一个老人，他教我不要看到一个人的表现就给他贴上标签，而要分析他这么做的原因——所有的行为都有原因。"

谭欣雅觉得这种际遇真是神奇，追问道："那个老人叫什么名字，干什么的？"

汤老师顺口答道："哦，叫弗洛伊德，是个医生。"

"弗洛……是个外国人？"谭欣雅没听说过这个人。

汤老师也没多解释："是的。我不是学医的，但当我走上了老师这条道路，我很快意识到当老师也可以治病救人。我很想把我的经验教训分享给学生，让我的学生少走弯路。所以我常常不是把自己当成老师，而是当成一个医生，你可以叫我 Doctor Tang，这样不知道的人会以为我学历很高呢。"

谭欣雅听懂了老师的玩笑，笑了起来，还不失时机地送上一句："你本来水平就很高。"

汤老师说："小鬼头，别拍马屁了，带张苇去看比赛吧。"

谭欣雅从小的理想，既不是做一个银行家，也不是做一个商人，而是当一名有爱心的老师。她喜欢和老师这样对话，她觉得对自己以后当老师有好处。

从小到大，谭欣雅上的都是好学校，遇到的大都是好老师，在她心目中，老师就是富有爱心、博学多识的形象。她觉得当老师可以帮到很多的小孩子，这是她想要的生活。

她会找一些她看得懂的教育文章来看，还去网上的教师论坛研究老师们在想什么。和她的想象不一样的是，论坛里很多老师不是在讨论教育问题，而是在忙着抱怨各种问题。这让谭欣雅有点失望，可后来她想，大概是好老师忙得顾不上发帖吧。

"反正我以后要当个好老师，这是已经决定了的"，谭欣雅这样想。


## 关于爱情的故事

不知什么时候起，谭欣雅一下课就会约上高雨涵，站到隔壁（3）班的门口去，不为借书，也不为找同学。

她们发现（3）班的李俊长得很帅。

李俊也是田径队的，（1）班的高富帅只是外号帅，李俊可是长得真帅，用高雨涵的话说，是个眉清目秀的长腿欧巴。他也不像有的体尖说话粗声粗气，而是温文尔雅的，尤其是当他微笑的时候，很像韩星金秀贤。

虽然彼此不熟，只能站在教室外远远地望着他，但谭欣雅已经有了千颂伊的幸福感，如果偶尔看见李俊在教室里对同学露出笑容，谭欣雅就会格外满足。

可惜（3）班的女生可不会像高雨涵那样支持她的单相思，到后来她一站到（3）班的门口，里面的女生就会把门狠狠地一下摔过来，还扬言要让她们班主任给汤老师提意见。

有一天，谭欣雅正站在两个班交界的地方，探头探脑地往（3）班教室里看，忽然一个脑袋从她背后伸出来，也朝同一个方向看。谭欣雅转头一看，捂住了嘴巴："汤老师？"

汤老师一脸的坏笑："有没有看清楚？"他又探头探脑地往（3）

班望了一阵儿，笑道："角度不大好呀，看不太真切。"

谭欣雅满脸通红："汤老师，你看什么呀？"

汤老师却不回答，挥了挥手，哼着小调走了。

他哼的是《小情歌》。


班会课的时候，汤老师忽然心血来潮地问大家要不要听故事，台下一片掌声。

第一个故事发生在六年前。

汤老师还在另一所学校任教，是初一年级某班的科任老师，与班上的学生无话不谈。班上几个成绩不错，面容也姣好的女生，特别仰慕当时初三的校篮球队队长，觉得他长得像《流氓校长》里的拓海。

汤老师却给她们泼冷水，问她们了不了解那个男生。他说那个男生每天在课堂上只会睡大觉，学习差就不说了，关键是为人很不靠谱。还说其实他的球技拿到校外，也不怎么样。一句话概括，是个草包。

女孩们很失望，又转移了目标，问汤老师对某个初二的男生印象怎么样。汤老师教过那男生一年，还让他当班长。

汤老师说，这个人哪，也是草包。

啊？草包你还选他做班长？

那是矮子里面拔高个。你们能不能别去迷恋隔壁班的草包，你们身边的不少男孩子其实比他们优秀。

台下的同学听了这个故事哄堂大笑，再看看谭欣雅，脸色就像蒸熟了的螃蟹。

汤老师笑道，我不是鼓励你们内部解决哟。只是提醒你们，选择心仪的对象要慎重，不能只看相貌和头衔。

汤老师又讲了第二个故事。

当时，那个年级有一个女孩，是平行班的。女孩长得非常漂亮，人也单纯善良，可惜成绩很一般。

初二下学期的时候，女孩的班上转来了一个男孩。

男孩长得很帅，写的一手漂亮的字，而且——成绩也很好。由于刚转入，他被分在了平行班，但几次考试下来，他的排名在全校也是前二十名之内。（听众一齐："哇——"）

可能是初来乍到，男孩总是显得很孤独，神色之间有些郁郁寡欢。

女孩顺理成章地喜欢上了男孩，经常去接近他，关心他，一来二去，两人建立了感情。（刘唯彬大声咳嗽："咳咳，老师，你会教坏小朋友的！"）

可是，他们面临一个很现实的问题，就是初二结束，以这个男孩的成绩，肯定会升入重点班，而这个女孩的成绩却达不到。

为了使两个人初三都能进重点班，男孩抓紧帮女孩复习，女孩也全力以赴。其实一直以来，她都并不愚笨，只是缺乏动力。

谁说学生谈恋爱就一定导致成绩下降？那个学期结束的时候，两人双双考进了重点班！（台下听众爆发出一阵热烈的掌声。）

上了初三，两个人感情依然很好。有一次，体育课自由活动，汤老师在操场边和几个学生闲聊。那男孩从楼背后一个角落出来，进了小卖部。一会儿，那男孩从小卖部出来，双手捧着一杯冷饮，一脸的庄严和虔诚，如同捧着圣水。

班主任老师很快就对他们俩有了意见。正是初三紧张的时候，男孩和女孩出双入对，卿卿我我，会动摇军心，就找他们谈了一次。

谈完以后，两个人在教室里没那么公开了，但班主任老师很快发现两个人躲在一间没人的教室里，抱在一起。

男孩上课的时候甚至连课也不听，一直盯着女孩，为此班主任把两个人的座位调得远远的。但是没有用，无论坐得多远，男孩还是会盯着女孩不放，也不听讲。

由于女孩生性活泼，在新的班级里，又交了新的朋友。可是这男孩不准女孩与其他男生交往，他觉得女孩只应该属于他一个。上课的时候，他坐在教室后面，只要看见女孩与任何男生说了话，他就会坐立不安，下课以后就会去责难女孩。

每天放学，男孩会送女孩回家；第二天早上，又会去接女孩上学。女孩其实已经不愿意和男孩再交往，但是男孩坚持这样做。

女孩的家长通过班主任知道了这事，要男孩不要守在他们楼下。可是没用，无论是好言相劝还是恶语相向，男孩只是走开几步，在楼下继续等。

男孩的成绩一落千丈，精神也几近癫狂。他觉得全世界都在与他为敌，他要保卫自己的爱情果实。

汤老师找男孩谈了一次，劝他眼光放长远，把中考考好了，再发展和女孩的感情。男孩却觉得，汤老师劝他把注意力放回学习上，是不是对女孩有了觊觎之心。

眼看男孩不仅考不上重点高中，连考个一般高中都成问题，班主任老师请来了他的家长。

他的家长是干体力活的底层农民工，完全没有文化，来了以后只会乱骂乱打。班主任去过他家一次，租的别人平房旁边的小黑屋，两三个平方的面积，住了好几口人，所有的东西都挂在天上。

　　对于那个男孩来说，世界就只有这两三个平方那么大。回到家，关上门，他看不到更远的地方。他的作文其实还不错，他的思想正在形成，可是父母的水平比他低得多，完全无法交流。

　　在这种物质的极度贫乏与精神的极度压抑之中，他遇到这个女孩，就像遇到女神一样，是他活下去的唯一意义。

　　别责怪他，因为一直以来，没人教他。

　　后来呢？

　　后来他休了学，只在中考的时候出现，考了一次。原本可以进重点高中的他，什么也没考上。

　　那个女孩，再也没有和他交往过。


　　故事讲完了，教室里一片沉默。

　　汤老师问，如果你是那个女孩，你觉得应不应该选这个男孩做终身伴侣？

　　除了成绩和长相，我们还有太多需要了解的东西，比如性格和心理。在你们年少的时候，还没有学会看人，对人的评价会有偏差，选择也就可能不够慎重。

　　而且，限于阅历，你还没见过足够多优秀的人。在你今后的人生道路上，会遇到许许多多更优秀的男孩女孩，你为什么不再等等，等那个人出现？

　　有人说谈恋爱就像走进一个大花园，离开前才匆匆摘下一朵固然不好，但你也没必要见到第一朵花就将它摘下。在摘下之前，最好想清楚，你能把它保存多久？打算放在哪里？

## 重金属音乐

班会课结束了，汤老师走出教室，发现郭一航一直跟在后面。

汤老师问他有什么事，郭一航恋恋不舍地问："老师，你还有这样的故事吗？"

汤老师逗他："什么故事？"

"就是……刚才讲的这一类的故事……"

汤老师忍住笑："你还想听？"

"嗯。我喜欢听！"

后来刘唯彬知道了这事，对郭一航的这种情不自禁进行了无情的嘲笑："你怎么能这样没出息呢？还要追着听这样的故事？"

郭一航翻个白眼："你还不是想听。"

"错。你这样对不起汤老师的教育。我们不能只想着听故事，我们要——争取做故事里的人，让汤老师讲给下一届的学生听……"

两个人一起傻笑起来。

如果说有一种人叫"不敢越雷池一步"的话，这两个捣蛋鬼的血液里就充满了冒险精神。敢想不敢做的郭一航遇上了敢想又敢做的刘唯彬，脱线的境界实现了质的飞跃。长辈的劝诫当然是耳边风了，禁令更是成为冒险的路标，他们什么都想试一试，不管这冒险的后果他们能不能承受。

其实说刘唯彬完全不想后果，也不太准确。情绪好的时候，他还是很能考虑利害得失的。只是如果有什么事情惹到他，他就很容易陷入一种狂躁的状态中，这种时候他只会凭心情做事，不愿去考虑后果。

　　情绪这东西，像一只难以捉摸的小动物，有的人把它养得乖乖的，很少出来捣乱；但有的人就不怎么管它，任凭它想怎么折腾就怎么折腾。

　　刘唯彬就属于后一种人，情绪什么时候出来折腾，完全取决于当时的境况。眼前的情况一变，情绪小动物就可能出击。

　　从放学到晚饭之间的一个多小时里，刘唯彬的情绪就发生了好几次变化。

　　今天妈妈出差回家，刘唯彬刚离开学校的时候心情是不错的，回家路上一直哼着歌。

　　他向来不畏惧家长，爸爸在外地做生意，很少管他。而妈妈常常一出差就几天回不来，按照刘唯彬的说法，他们家实行的是"放开式教育"。

　　进门的时候他去厨房转了一圈，顺便偷吃了点儿案板上的熟食。奶奶打了他一下手，说他不洗手就来偷吃，他满不在乎地一笑。他知道奶奶嘴上数落，其实很喜欢他的淘气样。

　　他大大咧咧地问妈妈什么时候回来，奶奶却说，还是跟你妈亲些，她平时不管你，你都还是念着她，我老太婆天天伺候你，不见有这样的待遇。

　　刘唯彬知道怎么对付奶奶的抱怨，敷衍了她几句，把她哄回厨房去了。

　　刘唯彬笑嘻嘻地回到房间，关上房门，脸立刻沉下来，把书包扔到桌上。奶奶的抱怨其实让他很不爽，心想，我妈还没进门，你就和她干上了。

做了一会儿作业，妈妈回来了，这让刘唯彬心情有所好转。尤其是给他带的礼物很给力——是他喜欢的重金属乐队 metallica 的签名 CD，外带一个信封。

"什么东西？"刘唯彬翻来覆去地看信封。

"重金属乐队在上海的演唱会门票，放了暑假就送你过去。"

刘唯彬从沙发上一跃而起，抱住妈妈转圈："妈妈万岁！"

奶奶见了这个场景，在旁边不咸不淡地说，还是妈妈好，就给你一个人带东西。

妈妈说："瞧您说的，还能忘了您吗，我这趟出差顺路和他爸见了个面，他爸说您也不缺吃穿，给您订了个按摩仪，明天到货。"

刘唯彬眼前一亮："你和爸爸见了面？"

最近爸爸妈妈老在电话里吵架。爸爸批评妈妈总跟奶奶拌嘴；妈妈呢，既不满意爸爸的不顾家，又觉得自己两头受气。时不时两个人在电话里激战正酣的时候，刘唯彬将写字台一拍："你们烦不烦？我要做作业！"

妈妈去和爸爸见面当然是好信号，可是奶奶似乎就是见不得妈妈和爸爸恩爱，她板着脸说："看你们怎么过日子的，净买些没用的东西，又不能吃又不能穿的。"

刘唯彬不高兴了，将手里的东西重重一摔。奶奶立刻知趣地走开，她虽然不待见妈妈，却不愿惹刘唯彬不高兴。

这关系就像个环环相扣的食物链，奶奶拿刘唯彬没办法，妈妈拿奶奶没办法，而刘唯彬呢？拿家里这种状况没办法。

见奶奶走开了，刘唯彬也不再言语，自己回房间做作业。妈妈也跟进来想了解他最近的情况。

　　妈妈一边翻着他的联系本，一边问："最近有没有再调皮惹汤老师生气？"

　　想到汤老师，刘唯彬嘴边泛起一丝微笑，自从上次汤老师发了那篇《珍爱我们的男孩子》以后，刘唯彬觉察到老师对他的好感，也一天天和老师熟络起来。

　　作为数学科代表，他去办公室抱本子的时候，会旁若无人地坐在汤老师的座位上。汤老师心情好的时候，也不会撵他走开，反而毕恭毕敬地走到他面前鞠一躬，说："刘老师又在批改作业了，刘老师辛苦了。"刘唯彬就不客气地点点头，表扬一句："嗯，懂事。"

　　在汤老师面前的时候，刘唯彬总是一脸的满不在乎和不以为然。然而刘唯彬妈妈告诉汤老师，刘唯彬其实很喜欢老师。在家里反驳妈妈的时候常常说"我们汤老师说……"，一脸的崇拜。

　　不知道有多少回，汤老师看出刘唯彬希望得到老师的表扬或是得到老师给予的机会，但当汤老师与他交流的时候，他要么装作无所谓，要么故意做出无比热切的脑残表情，说："是是是，我最缺表扬。老师给的机会是我前进的唯一动力。"

　　这种姿态如同一副面具，保护着刘唯彬小小的虚荣心。努力争取的形象可能会让自己失败的时候特没面子，不如摆出超脱的形象，"神马都是浮云"，一切尽在我的预料之中。

　　但汤老师却不认同这种价值观，不客气地在联系本上留言：只会嘲讽永远不意味着胜利。为什么不能真实、直接地表达自己的想法，而要用这种方式来增加自己的交往成本呢？

　　妈妈翻到了这一页，点评说："你看，我说过你那脾气要不得嘛，连你们老师都这么说。"

　　如果老师这样说，刘唯彬可能还可以接受，但是妈妈这样说可就不受他欢迎，于是刘唯彬说："好了，我要做作业，你可以出去了。"

　　妈妈看出他的不悦，放下联系本出了门。刘唯彬马上把妈妈带回来的光盘放上，一边听着音乐一边做作业。

　　妈妈又推门进来，说："你怎么开始放音乐了？做完作业再听嘛。"

　　刘唯彬头也不抬："音量不大，不会影响的。"

　　妈妈不赞成："这音乐这么激烈，怎么会不影响呢？"

　　可能是听到两人的话，奶奶的声音又飘了过来："他天天都这样做作业，也没见有什么不妥呀？你这个当妈的，一回家就开始说他，那唱片不是你给他买的吗？"

　　妈妈最讨厌奶奶在自己教育小孩的时候来干涉，不高兴地说："学校都不赞成学生边做作业边听音乐的，您没去开过家长会就别来插话了。"

　　眼见两个人你一言我一语就要开战，刘唯彬伸出手去，将音量旋钮转到最大，一时间音乐声震耳欲聋，谁也听不到别人说话。

　　刘唯彬摇晃着脑袋，很沉醉的样子，也许这就是他喜欢重金属的理由，冲击力、刺激，在这个世界里，没人来惹他心烦。

　　妈妈只好退出去，关上他的房门，嘴里咕哝了一句："这孩子，真任性。"

　　这次妈妈对刘唯彬的管教又无疾而终。妈妈时常抱怨刘唯彬的任性是源于奶奶的溺爱，她不知道这样出面干预又不能坚持，其实也是一种溺爱。

## 笨贼妙探

只有在一种时候，刘唯彬会试着控制自己的脾气——就是和女孩子单独相处的时候。

最近这段时间，每天放学他都要和万芮跑到学校科技楼里待上一阵子。

放学后的科技楼很少有人来，为了防止被人撞见，他还拉着郭一航给他把风。郭一航调侃他辜负了汤老师的教育，刘唯彬正色道："汤老师只是说，不要迷恋隔壁班的草包，我找的是我们班的。"

郭一航看着刘唯彬嘚瑟的表情，只觉得刘唯彬满脑门的青春痘都在闪闪发光，好像那些暗红色的点点都要在兴奋中绽放开来。万芮说话声音好听，又弹得一手好钢琴，真不知她是看上了刘唯彬哪一点。连续几周，她每天放学都很晚到家，引起了父亲的怀疑。他给汤老师打了电话。

放学以后，汤老师就留意着万芮的一举一动。只见她手脚飞快地收好书包，急匆匆地出了教学楼。等汤老师跟出教学楼，万芮已经不见了。

汤老师一直找到学校门口，也没看见万芮的踪影，正在纳闷，看见张苇慢吞吞地背着书包走过来。

汤老师心中一动，问："张苇，你知道万芮放了学爱去哪里吗？"

张苇想一想，说："她呀，一般是和刘唯彬在科技楼做作业吧。"

刘唯彬正和万芮待在科技楼的顶楼上，忽然一阵"砰砰砰"

的声音，郭一航跟跟跄跄地冲上来，上气不接下气地说："彬哥快跑……汤老师……汤老师上来了！"

刘唯彬浑身一凛，问道："从哪儿上来的？"

"我……我后面。"

"你脚步声那么重干什么，那还不被发现了？"

"我……我不跑快点……你……你还有救吗？"

科技楼有两个出口，既然汤老师跟着郭一航上了楼，那只有走另一个出口了。三个人赶紧沿着另一边的楼梯下楼。

刚下到三楼，刘唯彬忽然一把拉住万芮。

有个人正沿着这边的楼梯在上楼。刘唯彬从楼梯缝里往下一望，米色风衣，呀，是汤老师！

他一把拉起万芮，向楼上飞跑，跑到顶楼才停下来。

这个郭一航，老是谎报军情。

郭一航也狼狈地跑了上来，刘唯彬压低了声音问他："你不是说汤老师走的是你那边吗？"

郭一航抚着胸口："我看着他上来的！我哪知道他怎么换到另一边了？不过不用担心，他听到你们往上跑的声音，就下楼去了。"

那怎么办？向左走还是向右走，这成了一个纠结的问题。自己被抓了还可以厚着脸皮装无所谓，连累了万芮就不堪设想了。

过了半天，没什么动静，刘唯彬决定派郭一航去探探路，反正就是被汤老师撞见，也可以搪塞过去。

郭一航去了一阵，打来了电话："彬哥你今天惨了，汤老师在校门口的大树下守株待兔——你就是那个兔，无论从哪条路出来都会遇到他。我先回家了，天也不早了，你还是自首吧。"

　　呸，刘唯彬挂了电话，心想，这没用的家伙。再一回头，万芮眼神惊惶地盯着他。

　　两个人一筹莫展。

　　不知道过了多久，刘唯彬的电话忽然响了，一看屏幕——汤老师！

　　接，还是不接？

　　电话铃一直响着，在空旷的走廊里显得特别刺耳。

　　刘唯彬双手合十，把电话合在手心里，又不敢挂断。

　　铃声终于停了，刘唯彬放下手来，和万芮对望一眼，长出一口气。

　　"叮咚"一声，又来一条短信，汤老师发的。

　　刘唯彬点开一看："你已经被包围了，把手举在头上，到门口大树下来投降。超过五分钟我就把受害者家属接过来。"短信后面还附了一个手枪的符号。

　　夕阳的余晖洒在求是中学门口的大树上，为繁茂的树冠戴上一块金色的头巾。傍晚归巢的鸟儿叽叽喳喳地争论个不停，有的还好奇地从树叶里探出头来，看看树下发生了什么有趣的事情。

　　树下，一个穿米色风衣的男人，叉腰站着，影子在落日的映照下拉得老长。一个穿校服的男孩拖着书包，垂头丧气地向他走了过来。

　　见刘唯彬走来，汤老师胜利地笑着。他看着刘唯彬的眼睛说："我想，我们俩如果继续在这里站下去，还会遇到咱们班的熟人。你觉得呢？"

刘唯彬像只斗败的公鸡，没好气地应了一声："嗯。"

汤老师大力地拍刘唯彬的肩膀："小子，我不反对你有你的青春追求，但要记住，早点回家！回家晚了不安全，家长也有意见。明白了吗？"

刘唯彬无语地点点头。

"那好吧！"汤老师把双手枕在脑后，伸个懒腰，"咱们回去吧！《笨贼妙探》第一集到此结束！你妈妈来电话说她又出差了，这一阵子回不来。我会随时关注你的……"


## 感性与理性

高雨涵听郭一航连说带比画地描述了刘唯彬在科技楼里的惊险故事，一种路见不平的情绪在她脑海里升腾。

汤老师给全班讲爱情故事的时候，高雨涵并不是听得津津有味，相反还一直忿忿不平。她觉得，汤老师借讲故事之名，行干涉谭欣雅感情之实。都什么年代了，老师还这么封建？就像她爸爸，开口就是"朋友是绝对不能要的"，听起来都讨厌。

刘唯彬和万芮遇到的这个事情，更是汤老师棒打鸳鸯的铁证。事后汤老师还找到万芮，两个人围着操场转了好多圈，那一定是在说教万芮。

不知道万芮为什么这样好脾气，居然还对汤老师没啥意见，反正如果发生在高雨涵身上，她绝对不打算咽下这口气。

这样想着，越看汤老师越讨厌。听其言，观其行，一定是个穿着新潮外衣的老古董。

高雨涵最喜欢的娱乐偶像组合是韩国的JYJ，从他们还属于东方神起的时候，高雨涵就是他们的忠实粉丝，她的房间里、本子上，到处都贴着JYJ的照片，甚至每一篇作文，写的都是JYJ。

有一次汤老师评讲作文的时候说，再好的东西，看多了也会审美疲劳，就像JYJ是个不错的组合，但不意味着写作文只能写JYJ。

这句话激起了高雨涵的愤怒，她觉得自己受到了侮辱，还连带偶像一起受侮辱。这种情绪在她心中反复酝酿，她也没打算让朋友知道自己这种想法。等到憋得受不了的时候。她决定找机会揪出汤老师说话中的谬误，让他当众出丑。

语文书上有个专题，叫"我也追星"，汤老师在讲到这个专题的时候说，少年人追星是可以的，但追星也要理性。

一下课，高雨涵就追到走廊上，高声喊道："汤老师！"

汤老师停下了脚步："你好，有什么事吗？"

"我想提问题！"高雨涵追了上去。

"请讲。"

"我觉得在我们这个时代，追星是件很正常的事情。我不明白为什么汤老师观念会那么落后，竟看不惯追星的学生。"

汤老师一脸的愕然，将手一摊："我有说追星是不好的事情吗？貌似我说的是追星很正常吧？我自己也追星，有什么问题吗？"

"那你为什么说追星要理性？言下之意就是我们追星不好嘛！"

汤老师偏着头看着激动的高雨涵："那你的意思是，我如果说大家要更聪明，意思就是大家很笨啰？"

"不是那个意思吗？我说不过你，但我知道你这种老观念是不对的！你凭什么要干涉刘唯彬他们？"

汤老师一下子明白过来："原来是这样？你怎么知道我干涉了他们的交往？当事人都没意见你还有意见？你和万芮谈过没有？"

"需要谈吗？他们被拆散了会好受吗？"

汤老师说："同学，没有调查研究就没有发言权。你最好问问清楚，我没有说他们不能在一起，只是要他们早点回家，别让家长有意见。"

高雨涵觉得有点下不了台："那你为什么要干涉我们的爱好？"

汤老师笑了："我怎么干涉你们爱好了？我说追星要理性，同学你知道理性的意思吗？"

"我不知道，但从你的口气就看得出来，理性就是一个你认为好的东西。要理性的意思就是我们没做到这个好的东西，这不是批评是什么？"

汤老师又摊了一下手："那我建议你先了解一下理性这个词的意思。"

高雨涵说："我为什么要了解？我们没有错为什么还要接受你的说教？"

汤老师听了这句话，看看理直气壮的高雨涵。他好像忽然看见了高雨涵的爸爸，在对着他说，我为什么要学习用微信？

他一字一句地对高雨涵说："理性的反义词是感性，感性不一定就是不好的东西。小朋友，学习不仅仅是用来争强好胜的手段，而应该是我们每个人的一种需要。"

高雨涵睁大了眼睛，老师的话让她有些听不懂了。

汤老师挥挥手："你先去上课，明天语文课我专门为你安排一节讲座，题目就是《感性与理性》。"

高雨涵只得悻悻地回教室去了。汤老师虽然明知道这是学生对他的挑战，却并不把这行为视为冒犯。他觉得有时候说傻话、做傻事是因为知道得太少，让对方增加点儿知识才是解决问题的办法。

几年以后，当高雨涵已经上大学，再回来看汤老师的时候，汤老师回忆起了这件事。

"别提了！"高雨涵一脸的窘相，"那时干的都是些脑残的事。"

汤老师笑笑，不再说话。这一场遭遇战虽然短暂，却也是对老师口才、应变、知识储备和教育观念的考验。

如果当时汤老师勃然大怒或是应对失措，可能再要想教育好高雨涵就没那么容易了吧？

老师的威信，不就是在这些小事的合理处置中累积的吗？

后来汤老师常常劝告其他年轻老师，不要面对学生的对抗就控制不住火气。发火只能制造问题，而我们要致力于解决问题。和高雨涵吵一架，只会让高雨涵热衷于制造更多顶撞的声音，而通过教育化解了高雨涵的怒气，也就减少了一份班级中反对的力量。

感性与理性的讲座如期举行——感性是听从心灵的声音，理性是听从现实的声音；理性是理智为先，凡事比较实际；感性是感觉为先，凡事比较浪漫……

随着讲座的内容一步步推进，高雨涵心中的愤怒也在一点一点地消融。她忽然意识到，不了解和学习就发火，有点蠢。

平心而论，高雨涵有些地方还是认可汤老师的，就像这次用讲座化解矛盾的方式。

高雨涵的爸爸遇到矛盾的时候，不会采取主动化解的方式。他不爱表达，也不会主动想办法沟通解决，总是等着事情自然过去。这让高雨涵有时候看得着急。她想，为什么不主动去面对呢？等待有时是能解决问题，那是不是解决问题都是靠等待？等待到了一定限度，问题又没有自行消失的时候，爸爸就要爆发，这是高雨涵最不喜欢的一点。

不知不觉，高雨涵开始观察汤老师的行为方式。汤老师对同学表示认同的时候会微笑，表示惊诧的时候会故意张大了嘴，表示生气的时候会吹胡子瞪眼，大家看到他的表情，就会做出相应的调整。

他的肢体语言也特别丰富，催大家快点的时候，他会扮演变相怪杰，做出快速旋转的姿势；表示无语的时候，他会做出一个擦汗的动作，或是抚着额头假装晕倒；有时前排的人上课开小差，他会把笔记本电脑高高举起，咬牙切齿地做出要把电脑压到对方头上的动作，于是在哄笑声中，开小差的人集中了注意力。

最有意思的是汤老师经常画画。讲课的时候，如果学生在下面讲话的声音干扰了老师，他不会停下来教育，而是在黑板旁边画一个大大的怒气槽，然后每遇到有同学不乖，他就将怒气槽填满一截。当怒气槽快全满的时候，同学就会互相提醒："快闭嘴，他要放大招了。"

怒气槽的尽头常常画着三棵小树，代表如果反复提醒还不乖，就去站小树林。当然这只是威胁，很少会执行。

快乐的笑脸，破碎的心，飞在空中的碗碟刀叉，从天而降的一道霹雳。汤老师用画笔表达着他的喜怒哀乐。最绝的是，他常常用《千与千寻》里的汤婆婆来代替签名，画得惟妙惟肖。

想到这里，高雨涵在本子上画了一个小姑娘，闭着眼，做着一个双手从胸前下压的动作。然后，又在旁边补了一个大大的笑脸。

## 孤独的"鲁迅"

临近中午，高雨涵拉谭欣雅陪她去办公室找朱老师。

朱老师没在，办公室里只有吴淼在和付娟讲话。

两个女生正要回教室，却听到吴淼的口中传来"陆旭"两个字，谭欣雅立刻拽了高雨涵一把，躲在门口偷听起来。

陆旭是谭欣雅才认识的朋友，（11）班的班长，一个很斯文的男生，谭欣雅觉得他很有内涵。

吴淼说的那句话是："你不要什么都揽到自己身上，发动你的干部管一管，陆旭呢？他不是你的班长吗？"

前段时间吴淼心情很低沉，不知什么原因他不再谈论考公务员的事。有人说是他没考过，也有人说是他的亲戚不靠谱，总之这件事情就搁置了下来。

适逢第一个学年过了大半，学校开始考评见习期的老师。付娟没什么悬念地顺利过关，而对吴淼却有一些争议，毕竟班级管理上的懈怠是大家都看得到的。

汤老师是带吴淼的师傅，朱主任也咨询了汤老师的意见。汤老师说吴淼脑子灵活，如果安下心来做老师，不会比付娟差。

接下来的几周，吴淼在班级管理上特别积极，后来据说朱主任的意见占了上风，让吴淼通过了考评。

于是吴淼的心情好了许多，又开始替付娟出谋划策。

付娟觉得陆旭是个乖娃娃，但却不大能管事，尤其是管不了皮小星那伙人。她很羡慕（2）班和（10）班，觉得他们都有能独当一面的班干部，自己班上却一个也找不出来。

　　谭欣雅出了办公室就去找陆旭八卦："哈哈，我刚才在办公室听见你们班主任吐槽，说你管不了纪律，尤其是对付不了皮小星！"

　　陆旭倒很淡定："她自己都对付不了，你说我能有什么办法？"

　　谭欣雅从这话里听出了一丝不悦，不由得打量了一眼陆旭。

　　这是一个温和的男生，双眼皮，大眼睛，头发乌黑柔顺，除了肤色有点黑，也算朱唇皓齿，长得很秀气。他的下巴有点尖，据说尖下巴的男生比方下巴的性格柔和，不过这不意味着他没有自己的意见，现在他的嘴就微微噘起，表示他的不开心。

　　陆旭举例说："付老师管学生没有方法，还不如我的小学老师。我小学的班主任遇到学生不懂事，会讲故事，会开班会，付老师会什么？就会吩咐我，陆旭，你把教室纪律管好，然后就走开。"

　　陆旭的家长层次不错，家庭教育做得好，因此他们对老师的要求也高。他们对付娟这个班主任很是失望，因为在他们看来，这个老师太年轻，无法给儿子提供指导。

　　这种认识来源于陆旭的反馈，又反过来影响到陆旭的情绪，所以陆旭越来越不认可付老师。

　　最让陆旭受不了的是，付娟经常在批评皮小星的时候把他扯进来，惯用的句式就是"皮小星，你怎么又……你看人家陆旭……"。本来陆旭还可以和皮小星井水不犯河水，这下皮小星却经常来找他的茬。而且，皮小星现在不是一个人，随着他多次当面挑战班主任，调皮的学生现在都爱跟他走在一起。

　　谭欣雅同情说："同学不喜欢班主任，你听老师的，得罪同学；你讨好同学，又得罪老师，两头不是人。"

陆旭又噘了一下嘴："我想这个学期完了就把班长辞了，皮小星在班上影响力越来越大，我干得越长，不喜欢我的人越多。"老师不仅没保护好干部，给他们提供好的工作环境，还让干部成为矛盾的焦点，看样子也只有辞职最好。

谭欣雅说："你要是在我们班就好了，我们班主任会在干部、同学两边做工作，不会让你这么为难的——汤老师不是也教你们语文吗，你怎么不把这情况给他说说？"

陆旭苦着脸说："他说我这处境像孤独的鲁迅。"

鲁迅？陆旭？鲁迅？还真是谐音呢，谭欣雅快要笑翻了。

## 凭什么要学习

教室的前面有个讲台，讲台的上面立着一本英语书，英语书的后面，是一双警惕地转来转去的眼珠，眼珠的主人属于英语课代表高雨涵。

虽然英语不过关的同学不多，但是重新听写的难度却不小，这不，曾育强和郭一航这两个"老客户"像约好了一样，一个坐在门边，一个坐在窗边，还都离讲台远远的。

高雨涵没有和变色龙一样眼珠朝向两边的本事，只好不停地把头扭来扭去。

她觉得烦透了，尤其是曾育强，对付他一个比对付其他几个人还累。高雨涵一开始念单词了，曾育强还哼着歌儿，本子都不翻。

高雨涵放下英语书，没好气地说："曾育强，你到底还要不要听写了？"

曾育强一脸的坏笑："我本来就不想听写，是你要我来的。"中午老师不在，他根本不把高雨涵放在眼里。

高雨涵说："你不想听写也不要影响其他人，信不信我把朱老师请来？"

曾育强"啪啪啪"地鼓掌，说："好呀，你去叫朱老师呀，最好哭着鼻子说——曾育强欺负我，呜呜，呜呜！"

高雨涵气得把书往讲台上一摔，转身就要去办公室。

曾育强却举手喊道："别去别去，我准备好了，开始吧！"只一眨眼的工夫，他坐得端端正正，还拿起了笔，翻开了听写本。

高雨涵恶心地皱皱眉，翻开书开始念单词。她也不愿意让老师留下自己只会告状的印象。

"international，"高雨涵念叨，"注意写下汉语和词性。"

这个单词有点长，好几个重新听写的同学都觉得为难，但一向英语很烂的曾育强却刷刷刷地写得飞快。

高雨涵有些怀疑，趁曾育强写着的时候，她从教室另一侧绕到曾育强背后。

听写本的下面压着一张从书上撕下来的单词表。

高雨涵毫不留情地宣布："曾育强作弊，听写不过关！"

曾育强一把听写本掀开，又把单词表塞进抽屉里，跳起来嚷嚷："你哪里看到我作弊了？"

被抓住了还不认错，高雨涵最讨厌曾育强的无理取闹。老实说，上讲台前，想到要对付曾育强，她觉得自己简直需要克服心理障碍。这时候她不想与曾育强纠缠，匆匆地说："你自己去找朱老师，还有，朱老师让你把没做的练习册补上，再罚抄一遍。"

曾育强把手一扬："凭什么呀！"

高雨涵不理他，继续听写去了。

曾育强越想越窝火，又要补作业，又要罚抄；数学也因为缺交超过十次，不仅要补，而且裴老师还要他写检查；语文作文因为乱写，汤老师要求他重做。这些事情堆在一起，今天哪还有玩游戏的时间呢？

他越想越委屈，开始大发脾气，抓起自己桌上的东西往地上乱扔。他觉得这时候同学应该过来安慰他，但遗憾的是，一个人也没有。

这使他越发地觉得生气。

正使劲扔着书呢，身后有人问："怎么了？"

曾育强听出是谁的声音，赶紧站了起来。站起来的时候他还听到高雨涵在幸灾乐祸："汤老师，曾育强在发疯，他觉得凭什么不让他作弊。"

曾育强抬起头来，发现汤老师正盯着他，又赶紧低下头去。

汤老师语气好像很和气："怎么了？"

曾育强鼻子眉毛拧在一块儿，委屈地抽泣了几声，才从牙缝里挤出一句："我想不通！"

汤老师问："想不通什么？"

"我凭什么要重做那么多作业！"

高雨涵远远地搭话："那是因为你需要完成学习任务——"

"我凭什么要学习！"曾育强在他爸爸面前可不敢提这种问题，但这种想法，憋在他心里很久了。

汤老师看着曾育强的脸，糊满了鼻涕和眼泪，就像遇到了天大的冤屈。

汤老师淡淡地说："看样子，你的同学关心的是怎么把事情做好的问题，你关心的是为什么要做好的问题。"

"嗯。"曾育强傻乎乎地点头。

"你是不是觉得，家长和老师逼着你学习，让你很不快乐？"

"嗯。"曾育强又点头。

"你是不是觉得，如果可以不上学，你就不会来学校？"

"不是。"曾育强使劲摇头。

"那就奇怪了，你又不愿意学习，为什么要来学校？"

"我也不知道。"曾育强老老实实地说。

汤老师把曾育强扔在地上的东西捡起来，一边捡，一边说："实话讲，我也觉得，不应该逼你学习。而应该是，你愿意学就学，不愿意学就不学。我会把这个观念传达给你爸爸。"

曾育强眼泪又充满了眼眶："他听不进去的。"

汤老师把曾育强桌上的东西叠好："但是曾育强，我们也要知道，我们来这世上只活一次，我们应不应该做好一些事情，让自己不白白地来世间走一遭呢？"

"应该。"

汤老师凝视着曾育强的眼睛："那你说说，你什么事情是做好了的呢？"

曾育强不说话。

汤老师说："学习就不说了。是训练吗？我听说你在训练中也很懒惰；是劳动吗？你做清洁常常逃跑；是纪律吗？是某项爱好吗？"

曾育强脸涨得通红，头埋得很低。

汤老师说："学习只是你该做好的事情中的一件。你不愿意做好这件事，作为老师，我不逼你学也不求你学。但是，你应该做好其他的事。哪怕只把一个方面做好，也能向我证明，你没白活一次。"

## 潜伏者

看见曾育强因为做作业而发脾气，郭一航觉得真是弱爆了。作业有那么难搞定吗？

放学一到家，他就钻进房间，打开电脑。爸爸这几天没在家，至于妈妈，才不会管他呢。

他玩了一会游戏，看到 QQ 上刘唯彬的头像也亮了。

他赶紧打字过去："彬哥，你答应上传到群里的数学答案呢？"

刘唯彬回过来："这个要给我报销，我专门新买了本练习册才拿到的。"

群文件里出现了刘唯彬上传的数学答案，再加上郭一航早先上传的语文和英语练习册答案，这下主科答案算齐全了。

郭一航美滋滋地自言自语："真是分分钟搞定！"

忽然，他又像想起了什么似的，向刘唯彬打字说："彬哥，数学老师在黑板上单独写的那三道题怎么办？"

刘唯彬回话："你不是可以在作业吧里悬赏吗？"

郭一航心想，那还要付费，多浪费，哪有你这免费的好？赶紧甜言蜜语："你是我天边最美的云彩，赶快做完答案发过来……"

刘唯彬回了一个厌恶的表情："那题太难，我也不会做，等我找其他人。"

打完一局 DOTA，刘唯彬终于回话："我把谭欣雅拉过来了，快让她进群！"

郭一航顶礼膜拜："这样的大神你都请得来，怎么搞定的？"

"那还不简单？只要表扬她几句热心善良肯帮忙，她就不知道自己姓什么了。"

郭一航飞快地敲键盘："咱这群一定兴旺！我把高雨涵也拉来，只要告诉她加入咱们的群有免费答案，她肯定会跟来。"

又隔了半小时，谭欣雅做完的数学题照片传到了群相册里，郭一航抄完以后，又顺带数了一下群里的成员。

到今天晚上为止，班上已经有十二个人加入了这个群。刘唯彬提醒过他要注意保密，这被汤老师知道可是死罪。

郭一航想了一想，在群里发了一个公告："加入本群的同学一定要严守秘密，否则大家一起完蛋。"

他决定，作为群主，一定要加强对新加入人员的审核，确保万无一失。

尽管刘唯彬一再提醒他要控制人数，但群里的人数仍然逐日上涨，一周以后，已经超过了二十。

郭一航整天提心吊胆，生怕被同学告发，虽然可疑的同学他都没接收，但谁能保证群里这二十个人不"卖友求荣"呢？建立这个群的时候，他觉得方便省事，但这时风声鹤唳的惊恐已经超过了不劳而获的喜悦。遇到老师叫他，他就担心是阴谋败露。有时他真想退群，但退了群就没人帮他做作业。而且谁都知道他是群主，就算是跑了也不能消灭罪证。

这样一来，他索性不再多想了。

隔了几天，下午的大课间。谭欣雅从办公室回来，满脸泪痕。问她原因，她也不说话。这事引起了郭一航高度的警觉，多年反侦察的经验告诉他，谭欣雅多半被突破了！

　　他赶紧把刘唯彬和高雨涵叫到教室外面，商量对策。

　　高雨涵还在后知后觉："不至于吧？你是不是做贼心虚呀？人家哭一下就觉得有问题？"

　　刘唯彬白了高雨涵一眼："我看很有可能，如果谭欣雅是被清理出来的，那是谁泄的密？"

　　高雨涵这才开始紧张："要真是那样，我们谁也不再理那个告密的了！"

　　郭一航气急败坏地说："现在最要紧的不是怎么对付告密的，而是我们怎么办？"

　　正在这时，汤老师从他们三个面前走过，笑嘻嘻地问了句："在讨论什么呀？"

　　刘唯彬打个哈哈："闲聊，哈哈，闲聊。"

　　三个人装作没事的样子走开了。


　　一放学，郭一航就往学校门口飞奔，路上惊飞起若干只小麻雀，还差点撞倒两个大姐姐。冲到学校门口他招手拦了一辆出租车，催着司机叔叔往家里赶。司机叔叔已经把车开得风驰电掣一般，郭一航还急得屁股在座位上不停地动来动去。司机叔叔问："小同学，又不是上学，放学也这么着急呀？"郭一航回答："我赶时间，有重要的事情。"

　　汤老师家离学校远，郭一航的重要事情，就是赶在汤老师到家前销毁罪证。

　　进了家门，他赶紧扑到电脑前，一股脑将群里的答案删了个干净。删完后他长出一口气，心想，这下就算老师问起也可以抵赖一番，至少可以避重就轻。

这时他忽然听到房间的门被轻轻地推开了。

一航的心脏几乎骤停——"不是还没到下班时间吗？"爸爸警告过他，如果再发现他偷偷用电脑，就把电脑搬走。

他缓缓地转过头去，再次长出一口气。

站在门口的是妈妈。

一航一下子扑到妈妈身上，撒娇地说："好妈妈，你把我吓坏了。"

妈妈嗔怪地说："还好是我，要是被你爸看见，还不扒了你的皮？"

一航抱住妈妈一阵乱摇："我就知道妈妈是站在我这边的。其实我也没玩游戏，上网找点资料。"

妈妈疼爱地摸摸他的脑袋："饿不饿？我买了一大堆好吃的。想吃点什么？"

好容易把妈妈哄出了房间，郭一航再到电脑前检视群里的动向。可能是因为都听到了风声，今天群里现身的人特别少，只有两三个人显示在线。郭一航一个一个地研究群里的成员，究竟是谁当了叛徒呢？

忽然，有人在群里问："一航，怎么把答案都删了？"

郭一航一看，显示的是张苇。郭一航心想，真是迟钝，懒懒地回了几个字："这群里什么时候有过答案？"

张苇说："这样啊？我给你看点儿东西。"

一连发了几张图片，郭一航定睛一看，全是他们在群里发的答案的截图，甚至连他的群公告也没放过，不知道是什么时候截图的。

郭一航吓得大气都不敢出："你想害死大家吗？还不删掉？"

对话框里却跳出来这样几个字："一航，你猜猜我是谁？"

你是谁，不就是那个神经质的小妹妹吗？郭一航努力回想，这个号是上周申请加入的，加入时的提示只写了两个字：张苇。

郭一航当时想，张苇也属于成绩不好、作业完成有困难的，有入伙的需要。这个小妹妹平时不是沉默寡言就是自言自语，应该也不会多嘴，当时没有多想就把她加进来了。

现在看到这个奇怪的问题，郭一航忽然好像当头挨了一棒，想明白以后又感觉如同堕入冰窖，浑身冰凉。

谁说自称张苇的就一定是张苇呢？

这个狡猾的汤老师！


第二天早上，汤老师带着标志性的微笑登上讲台，先环视一圈，嗓音洪亮地说："告诉大家一个有趣的事。"

一些不明就里的同学还等着听有趣的故事，郭一航和刘唯彬面如土色，头都不敢抬。

只听汤老师说："前几天，我新建了一个 QQ 号，借用了班上一个女生的名字，化装潜伏进了一个 QQ 群……"

不知情的同学听得哄笑一片，刘唯彬只想："郭一航你这糊涂蛋，真该给你两个耳光！"

汤老师讲完故事，又做思想教育，再谈处理意见。

最让刘唯彬哭笑不得的，是下课前汤老师叫他和郭一航、高雨涵起立，说要他们完成一个宣誓仪式。

"举起右手，在耳边握拳，"汤老师提要求，就像在带领他们加入组织，"我说一句，你们重复一句。"

刘唯彬知道汤老师在拿他们开涮，可谁让他们栽到老师手里了呢？

"我宣誓。"汤老师严肃地对着三个人说。

"我宣誓。"三个人有气无力地重复。

"用上整个初中的时间，我也要学会一件事。"

"用上整个初中的时间，我也要学会一件事。"

下面有同学在偷笑，高雨涵恨不得找个地缝钻进去。

"就是认认真真、不折不扣地做好自己的事。无论会经历怎样的反复，这个主张我不会动摇。"

刘唯彬硬着头皮重复着这句话。他其实很想故意晃两下脑袋来表示自己的不满，但汤老师狠狠地瞪了他一眼，那眼神似乎在强调，这事没有商量的余地。

## 狭路相逢

平时的午休时间走廊都很安静，但今天由于楼下的音乐教室在练歌，每隔几分钟就会传来一阵嘹亮的歌声，本想午休的汤老师睡不着，只好收拾一下办公室。

在歌声停下来那几分钟里，走廊上传来一阵清脆的声响。

那是鞋跟叩击地面的声音。

这声音由远及近地传来，正在整理柜子的汤老师意识到，有人来了，而且，是个女的。

趁着鞋的主人站在门口左顾右盼，汤老师打量了她一眼，淡橙色亚麻布短裙，淡蓝色雪纺 T 恤，单看衣着，走的是素雅路线，但闪耀的吊坠和手链却显得并不那么低调。

这是一个中年女人，看得出年轻的时候一定很漂亮，但现在她的美丽得依靠化妆来弥补。汤老师感觉她的妆容和衣着比起来显得稍浓艳，不过还不算过分。

"请问，汤老师在吗？"女子开了口。

"我是，请问您是？"

女子带着得体的微笑走过来，在汤老师对面的座位上坐下，自我介绍说："我是郭一航的妈妈。"

汤老师道："欢迎，请问有什么事？"

"没什么特别的事情，就是想和汤老师交流一下一航的表现情况。"

汤老师正要开口，窗外的合唱又开始了："团结就是力量，团结就是力量……"

汤老师赶紧起身关上小窗，抱歉道："不好意思，国防班的孩子在练军歌……一航的表现嘛——我前两天有在联系本上留言，您有看到吗？"

"是网上抄答案的事吧？我看到了。让老师费心了。"

汤老师说："不客气，这是本职工作。"可能是因为关上了窗空气不流通，在坐下来的一瞬间，他闻到郭一航妈妈的香水味有点重。

郭一航妈妈说："我们非常支持老师的严格管理，对这样调皮的孩子就应该管严点儿。"

汤老师笑了，他想到了一航那调皮的模样。听到一航妈妈的评价，他还帮一航说了几句好话。

其实郭一航也有讨人喜欢的地方。一航脑子灵活，很善于和别人打交道。大概是因为对自己要求不高，他对别人要求也不高。有谁对他发火，或是有什么事情对不住他，他常常是无所谓的态度，这为他赢来了很多朋友。他也不排斥任何人，就连全班都讨厌的曾育强，郭一航也偶尔和他玩一玩。

郭一航妈妈听了汤老师的话，高兴起来："对，我们一航虽然有时调皮，但还是个好孩子——其实我们一直对他要求很严格。"

汤老师心想，严格吗？那也未必。

大概是看出汤老师有点不以为然，一航妈妈解释说："我们不是只强调学习，而是要求他全面发展，所以成绩我们并不看重。"

汤老师附和着她的话："全面发展肯定是正确的。"

看见汤老师赞同她的言论，一航妈妈开始高调宣讲："就是，我们就觉得现在的社会要求综合素质，死读书的书呆子是没有前途的。就拿我来说吧，汤老师，我的文化程度就不高，可照样还不是在政府机关干得不错。"

汤老师一下子意识到，一航的妈妈是当公务员的。她今天来的目的是什么呢，告诉老师自己没有文化吗？

一航妈妈还在继续："所以抄作业答案这样的事情，现在在学校里可能觉得是很大一件事情，等踏上社会就只是一个童年的回忆了。我们现在想起小时候抄作业还觉得好玩呢！"

再往下讲是不是要宣扬读书无用论了？汤老师这才意识到一航妈妈是来帮儿子说话的，只不过这位公务员女士用了些欲擒故纵的谈话技巧，先讲两句儿子的不是，等到老师帮一航说话，再顺水推舟。

就算成绩真没有一点儿价值，在学校里学到的思维方式、解决问题的方法，对待事情的态度也是很重要的。很难想象一个不懂得诚实、上进、勤奋、坚持的人能获得真正的成功。

郭一航的妈妈是不明白这样的道理的，她终于亮出了此行的目的："所以，以后遇到类似的事情，老师就不用再写到本子上了。"

看汤老师惊异地睁圆了眼睛，一航妈妈赶紧补充道："我的意思是，老师还是应该口头教育的——主要是因为郭一航的爸爸脾气很暴躁，看到留言会打骂孩子。"

这话激起了汤老师的同情："打骂孩子还是不对的。"

"就是，"一航妈妈连连点头，"一航和他爸爸可对立了，再说孩子都这么大了……"

她又想起了什么似的，补充道："你这次在联系本上的留言就被他看到了，他说明天要来学校——可别跟他说我来过！"

汤老师还没想好怎么回答，手机响了，汤老师向一航妈妈示意自己接听电话——

"您好？我是呀。您是？郭一航爸爸？我的办公室？教室旁边左转呀，"汤老师看了一眼一航妈妈，发现她表情有点紧张，"要不要我过来接您嘛？什么？你已经在走廊上了？"

郭一航妈妈当机立断："我回避一下。"

办公室里面有个隔间，郭一航妈妈三步并作两步跨了进去，掩上了门。

门还没有完全合拢，办公室门口就传来了郭一航爸爸的声音："汤老师，你好！"

汤老师让郭一航爸爸坐下，顺便又拉开小窗透透气——这两天他有点感冒，坐在郭一航妈妈的香水味中间，他已经有点头昏脑胀了。

郭一航爸爸已经开了口："郭一航本来成绩就烂，还要弄虚作假，真是越发没救了！"

汤老师还没从头昏脑胀中解脱出来，顺口答道："可她妈妈并不觉得成绩很重要……"

郭一航爸爸奇道："老师是怎么知道的？你跟她通过话？"

汤老师一下子意识到说漏了嘴，含糊其词地说："呃……沟通过。"

郭一航的爸爸双眉敛在一起，朝办公室里东张西望。

他一边望，一边慢慢地说："我坐下来的时候，就闻到一股熟悉的香水味，可是这里只有汤老师一个人——对不起，我以前学过刑侦，这是职业病——现在老师又忽然提到郭一航妈妈……"

汤老师还没来得及回应，郭一航爸爸站起身来，走到虚掩着门的隔间前，道声"抱歉"，轻轻推开门，也跨了进去。

接下来就很热闹了，只听得隔间里传出对话——

"你怎么来了？"

"我怎么不能来？"

"那你躲在里边干什么？"

"谁躲里边了？等你走了我还要和老师交流的。"

"背着我来，又想包庇纵容？"

"谁包庇纵容了？"

"我还不知道你那点儿心思？"

"老郭你不要总是以为真理就在你一个人手里好不好，不懂教育还自以为是！"

"团结就是力量，团结就是力量……"楼下的学生像发动总攻一样放声高歌，郭一航父母接下来的对话全淹没在合唱声里。

等到两个人从隔间里出来，双双坐在汤老师面前的时候，汤老师已经再度把窗关上，免得听不清彼此讲话。

郭一航的爸爸开始介绍情况："汤老师，我们家是这样的——我的父亲，在公安系统干了一辈子，是个正直的人，在这个系统里也有一定的影响力。我自己，做过公安，在政府办公厅干过，后来下海做生意，现在开了个广告公司。"

这男人说话声音低沉，语速却很快。汤老师想，可能性子比较急。

"郭一航的妈妈，其实不是什么政府高官，只是机关里的一个普通公务员。他妈妈原来是机关招待所的服务员，认识我以后才被调到机关，所以文化水平不太高。"

汤老师瞄了一眼，郭一航妈妈正把头别到一边。

"我们夫妻感情是不错的，家庭矛盾的唯一焦点就是这个孩子。简单地说，这个孩子被他妈妈惯坏了。"

郭一航的妈妈听到这句话，眉宇间有些不悦，想要开口，却又闭上了嘴。

郭一航爸爸继续说："郭一航小的时候，正好遇到我创业，对他的关心不够。这个孩子在家里的老人和他妈妈的纵容下，要风得风，要雨得雨。"

郭一航妈妈忍不住插嘴说："其实我们也没怎么纵容他，还是一直都在教育。"

当爸爸的生硬地说："你闭嘴，听我讲。"

妈妈撇了一下嘴，不说话了。

郭一航爸爸接着说："我这个人，继承了我父亲的性格，也算是嫉恶如仇。郭一航的那些德性，我是看不惯的。当我在小学发现他的毛病的时候，这些毛病已经很深了。我采用了很严厉的方式教育他，打骂那是家常便饭，可以说，这个孩子是很怕我的。"

可是，这个孩子的妈妈，却常常袒护他。经常是我要用我的方式教育孩子的时候，她就当着孩子的面来干涉，对我的教育方式说三道四。这孩子有了妈妈的撑腰，越发地不听我的话。

我说过多少次，钱不能无节制地给，结果呢？我这里控制了孩子的经济，妈妈就偷着支援。甚至孩子犯了错误，妈妈还帮他圆谎，母子两个一起来骗我。"

妈妈脸上挂不住了，再度插嘴说："那还不是你打得太狠了，我不来管早就被你打死了！"

"你看嘛，汤老师，每次就是这样。说到孩子，她就来包庇，这孩子都成这样了，她还认识不到严重性！"

"我哪里在包庇了？我知道我们一航是有缺点，但要讲究教育方法呀。他还是个孩子，可以慢慢改，你怎么可以拿成年人的标准来要求他呢？"

"是，你没有包庇。上中学了，他那些毛病都根深蒂固了，你还在维护他。我跟你说，你这个儿子以后不当个劳改犯就谢天谢地了！"

"劳改犯？你有本事不要管，看我把他带大了是不是劳改犯？"妈妈开始抹眼泪。

汤老师看没办法插话，就又把窗户打开。"团结就是力量"山呼海啸地涌了进来，争吵声都淹没在歌声中，于是郭爸爸和郭妈妈只好闭嘴，郭爸爸一根接一根地抽烟，郭妈妈则开始补妆。

等到两个人都平静下来，汤老师关上窗，开始当和事佬。

汤老师认为郭一航虽然毛病很多，但还是很单纯，没有社会习气。老师需要在班上募集人手帮忙的时候，他也很愿意参加，说明他希望在老师面前留下好的印象，说他会成为劳改犯之类的只是气话，那是不恰当的。（郭妈妈向爸爸扬扬眉毛，意思是："你看嘛，老师也这么说。"）

但是老师又认为，爸爸抓住了问题的症结，方向是正确的。这个孩子的问题如果不及时解决，后患无穷。老师建议，在对孩子的教育上，多听听爸爸的主张。（郭爸爸坐直了身子，横了妈妈一眼。）

汤老师觉得最不应该的是在孩子面前展现父母教育观念的分歧，这为孩子在两个人中间钻空子制造了条件。哪怕父母在背后吵得不可开交，在孩子面前也要显得团结一致。

尤其是郭妈妈别遇到事情就心软。要知道，慈母多败儿，溺爱出来的孩子不会有出息的。尤其不要在爸爸背后支援孩子，这样拆了爸爸的台，会导致爸爸遭到孤立，影响教育效果，破坏家庭团结。（郭妈妈低下了头。）

但是，郭妈妈的主张也有正确的地方。教育要讲时机、讲方法，爸爸简单粗暴的方式也需要改正。就像教师行业里讲究亲其师信其道，如果父子关系都破裂了，是不可能教育好孩子的。

爸爸说："老师说得对，我也意识到自己有问题。可是现在我们矛盾很深，我没有办法和他沟通。"

汤老师说："这个工作我来牵头。找个时间，我们四个人坐下来谈一次。"

爸爸问："那我们是不是趁机在学习成绩上给他提点要求？"

汤老师不同意："我觉得早了一点。成绩只是一个结果，病因解决了，结果水到渠成。现在郭一航做什么事情都做不好，要求他成绩是没用的。"

汤老师在和郭一航谈话的时候，注意到他谎话特别多。每一次要查问他什么事情，他的眼神都闪烁不定，其实就是在思考对策。谎言一多事情就不可能落实，师长的主张就无法贯彻。汤老师提出，接下来一段时间，给一航提的唯一一个要求就是：不准撒谎。

与其给郭一航各方面都提要求，不如提一个方面的要求，让他不折不扣地完成，完成好了一个再提下一个要求。

爸爸点头："老师说得有道理，就按老师说的办！"

汤老师又叮嘱："这个主张特别需要妈妈的支持，不要让郭一航在你那里找到突破口。他已经是初中生啦，再不及时改正，到了高中个性定型了，就更不好弄了。当然，爸爸也要克服急躁，避免和一航起冲突，多培养感情。郭爸爸没问题吧？"

郭爸爸斜了郭妈妈一眼，说："我倒是没问题，就怕……"

妈妈立刻表态："我就更没问题了——反正问题不会出在我身上。"

老师双掌一拍："太好了，这才叫团结就是力量！让我们形成合力，看看期末一航会怎么样！"


## 两个爸爸的家长会

到了期末，会怎样呢？付娟想。

到了期末，就要开家长会。付娟根据自己多年的学生经验感受到，很多学生和家长都不喜欢参加家长会。在学校看来，家长会是总结和沟通，而在等待老师揭晓成绩排名的学生和家长心中，家长会像是宣判。

付娟也觉得家长会像宣判，不过被宣判的不是学生，而是她自己。把自己暴露在家长中间讲一些重复的话，也许有经验的老师对此乐此不疲，而付娟却觉得自己像被陪审团包围的被告。那些家长一定又会评头论足吧——这个老师还是太年轻了——他们的议论声好像都能听见呢！

家长会上，老师还要变身为新闻发言人，家长的问题总是那么烦琐和刁钻，付娟觉得自己的口才根本无法应付那些稀奇古怪的问题。

因此每到开家长会前付娟都很焦虑。她觉得每一次家长会都是一次失败的体验，她甚至不愿意面对陆旭妈妈那期待的眼神。她觉得家长期待的眼神给了她莫大的压力，自己根本没有能力达到家长的期待，这让她带着负罪感，甚至连回应一下这种期待的勇气都没有。

要命的是，师傅又要来加重她这种焦虑——今天师傅要听她和吴淼讲，他们怎么安排期末家长会。

家长会的安排，这有什么好讲的呢？

基本上，一学期要开两到三次家长会，就算每次讲一节课，付娟也觉得时间太长。自己要讲的话在第一次就已经讲完，第二次家长会不过是对第一次内容的机械重复，眼看着第三次家长会的到来，付娟觉得已经江郎才尽了。

付娟上学的时候，只有班上的差生才可能被留下来在家长会后交流，像她这样的好学生，就没怎么参加过家长会，现在她绞尽脑汁也想不出当年老师在家长会上会说些什么。她想，每次家长会，能有什么新鲜的内容呢，无非是成绩和表现吧，可那需要每学期讲三次吗？

她讲出这个看法，可汤老师却并不同意。

"想一想，"汤老师说，"如果对象是你自己的孩子，一个学期你只有三次机会和老师沟通，你还会没话说吗？

从健康到学业，从习惯到意识，从品德到修养，你可能觉得要说的话说不完吧，三节课的时间不够用吧？"

如果，把班级当成自己的孩子，怎么会没话说呢？我们班每次家长会，从整体到小团队，发现的问题，做出的分析，给出的建议，还有学生的风采展示，给家长的专题小讲座……时间要精打细算才够用哩！说到底，咱们开家长会的目的不一样，所以做法也不一样。

根据"哪壶不开提哪壶"的原则，汤老师要吴淼讲的是家长会时教室的安排布置。

可能是因为汤老师在转正的时候帮他说了话，吴淼这段时间对汤老师特别客气。他准备的内容其实不比付娟丰富多少，只是因为他是个机灵角色，就把前面交流过的布置教室的心得拿出来讲，讲得头头是道，还加上一些合理的补充，像布置要体现出家长会的氛围，要安排同学洒扫待客等。

汤老师笑笑，说等我们班准备期末家长会的时候你来看看。

对于初一（2）班来说，家长会如同一项虔诚的仪式。每次家长会，围绕着这个仪式，都会招募一群同学为家长会服务。

有的同学觉得，为全班家长服务是一种荣耀，也有的希望听听老师们究竟会在家长会上说些什么，这样下来，报名者众多。

不是冤家不聚头，在众多报名的同学中，高雨涵和袁凯文又碰到了一起。

　　高雨涵的任务就是布置教室。她喜欢做这样的事，每张课桌上，放上同学采购的矿泉水和点心，还有成绩报告单、学生的作业试卷、各种通知和记录用的纸笔。根据每次汤老师讲话的主题，还会有一份讲义，如"父教的重要性"，或是"如何提高注意力的品质"等。汤老师的主张是，通过精心的会务准备，让家长感受到班级工作的质量。参加完一次内容丰富充实的家长会，也能提升家长对班级、对教师团队的信心。

　　高雨涵想不到这么多，她只会想象这样的画面，每张课桌都摆得整整齐齐，家长坐在她布置好的环境里边，这样她就会很有成就感。

　　桌子布置好了，她看见刚刚拖过的地面湿漉漉的，心想家长快来了，要快点把地面吹干，就去把所有的电扇开到最大。结果，课桌上摆放的纸张都开始飞舞，有不少落到地面上。

　　正好在教室门口的袁凯文啪啪啪地赶紧关上电扇，捡起地上掉落的纸张一看，都被弄湿了。

　　袁凯文本来就不喜欢高雨涵，这时更是忍不住脱口说了出来："高雨涵，你怎么这么不动脑筋？你摆桌子的时候就不能拿矿泉水把纸张压住吗？"他这次报名承担的是家长会的总协调，纸张全被污损了，他自然很着急。

　　高雨涵将手一叉："这能全怪我吗？你如果让做清洁的那一组上一个课间做完清洁，现在教室会湿成这样吗？家长坐在湿漉漉的教室里很好吗？我在弥补你的过失，你却明明看见我要开电扇也不提醒我，也太差劲了吧。"

　　袁凯文心想，怎么会有这样强词夺理的人？自己做错了事情，还能怪在别人身上。他眉头一皱，就想和高雨涵拌嘴。

但是转念一想，上次汤老师在他和高雨涵拌嘴要换座位的时候，就曾经提醒他，对事情要认真，但对人别较真。

于是袁凯文不说话了，只管从地上捡纸。

高雨涵也不说话了，开始重新整理各个桌面。

袁凯文一边捡一边想，这次家长会，留给爸爸做记录的那张纸，回家的时候会不会又是空白呢？他看过谭欣雅的爸爸来开家长会，本子上记得密密麻麻，散会后和汤老师交谈，还一边谈话，一边记录。可是，爸爸从来一个字也不记。

汤老师每次发给家长的资料，袁凯文都仔仔细细地看，如果可以旁听，他还会听听家长会后老师与家长同学的交流，他觉得这样很有收获。

他这样做的时候，爸爸会等他，有时就躲到外面去抽烟。但是袁凯文听到老师向家长推荐一些家庭教育的书籍，想让爸爸也买两本来看，爸爸却从来不理会。

妈妈呢？妈妈更不会看书——她几乎从来不看书。对于老师推荐的书，她只是形式上表示认可，她宁愿关注其他家长把孩子送到什么补习班，也不会翻动一下书页。

可是，凯文觉得，汤老师的意思是，教好孩子的是家长而不是老师。

凯文看过的书越来越多，懂的道理也越来越多，他有时会隐隐地担心，家长老是不进步，会不会影响到自己的发展？他知道这种担心也不会有什么结果，因为爸爸妈妈会觉得——你现在的生活条件比我们小时候好多了，还对我们不满意？凯文可没兴趣向他们解释——提建议不是代表不满意，那样实在太累。有时候他会感到，教育的差距会像一座大山，横亘在他们两代人中间。

袁凯文一家从农村出来，靠爸爸做古董生意站住了脚跟。凯文从有意识观察爸爸开始，就在琢磨爸爸的性格，也确实从爸爸身上学到了很多东西。

因为职业原因，爸爸要和三教九流的人打交道，对任何人从来都是客客气气的。凯文还记得小时候偶尔跟爸爸出去收货，爸爸要他不准多言。就算爸爸看出了别人提供的是赝品，也会给对方留面子，只会推说是自己看不好，下次再来。

爸爸很少与人争执，他说："争来争去也不过三尺土。"有时候妈妈不顺心的时候会找爸爸吵闹，常常是妈妈吵半天爸爸也不开口，顶多最后总结一句："宁愿跟明白人打场架，不跟糊涂人说句话。"爸爸虽然不多说话，但是一旦他拿定主意的事情，八匹马都拉不回来。凯文感到自己的个性受爸爸影响很深，可以说，爸爸是他的第一任老师。

随着自己进入中学，凯文也一天天感到，爸爸妈妈都受到没文化的限制。要求他们处理问题不是出于经验，而是出于学习或理性的思考，实在是很难。

这次家长会要求全体学生和家长一起参加。曾育强又考了倒数几名，根本不敢坐在爸爸身边，远远地躲在教室后面。每次他爸爸来教室他都压力很大。这不仅仅是因为紧张，还有其他原因。

曾育强爸爸进教室的时候家长会即将开始，汤老师还在和一个家长个别交流。曾育强爸爸进来没看到儿子，直接跑到讲台上打断老师的话头，问他该坐在哪里。刚坐下来他就开始打电话，声音洪亮，压住了教室里的所有声音。接电话的语言就像是各种粗口国骂的大杂烩，引得其他家长侧目，他也并不介意。

等到家长会开始，他还在接电话，汤老师在屏幕上亮出了"请家长关闭手机或调至震动"的字样，曾育强爸爸仍然舍不得中断电话里的无聊对白，于是变成老师在台上讲，他在台下讲。最后汤老师微笑着站到他面前，说担心他听不到，等他接完电话再继续讲。同学都知道那是曾育强爸爸，曾育强恨不得找个地缝钻进去。

今天汤老师说话的主题是"如何与青春期的孩子相处"，他劝告家长们与时俱进，不要谈"早恋"色变，要看到这个时代中外少年的趋势；在与敏感易怒的青春期孩子的相处中，父母宽容的重要性；打骂与冷落对孩子成长期造成的心理影响；不要把成绩作为评价孩子的唯一标准。

曾育强在教室后面听了一阵子，纳闷他爸爸怎么消停了，小心翼翼地探出头去张望他爸爸的表情。

他爸爸不知什么时候睡着了。


## 加油，生活委员！

付娟轻轻跨进（2）班教室，正在台上讲话的是裴老师，台下黑压压的都是人头，竟没有一个空位。多数家长神情专注，一边听讲一边记录。

付娟想到自己开的每次家长会，家长都来不齐，不禁暗暗感慨这就是家长素质的差距。

她不知道（2）班家长会的第二天会向全班公布家长出勤的情

况，学生们都不愿意家长迟到。对于来不了的家长，除了要向老师请假，孩子还要负责坐在一众家长中间全程记录家长会内容，因此孩子们也不愿意家长请假。正因为班级抓住了很多细节保证家长会的质量，所以家长也更加重视家长会。

家长会一结束，郭一航的爸爸就赶紧靠近讲台边，想和汤老师早点交流。不料汤老师在人群中看见他，却点点头说："郭一航的家长麻烦先坐坐，我们晚一点儿交换意见，时间充裕一些。"

郭一航的爸爸笑着向老师挥手致意，然后从人群里退出来，想先把郭一航找到。

这小子，家长会一结束，就不知道躲到哪里去了。明知道要拉他一起找汤老师，还躲得远远的——看来还是对我有意见啊。

郭一航爸爸不由得回忆起上次和老师的交流。回家以后，夫妻俩又讨论了好一阵子，重新明确了教育孩子的分工。还约定相互提醒，一边商量一边完善细节。从那以后，家里关于郭一航的争吵，倒是基本没有了。

正想着，郭一航从教室后门伸进来半个脑袋，观察教室里的动静。

郭一航爸爸正想大喊一声："郭一航！你在干什么？快过来！"转念一想，又温言道："一航，快轮到我们了，坐爸爸身边来。"

郭一航迟疑了一阵，才慢慢地靠过来，坐在爸爸后面一排。

汤老师也坐过来了，他向郭一航招招手："来，坐近一点。"

郭一航坐到了爸爸身边。

汤老师说："这个孩子是值得表扬的。"

郭一航爸爸干笑几声："还是四十多名，我都不好意思来见您。"

"有什么不好意思的，孩子考得不好又不是家长做错了事情。"

汤老师笑笑，"这段时间，他没有对我撒一次谎。"

郭一航听到这句话，偷偷看了爸爸一眼。

汤老师说："能够战胜自己的人就是了不起的，这样的进步比成绩的进步更值得高兴。他现在也不再抄袭作业，我认为，给他些时间，让他慢慢提升成绩，是有可能的。"

郭一航的爸爸眉头舒展了一些。

郭一航开始东张西望，他看见张苇还站在走廊上，对着一根柱子自言自语，教室后面还坐着一个中年女人，看来是张苇的妈妈。

这一次家长会，爸爸没有最后一个被接待，郭一航想，是不是意味着我的罪过比上次轻一些。

"实际上，"汤老师说，"我想让郭一航下学期担任班干部。"

郭一航张大了嘴，他还是有几分自知之明的。

从小到大，他在老师面前都是被批斗的对象，在班上从来没什么地位，他习惯于小丑或捣蛋鬼之类的定位，班干部对他来说简直是天方夜谭。

他吞吞吐吐地说："老师，我恐怕不能胜任。"

汤老师说："一航是个热心人，热爱班级，又善于和人打交道，具备班干部的潜质。像今天家长会的物品采购就是一航完成的，做得很棒。我们每次班级活动，都拜托一航做道具保管员，也干得不错。"

郭一航不好意思地低下了头。

有一次，轮到他值日，他把黑板草草地随便擦了两下，讲台也不收拾——结果汤老师走来放下包，包上沾满了粉笔灰。

第二天，汤老师专门让他参观陈佳值日，还告诉他要有认真做事的观念。

还有一次，班上移动桌子——每周班级的座位都要横向移动一次，要求一分钟之内搬完。

班级曾经培训过怎样搬桌子，这要求统筹协调，前面的人不要挡后面的路。郭一航图省事，没有把自己的桌椅移到教室外让路，导致后面的人挤作一团，严重超时。全班被要求回到原位重新搬一次，郭一航也被教育，要他学会为集体做出一点儿担当。

想到这些，郭一航觉得自己要当班干部，问题真得很多。

汤老师说："我相信你。这学期给你的要求是不要撒谎，你做到了。下学期请你当我们的生活委员。我的要求有两个，一是学会承担责任，二是学会做事提高质量，好吗？"

郭一航还在犹豫，他爸爸拍拍他的肩膀，说："别担心，老师都相信你没问题，我也支持你。加油吧，生活委员！"

临走的时候，郭一航爸爸向汤老师竖起了大拇指："一航以前遇到的老师，不是只会向家长反映问题，就是只会强调学业。像您这样不指责、不抱怨，真心实意地帮助大人和小孩的老师，真是太少了！"

汤老师说："当老师最大的乐趣，就是可以造就和改变一些人。我有什么理由放弃这样的乐趣呢？"

## 初一的最后一课

郭一航父子高兴地走了，可汤老师却高兴不起来。已经晚上八点了，张苇的妈妈还等在教室里。

远远地看见张苇还站在走廊上，对着柱子。昏暗的灯光斜射下来，在她身后拉出一条长长的影子。

汤老师不由自主地端详起张苇的影子——既孤单，又歪斜，影子的边缘还因为动来动去而显得影影绰绰，平添一种诡异。

该怎样开始呢，汤老师有点犯难。

他走到张苇背后，轻轻地叫了一声："张苇。"

张苇却像触电一样浑身一震！

良久，汤老师才将张苇轻轻地转过身来，借着微弱的灯光，他看到张苇泪流满面。

"怎么了，张苇?"汤老师柔声道。

"我……我不要……被留到最后……我不要被批……评!"因为恐惧，张苇每句话都在颤抖。

"我没有要批评你呀?"

"你……会的……你一定……会的……呜呜呜……"

"张苇，你冷静一点儿，你冷静一点儿!"汤老师打断了张苇的哭泣，"看着我的眼睛。"

张苇抬起失神的眼睛，看了汤老师一眼。

"我有没有骗过你?"

张苇摇了摇头。

"既然我没有骗过你，你为什么不能相信我一次? 我今天不会批评你。"

张苇脸上还挂着泪珠："那，你为什么要留我下来?"

"因为，我要单独给你上一堂课。这堂课，其他的同学听不到，我专门为你讲的。"

真的? 张苇注意力被转移了。老师给我一个人上的课，该是什么样的呢？

　　这时张苇的妈妈才从教室里出来，附和着说："张苇不要怕，老师和妈妈都不会批评你的。"

　　进教室的时候，汤老师问张苇妈妈："张苇小学的时候常被批评？"

　　据张苇的妈妈讲，张苇小学的时候，爸爸妈妈都在城里上班，让她借住在农村一个亲戚家里。亲戚家有一个表姐，与张苇读同一个班，班主任杨老师一直以为她们是亲姐妹。

　　表姐成绩又好，又讨杨老师喜欢，张苇却成绩又差，性格也不好。杨老师经常当着大家说："真想不到，同一个家里走出来的两个女儿，差别这么大。姐姐又勤奋又聪明，妹妹又懒又笨。"

　　杨老师的好恶极大地影响着班上的学生，顽劣的男孩子都喜欢作弄和欺负张苇，女孩子都孤立她。

　　所以张苇小学没有朋友，更害怕老师。

　　妈妈讲这些的时候，张苇面无表情地坐在旁边，看着自己的手背，好像在听别人的故事。

　　她是已经忘了吗？

　　没有人知道，随时从空中呼啸而来的石块和头上突如其来的疼痛带给她的感受，还有比疼痛更摧毁人的那些冷漠的眼神和刻薄的话语。也没有人知道，她正在端详的手背，在那一个个没有月亮的晚上，是怎样被她自己用瓦片划出一道道触目惊心的血痕。

　　手背已经长好了，好像什么也没发生过一样。

　　那天晚上，汤老师真的给母女俩专门上了一课。

这学期的最后一课。

他在黑板中央写了六个大字——这堂课的题目——《性格决定命运》。

一个人是性格如何，会在很大程度上决定她的人缘，她的成败，她的人生质量。

老师原来有个同事，一天到晚总是嘻嘻哈哈的，对什么事情都一副大大咧咧无所谓的样子。你说她没有烦恼吗？不是。我就亲眼见过她遇到的不平事，但是她不在乎。她的个性很阳光，总能看到事情好的那一面。不幸，并没有给她带去更多的伤害。这样一来，她觉得开心的事比不开心的多。她的这种状态，也使得别人喜欢和接近她。

还有一个同事，和张苇有一些相似。她工作很认真，只是遇到想不开的事情，会沉浸其中无法自拔。旁人好心劝她，她也不听不进去。

有时，那个同事很想实现某个愿望，比如她想评职称。关心他的领导问，你是不是该评职了？她展现出来的不是对别人的感激，或是自己的乐观豁达，而是说，我们这种人，能力又差又不乖巧，怎么能行呢？

总是展示自己不阳光的一面，这样的人是没人喜欢的。就像张苇你总是会主动对我说——我小学老师说我很懒——这一类的话。其实你不懒，你感兴趣的事情你做得很努力，你只是没有从被压制的阴影里走出来。

长期生活在阴影里，会觉得这世界总与自己过不去，觉得特别不幸，甚至拒绝别人的帮助。心态的阴暗，个性的偏执，在言行举止和气质上也会有所呈现，这就是我不同意你走路含胸低头的原因。

在小学受到的伤害，这是已经发生的事情，我们无法更改。可是到了中学，老师同学都很照顾你，为什么还那么不开心呢，这里边有没有自己的问题呢？

……

离开学校的时候，张苇的手里紧紧地攥着一个笔记本，那里面是讲义，初一年级最后一课的讲义。

她想，她永远也忘不了这一天，老师专门为她一个人上课。

假期要开始了，张苇想一鼓作气做完老师布置的那些花样百出的假期作业，然后多看几本书。汤老师说读书能让心灵强大，对实现她的作家梦也有好处……

已经是晚上九点半，望着张苇母女远去的背影，汤老师心潮澎湃。在他十几年的教学生涯中，这个班是问题学生最多的一个。在张苇、曾育强他们下船以前，他这个船长能不能完成任务呢？

汤老师熄灭了教室的灯，轻轻地关上教室的门。在他看来，这个班现在最多只能算是有了共同的规章制度，但还没形成共同的文化和理想。班上很多孩子还不够快乐，班级成绩在整个年级只排在中游，这一切都需要改变。他想起对刘唯彬们说的话——认认真真、不折不扣地做好自己的事，想起为张苇构想的快乐人生……怎样才能让这样的观念融入孩子们的血液呢？

# 第二章

## 初二 潜移默化

## 七点四十三分

早晨六点多钟，明亮的阳光已经洒进了屋里，照亮了这个小小的房间。桌上乱七八糟地铺满了漫画和游戏杂志，椅子上挤在一起的是零食和臭袜子，地上堆着作业本和球鞋。屋里有两样东西发出嗡嗡的低响，一样是空调，一样是开了一夜的电脑。

闹钟已经响过两次，都被主人伸手按掉了。大概是嫌阳光刺眼，这男孩换了个睡姿，正撅着屁股趴在床上。

"咚咚咚"，有人在敲门。门口传来妈妈的声音："一航，快起床，你说了今天要早起的。"

郭一航看了一眼闹钟，不情愿地朝门口嚷了一嗓子："还没有七点，急什么？"他昨天玩游戏到凌晨四点才睡，当然起不来了。

妈妈还在敲门："你说这学期要当干部，头一天不能迟到，要我无论如何都叫你起来的。还有，你假期作业收好没有？你们假期作业不交齐不准领书哟。"

听到这句话，郭一航一个激灵："对啊，还说别迟到，假期作业还没收拾呢！"他手忙脚乱地起来，在桌上、抽屉里、书架上，到处翻检假期作业。

可恶，记录假期作业的那张纸又不知道哪去了。郭一航找得满头大汗，又把妈妈唤进来，帮他一起找。

妈妈一边找一边念叨："我怎么知道哪些是你的假期作业嘛……"

终于找齐作业出了门，已经比预定出门的时间晚了半小时。爸爸早上送不了他，又不准他打车，一航只好咬着早餐冲上公共汽车。

还没落座，一航发现车厢里坐着个熟人，赶紧一屁股坐在他身边："嘿，李皓冬！"

李皓冬看见郭一航，眼睛里流露出一丝高兴的神色，微微点了一下头，没有说话。

郭一航知道李皓冬的脾气。这个李皓冬，你说他笨吧，他可以数学课基本不听，作业不认真做，数学照样考满分；你说他聪明吧，他上课从来不会发言，和他讲话的人都搞不懂他是明白还是不明白。郭一航感觉，李皓冬看不懂别人的表情，你要他领会你的意思，非要讲得清清楚楚才行，真是块木头。

尽管遇到的是块木头，毕竟是新学期在车上遇到的第一位同学，郭一航也不嫌弃，甚至颇有他乡遇故知之感，喋喋不休地对着沉默的李皓冬讲个不停。

下车的时候，郭一航连蹦带跳地下了车，回头一看，李皓冬还是那么不紧不慢地，等所有的人都下了车，才慢慢走下来。

不管周围的人怎么样，李皓冬永远保持自己的节奏。郭一航想起，上学期李皓冬几乎每天都会晚到三分钟。考勤的时间是七点四十分，李皓冬准时七点四十三分进教室。其实，早走三分钟不就不会迟到了吗？可李皓冬就是不会改变。

班级设立了全勤奖，郭一航从没奢望过自己能全勤，所以就安慰自己说得这个奖也没什么意思。他觉得像李皓冬这样每天准时迟到的人更不会在意那个奖。

　　按照上学期的时间表，今天的李皓冬可是大大地提前了，难道，太阳从西边出来了？

　　其实李皓冬是个不容易受环境影响的人，他要七点四十三分来，谁也不能勉强他提前三分钟。汤老师可能也掂量过让他准时的可行性或者代价，最终采取了默许的态度。

　　同样，李皓冬决定提前来，也不是谁可以阻止的。

　　以前他总是觉得，学校是一个不得不去的地方，还不如自己一个人好玩。但是，这个暑假他第一次发现，自己盼着去学校。

　　终于等到报到的这天，李皓冬迫不及待地出了门。

　　学校有什么好呢？学校可以有一群人陪他踢足球。

　　上个学期，汤老师看他在学校从来不参加任何体育运动，就劝他一起打篮球，可他不愿意。他觉得，那么多同学都打得很好，他再加入进去肯定会被羞辱。

　　汤老师好像看出了他的心思，说："那就跟着我踢足球吧，反正咱们班也没有会踢足球的，大家都是由零开始。你跟我一头，包你经常赢。"

　　学校里打篮球的学生很多，踢足球的却没多少。班上的学生对足球都很陌生。汤老师先从停球、带球这些基本动作教起，又抽时间给大家播放足球视频和讲战术，一来二去，李皓冬喜欢上了足球。

　　确实像汤老师说的，跟着汤老师一头，常常都能胜利——谁会拒绝胜利呢？

　　而且，李皓冬发现，这是一种他喜欢的活动方式。

　　蓝天白云下，是一片绿油油的宽阔场地，在上面奔跑，似乎身心都得到了无限的舒展。球场上的交流不一定要靠语言，靠的是脚下的活儿，靠的是相互的默契。对于不爱开口的李皓冬来说，终于找到了一种不用跟人说话就可以交流的方式。

　　渐渐地，李皓冬习惯了每周踢一场球。假期里没人陪他踢球，他觉得浑身不自在。

　　这时，他会回忆汤老师训练他们踢球的场景。他的动作总是显得有点僵硬和迟钝，但是他的速度其实不慢，而且出奇地冷静和精确。汤老师说他适合打后卫，还教他降低重心，盯住对手脚下的球，防止对手突破。他最喜欢防汤老师，当着小伙伴的面从汤老师脚下断了球，比赢了比赛还高兴。

　　老师说，团队运动会塑造一个人良好的个性和心理品质。什么是良好的个性，李皓冬并不完全知道，但他觉得，他想要的个性，要跟汤老师的差不多。

　　汤老师很照顾他，这一点李皓冬一直都知道。但他又是个内心敏感的孩子，他不愿意老是被照顾，这一点汤老师也知道。

　　有一次，李皓冬的手机没关好，在课堂上响起来了。按规定，手机要交给班主任，等家长会的时候还给家长。

　　下了课，汤老师把他带到一个没人的地方，向他伸出了手。李皓冬很舍不得他的新手机。离下次家长会还有两个月，这两个月，新手机都得躺在汤老师的柜子里。没有手机，多不方便呀。

　　当然，李皓冬也不愿意坏了规矩。

　　他从口袋里慢慢地拿出手机，又送回口袋里，又拿出来，又送回去……不断地重复这个动作，就是不能把它放到近在咫尺的汤老师的手上。

汤老师就伸着手，耐心地一直等。

等了十分钟，李皓冬终于下了决心，把手机交了出去。

汤老师大大地表扬了他的勇气，说知道他不是故意的，还说给他一个特别的奖励，手机只没收一天，放学就还给他。

要是在郭一航或者刘唯彬身上发生这事，简直没有讨价还价的可能，可是老师却给李皓冬开这样的"后门"。李皓冬也没觉得这种特殊照顾有什么不合理，郭一航和刘唯彬知道了这种区别对待也没表示有意见。

汤老师说在这些方面郭一航和刘唯彬表现得很爷们，刘唯彬却说汤老师真是狡猾，几句廉价的表扬就把他们说服了。

一般的人看李皓冬从不发火，以为他是不知道生气的，汤老师却和他聊过这个问题。要知道，听李皓冬聊一件事，花的时间可能是常人的十倍。除了汤老师，很少有人愿意花那么多时间等他说话。但聊完了之后，汤老师就知道了，李皓冬对生气有一种特别的认识——如果遇到一件值得生气的事，他会把这件事放到自己的中央处理器里面进行一系列的分析比对，之后得出一个结论——这件事情令人生气，想完了就心平气和了。

李皓冬认为汤老师是除了爸爸妈妈之外，第一个进入他内心这么深的人。

爸爸妈妈虽然了解他，但是很难讲真正理解他。爸爸和他一样，是个闷葫芦，父子俩一般不交流；妈妈性情急躁，又没什么文化，和她说自己的想法有害无益。就像自己爱打坐这件事，妈妈觉得不可思议，汤老师知道了却说有利于精神的放松，还和他一起体验过一次。

有时候李皓冬想，要是爸爸妈妈都像汤老师这样，他可能也不会长期在家里不说话了。

不知不觉，李皓冬已经跟着郭一航进了教室。走在前面的郭一航忽然一下子站住了，李皓冬撞到郭一航背上。抬头一看，郭一航正目不转睛地望着教室后面。

教室最后一排，有了一个不认识的女生，正对着一面小圆镜整理头发。见有人进来，女孩从小圆镜后面抬了一下头。这女孩留着斜刘海，顶着一头梨花烫，再配合一张苹果脸，有洋娃娃的感觉。

女孩抬头的时候就像有偏头痛，故意侧着脑袋，斜着眼神看着他们，很有一点儿诱惑力。

郭一航不由得吹了一声口哨。

听到口哨，那女生乐了，向郭一航眨眨眼。


## 执行力调查问卷

开学才第一周，班级就发了一张问卷调查，题目是"我是一个有执行力的人吗"。调查一共有十项内容，每个同学除了要按照这十项内容自评以外，还要找家长和三位同学给自己评分。

汤老师经常自制一些问卷调查给家长和学生，他认为当事人在自我评估过程中会产生自我教育，效果有时候比老师的说教好。

在应试教育背景下，面对心智不够成熟的初中生，开展执行力教育是有显著效果的。

郭一航花了一分钟，把自己的十项评分做完，开始在教室里寻觅可以给自己打分的三个同学。

这时他看到那个才来的女孩一个人坐在座位上。

现在他已经知道，那个女孩叫林珮莉，据说初一就换了两个学校。初一上学期在台北的一所学校，据说因为不适应，回到内地。下学期在本市的另一所学校，据说还是不适应，转入求是中学当插班生。

郭一航小心翼翼地凑上去，尽量不让自己显得太唐突："林珮莉同学，你可以帮我在调查问卷上打打分吗？"

林珮莉看了他一眼，嫣然一笑，用一种刻意保持的温柔嗓音说："可是，我并不了解你呀。"

郭一航听到这声音，感到心里面有三十多匹小马在奔跑。他强按捺住激动的心情，把问卷递上去说："没关系，你来了好几天了，对我多少有点了解。再说，我也找不到其他人给我打分。"

林珮莉拿过问卷，打一个分，咬一咬笔，再打一个分，又想上一阵子。过了好一会儿，她终于打完了，把问卷还给郭一航。郭一航一看，全是十分和九分！他心花怒放地谢过林珮莉，又去找下一个同学。

他找的第二位是高雨涵，打下来一看，全是九分和八分。

最后一个，当然是最了解自己的死党刘唯彬了，郭一航和刘唯彬交换了问卷，互相为对方打分。

接过刘唯彬递还的问卷看了几眼，郭一航一下子嚷起来："喂，你搞什么，怎么全是四分和五分？我还要给家长打分的！"

刘唯彬一脸得意的笑："我是根据你的实际情况打的分。本来实际情况还要糟一些，看在我们俩的关系分上，我每项抬了一两分。"

"你看其他两个同学，给我的都是九分、十分，你这还叫根据实际情况?"

刘唯彬一下子认真起来,说:"林珮莉给你打的分,那叫客气;高雨涵打的分,那叫包庇;我这个,才叫实际。

"你看看,善于明确目标,求胜欲望强烈——你经常说考好考坏没差异,靠复习不如靠运气,给你四分已经很客气了吧?工作学习认真投入——假期你说你要复习,结果你说我哪一天不在游戏平台上碰见你?你爸在家的时候,为了能玩上电脑,你去了那么多同学家里,连曾育强家里你都去,这一项只能给三分;讲究效率——你边做作业边玩游戏,假期作业最后几天才赶完,给你五分很客气了。还有注意细节——看看你的抽屉,哈哈哈哈……"

郭一航有点儿被激怒了,他好像看见林珮莉正在往这边望——他最担心的就是在女生面前没面子。他一把抓起笔,在刘唯彬的问卷上"嚓嚓嚓"改了几笔,把问卷扔给刘唯彬。

刘唯彬看了一眼,冷笑着说:"你这算报复?"

"没有啊?"郭一航的理由也很充分,"按你的说法,有韧性能坚持——三分,上学期班级组织订复习计划的时候,你信誓旦旦地说老子豁出去了,结果你坚持了几天,一周有没有?有团队精神,人际关系良好——两分,有几次打球你不是乱发火,搞得大家都不开心的?你的人际关系还是比曾育强好一点,所以给两分。"

刘唯彬把手一扬,气呼呼地回座位去了。

郭一航也坐下来,心里想,其实不该这样对刘唯彬说话的。开学以来刘唯彬经常显得不开心,回头还是主动找他和好算了。

曾育强拿到调查问卷的时候非常不开心。那上面注明了要找三

个同学给自己评分。可班上除了郭一航，他再也找不出愿意给他打
分的了。

想了半天，他最后来到汤老师面前，把问卷往汤老师面前一
放："老师，我想请你给我打分！"

汤老师正在批改作业，头也没抬地说："为什么，不是都让同
学打分吗？"

曾育强扭捏地说："就是想请老师打分嘛。"

汤老师看了看曾育强，又看了看调查表上的同学评分栏。

他忽然明白过来，叹口气，把问卷拿过来，一项一项地填写。

汤老师一边填，一边问曾育强："你知道我们为什么要发这张
问卷吗？"

"为了提醒我们加强执行力。"

"你的执行力怎么样呢？"

"呵呵，不是很好……"

"我让你假期回家看的《卡特教练》，看了吗？"

"这个嘛……呵呵……"

汤老师停笔看着曾育强："上学期你常常不能做完作业，你的
理由是训练结束太晚，回家太累。"

曾育强低下了头。

汤老师又说："前段时间有一则新闻，一位得过大学生运动会
金牌的体操运动员，在地下通道卖艺，你知道吗？"

曾育强说："我看了这个新闻。"

汤老师问："你的专业成绩，比得上他吗？"

曾育强说："他入选过国家队，我的专业成绩和他差得远哩。
就算是他，也只能落得街头卖艺，所以我要抓好学习。"

汤老师又问："你注意到他的人际关系了吗?"

曾育强说："他的队友和教练都不喜欢他，他走到这一步自己也有问题。"

汤老师把填好的问卷交到曾育强手里，说："你挺能说。但是能说不代表认识的水平到位了，还要能做——我找过你的教练，你的训练态度还是不端正——这学期我对你的唯一要求就是，少说话，多做事。多做有利于自己发展的事。如果你有发展的愿望，坚持去做，你的训练、成绩，包括人际关系都会改善的。"

## 高手的弱点

新学年对于袁凯文最大的好处就是，终于换了个满意的同桌。大概是觉得他照顾张苇太久了，汤老师想补偿一下他，把他调到了陈佳身边。

虽然很多同学交条子的时候都要求和比自己成绩好的同学坐到一起，但袁凯文其实并没指望这一点。他自己的成绩在班上已经上升到十名左右，汤老师一般不会让两个前十名的同学坐一起，说是浪费资源。但是，这次他的同桌居然是长期考前三名的陈佳，这实在让他有点意外。

两人坐了一周，袁凯文就觉得，没有比她更合适的同桌了。她的英语好，而且愿意不厌其烦地回答袁凯文的问题；而她的数学有时会有做不出的题，这恰好又是袁凯文的长项。她是语文科代表，而袁凯文是文学爱好者，两个人加了 QQ 以后，她会到袁凯文的空间里来看袁凯文新写的文章，还会中肯地点评。

如果说同桌是一种资源的话，那么两个人都没有浪费资源。

陈佳说话前总是很注意斟酌措辞，就算帮助了别人也不会让人难堪，袁凯文觉得这个同桌比高雨涵好一百倍。尤其是两个人一起认真学习，互相帮助的时候，这种氛围让袁凯文很满意。

凯文发现，陈佳其实优点很多，可不知怎么的，就是不自信。

副班长余远航提议，组织一次班级象棋快棋赛。按惯例，提议的同学去找汤老师报流程计划，汤老师同意了就提供经费和场地，活动就可以筹备了。

余远航专门从棋院借来了一批计时器，整整齐齐地摆在桌上，很专业的样子。班上绝大多数的同学都没用过这稀罕物，凑在一旁看热闹。

余远航摆弄着这宝贝，介绍说："没用过吧？这是计时的，我在棋院训练的时候就用这个。看，按下这个钮，就开始计时。按下对手的钮，我的计时就停了。"

因为兴奋，余远航的声音很大："会下象棋的都来我这里报名吧！"他鼻头上的汗水反着光，仿佛在告诉大家，冠军他已经预定了。

可是，看了这架势，同学报名并不踊跃，有些会下象棋的也不敢来了。

最后有十三名男生和两名女生报了名，总共十五个人，要是再来一个就好了。十六个人可以直接开始淘汰赛，避免了麻烦的附加赛。

这时有人建议，让陈佳来吧，听她说过会下象棋的。

陈佳连连摆手，不行不行，我下得不好。

汤老师动员说，下得不好也来凑个数。陈佳推脱不掉，只好赶鸭子上架地坐到计时器旁边。

一声"开始"令下,所有执红的同学开始计时落子。

三分钟以后,陈佳没用到十步,就把对手将死了。接下来是八强战,陈佳说什么也不愿意再参加了。她说刚才只是因为没人,临时凑个数,现在有八名被淘汰的同学,谁愿意继续谁上好了。

那怎么可以呢?同学们一致反对,你下得这么好。

陈佳说,我在棋院总共也没学过几天,哪里下得好?

最后汤老师问陈佳,可不可以满足一下大家的愿望,再下一次。陈佳叹口气,又坐回棋台旁。

这一次她用了五分钟。

全班沸腾了!尤其是那些女生,从来男生们下象棋都当她们是打酱油的,余远航组织报名的时候也当女生是陪衬,没想到还隐藏着这样一个高手!

陈佳每下完一局,就打一次退堂鼓,然后空前热情高涨的观众不答应,她又只好上场。

到决赛的时候,陈佳是被女孩子们推上前台的。对手是余远航。

红方炮二平五,黑方马二进三,红方马二进三……决赛开始了。

不懂棋的同学,煞有兴趣地研究两人的表情。余远航是兴奋活泼型,出手很快,下完了还挤眉弄眼地观察对手的反应;陈佳则是心如止水型,出手不急不缓,表情沉静。

大约过了十分钟,余远航忽然站起身来。

陈佳仍然坐在原地,一动不动。

一直旁观的汤老师说:"结束了!"

不懂棋的赶紧问："谁赢了？谁赢了？"

汤老师大声说："我宣布，陈佳获得了我们班级快棋赛的冠军！"

一群女生冲上去抱着陈佳又蹦又跳，余远航挠着脑袋走出教室，好像还没弄明白自己怎么会输掉。

尽管陈佳被女生们看成英雄，但是这个英雄却一点也不享受被拥戴的感觉。

下课后余远航告诉陈佳，（9）班有个高手，可以联系他来和陈佳交流一局，陈佳又说不行，她肯定下不过的。

谭欣雅说："陈佳，你不要谦虚嘛，你那么厉害。"

不过这热情洋溢的表扬还是让陈佳很不好意思，她有点慌乱地推辞说，她没那么厉害。

汤老师看到了这一幕，皱着眉头回了办公室。

一直以来，对陈佳这样缺乏自信的孩子，他都是以鼓励为主。就像刚才颁奖，又当着全班同学的面，大大地表扬了陈佳一番。

可不知为什么，陈佳的自信心就是不见增长。想到这里，汤老师忽然问坐在对面的裴老师："你觉得陈佳怎么样？"

裴老师正在低头改刚考的数学测验卷："那个小妹妹吗？很讨人喜欢啊。"

"怎么讲？"

"虽然数学可能不是她的强项，但听讲作业都还是认真。我喜欢她的多才多艺，前几天我看你们班的孩子在操场上准备运动会，体育委员还在让她教其他女生接力赛的技巧。她对老师很有礼貌，模样又很乖。"裴老师慢条斯理地说。

"那你觉得她有什么不好的地方？"汤老师刨根问底。

"要说缺点吗？"裴老师抬起了头，"就是太小心了一点儿，怕出现错误，不爱发言，也不爱问问题。"

汤老师说："我们要不要把这个问题解决一下？"

下一节课间，陈佳被裴老师叫到办公室，问她为什么课上重点讲过的两道题测验的时候还错。

其实一直以来，陈佳的数学都没有语文好。虽然小学她也常常数学考满分，但小学老师就说她缺乏数学思维，学得很死。

裴老师问："究竟弄懂了吗？"

陈佳其实不是弄得很清楚，但她看看裴老师责备的眼神，又看看汤老师，本能地点了点头。她不愿意让老师们觉得自己接受能力差。她想回去以后自己再想办法，应该可以解决。

裴老师说："那你给我讲讲这道题。"

陈佳顿时脸羞红到耳根，这下老师们会怎么看她呢？

裴老师一下子严肃起来："真正的好学生，可不能不懂装懂哟。"

汤老师在一旁帮腔："知之为知之，不知为不知……"

陈佳感到自己的脸发烫，一直不敢抬头。

裴老师语重心长地说："你可能担心，老师问为什么反复讲还是搞不懂，这样的话听来很让人难堪。可是真正的好学生最看重的是掌握知识的实质，而不是面子好不好看。"

陈佳的眼泪像断线的珍珠，一颗颗掉落下来。

汤老师和裴老师交换了个眼色，递给陈佳纸巾，口里说："好了，我送她出去。"

送到办公室门口的时候，汤老师对她说："小妹妹，其实犯错是成长中的权利，也是一种能力。我们每个人都在犯错中成长，不犯错误的人是不正常的。畏惧犯错，是因为缺乏自信和勇气，缺乏心理承受能力。小心哦，不敢犯错的人是成不了高手的。"

下一节课是语文课，陈佳心事重重地坐在教室里。

犯错也算一种能力吗？

她想起初一结束的时候老师给她的评语，说她"需要提升境界"。

为什么我总缺点儿境界呢？

汤老师看出陈佳在想心事，不过他并没打算中断她。

他觉得这个年龄的孩子总会有一些迷惑和需要想清楚的事情。对于陈佳这样敏感和胆怯的孩子，提醒与批评当然会增加她的精神负担，但汤老师觉得也不能一味地鼓励、表扬。

他觉得陈佳的缺乏自信只是现象，本质还是缺本事——缺思考的本事。既然如此，就让她多想想。

其实陈佳还是比初一有进步，汤老师想。初一她是担心老师对她印象不好，现在她不在这一点上做无谓的担心了，她担心的是自己不够优秀。

这也是意识的进步，下次谈话要让她意识到这一点。

## 解救小猫

陈佳忽然觉得有点晕，以为是自己胡思乱想太多导致的，赶紧定定神，却发现教室里一些同学开始东张西望。

站着讲课的汤老师好像没什么感觉，照样在讲台上慷慨激昂。

谭欣雅忽然举起了手。

"怎么了，欣雅？"汤老师问。

"汤老师，你有没有感到有点摇晃？"

"摇晃？"

谭欣雅指了指讲台旁的电视机支架，支架正不停地抖动着。

高雨涵忽然说："你们看吊扇。"

吊扇也在空中不停地摆来摆去。

汤老师说："可能是地震。"

"地震？妈呀——"郭一航惊叫一声，就窜到教室外面去了。

汤老师举起双手："大家不要慌！目前这种现象不是我们这儿发生了地震，感觉是远处的地震波及了我们，不用逃命。等郭一航回来我们笑话他。"

"不会有危险吗？"

汤老师笑道："这种情况我像你们这样大的时候经历过，当时整栋楼的人都跑光了，我们地理老师说，我们继续上课，我们这个城市的地质结构还是很安全的……很快就过去了，不会有事的。"

"那你上次经历的情况能给我们说说吗？"

于是语文课变成了地震知识普及课。从上一次的经历到其他国家对于校园防灾的培训，大家都感兴趣。

过了十分钟，郭一航从教室后门探个脑袋进来，说："报告，隔壁班都走空了，整栋楼的人都在下楼。"

"是吗？"汤老师向窗外望了一眼，"那我们也去操场。请大家按小组排队离开，不用紧张，不会有事的。"

袁凯文和汤老师最后离开教室。凯文协助老师关闭了所有的电源，才和老师一起出来。感谢平时的火灾训练，楼道里还算有序。

操场上人山人海，像过节一样热闹。学生们更多的不是紧张，而是打破常规时间表的兴奋。谭欣雅和余远航把本班的同学集中到一起。看到汤老师来了，谭欣雅撒娇地说："汤老师你也太狠心了，别人在逃命，我们还要上课。"

汤老师笑笑，不说话。

头顶有一道长长的云霞，呈淡粉色，从地平线那边延伸过来，长得看不到尽头。有人说，是飞机喷气留下的轨迹，也有人说，是发生地震前的异象。

他关注了一下付娟和吴淼，他们都和本班学生在一起。

在这场撤退中，整个学校没有一个班主任丢下学生提前逃跑，但也有流言说有个并不年轻的科任老师一感到摇晃就大喊着逃得不知踪影。当老师的人，在地震面前是不是应该有起码的判断常识？一有危险就丢下学生开跑，以后学生怎么看你？

这时，陈佳一直担心一件事，袁凯文为什么还没出来。她去问汤老师，汤老师惊讶道："他不是和我一起出来的吗？"

两个人都紧张起来，赶紧跑回教学楼，才看到袁凯文正从里面冲出来，手里捧着什么东西，定睛一看，是校工房里养的小猫。那只小猫才满月，班上的人路过的时候都爱去逗它。

陈佳又好气又好笑，却又忍不住责备了一句："你不知道危险吗？"

凯文憨憨地笑："没事，我跑得快。我想，平时逗她玩，逃难的时候不管它，也太不够意思了，是吧？"

陈佳接过小猫抚摸了一阵，看着凯文在人群里谈笑风生，心里的石头才慢慢落了下来。

凯文为什么能那么勇敢呢？

　　她感觉有些气质好像是天生的。就像汤老师有时候会调侃地问袁凯文:"队长,赛场上我们能不能把高富帅虐回来?"凯文总是一拍胸脯:"没问题!"

　　陈佳想,换成自己,才不敢这么说哩。

　　她觉得自己对凯文越来越崇拜了。


## 看不见的朋友

　　天气越来越热,似乎人们的心情也随着气温的上升而越来越烦躁。

　　陈佳去了办公室,要求汤老师不要让她再担任值日干部。值日干部在轮到的那一天,要负责午自习和午休的纪律管理,而这正是陈佳不擅长的。

　　最近刘唯彬特别不自觉,自习课的时候在教室后面打牌,被值日干部发现了还不依不饶。音乐课的时候老师喊上课,刘唯彬叫上郭一航,和科代表一起喊"起立"。音乐老师问:"到底该谁喊起立?"刘唯彬得意扬扬地说:"我们都该喊起立。"气得音乐老师说不出话来。

　　像他这样都敢顶撞老师的,陈佳怎么管得下来呢?

　　回到教室,袁凯文问她:"怎么样?"

　　陈佳摇头:"汤老师没同意,他要我面对困难,还说不相信我管不下来。"

　　袁凯文安慰道:"其实刘唯彬也没那么难管,要不要我给他打声招呼,在你负责那天安分点?"

陈佳说："这样不好。你让我自己想想。"

终于轮到陈佳了，午自习一开始，她就坐到了讲台上。下面的同学都在埋头做作业，她也做自己的作业，但她感觉自己心跳得厉害，生怕发生什么事。

刘唯彬开始还是很安静，不久就开始和郭一航挤眉弄眼。陈佳在讲台上紧张地关注着。

过了一阵儿，郭一航不知做了一个什么表情，刘唯彬摆出一副大笑的姿势，摇得椅子"哗啦哗啦"响。

陈佳把笔放下来，她觉得刘唯彬已经影响其他人了，她该去管管。

但是，该怎么说呢？刘唯彬会听她的吗？会不会像高雨涵一样，和他大吵大闹一场？

陈佳又犹豫起来，迟迟不敢起身。

刘唯彬还在淘气，由于后仰得太厉害，他差点从椅子上翻下来，椅子"砰"的一声摔倒在地上。

怎么办？再不管他可能有更多人"躁动"，陈佳知道该过去干涉，可就是迈不出那一步。

忽然，袁凯文站了起来，瞪着眼看着刘唯彬。

刘唯彬愕然地坐起来，不知道队长为什么要用这种眼神看着他。

结果袁凯文却弯腰捡起一只掉在地上的笔，又坐下了。

陈佳定了定神，忽然注意到门口的小窗上有个脑袋在晃动。

汤老师也在。

陈佳不知怎么的，觉得自己该做点儿什么。她硬着头皮站起来，走到刘唯彬面前，说："刘唯彬，你自觉一点儿好吗？"

刘唯彬看了一眼袁凯文的背影，又看了一眼教室的小窗，点点头，没有说话。

虽然这次交锋不到一分钟，但出奇得顺利。即使这样，等陈佳回到讲台的时候，她感觉像过了一个世纪！

她回头看了看小窗，汤老师已经离开了。

其实当看到陈佳有点儿管不了的时候，汤老师差点想推门而入，但最终还是忍住了。

教室小窗上的这张脸对陈佳而言，是后盾，还是督促呢？汤老师无从得知，但最终陈佳自己解决了问题，就是好事。

他想到多年前，有个怯生生的小妹妹对他说："老师，你去叫那几个男生出来扫走廊嘛，我怕他们不听我的。"

他对那个小妹妹说："你才是班干部，我不会代替你做你该做的事情，但是我会这里看着你。放心，只要你不畏惧，他们就不敢不听你的。"

他站在走廊的尽头，看着那小妹妹鼓起勇气走向走廊，看着那个最调皮的男生乖乖地提着扫帚跟着她走出教室。

后来那个小妹妹在高中主动担任了团支书，成为学校里的风云人物。毕业的时候团支书来看他时说，每次回忆起那个场景，她就想到塞林格。也许每一个想和孩子相处的人都需要这种行为，这种行为叫守望。

午自习结束，该午休了。

同学们或坐或卧，前仰后合。趴在抱枕上打呼噜的，怕空调太冷用小被子包住头的，把三张椅子拼在一起当床的，戴上眼罩枕着靠枕的，作仰天长啸状的……真是睡态百出。

陈佳巡视完毕，心里稍微踏实了一些。

　　只有一个人中午一直不睡，就是郭一航。他的精力太过于旺盛，汤老师特许他中午可以不睡觉，看自己的书或者做作业。现在，他就捧着一本不知道是什么的书看着。

　　郭一航的小学老师不准他们带课外书到学校来，郭一航索性从来不看书。可汤老师说书能治愚，多看书就能少折腾。他要郭一航拿书来看，并且不干涉他看什么。

　　睡到一半，张苇举手，要求上厕所。

　　本来午休时间只有半个小时，班级不提倡中途上厕所。可张苇不知从什么时候开始，每天这个时候都要举手去上厕所，大概是她觉得这时候去厕所不会拥挤吧。

　　就算是汤老师在教室的时候，都没有拒绝过她，好心的陈佳更不会拒绝。她目送着张苇轻轻地出了教室。

　　这时汤老师已经回到办公室，他看时间已不够睡觉，索性望着办公室的窗户发呆。窗户上覆着窗帘，透过窗帘的缝隙，他可以看到走廊的一角。

　　忽然他看见张苇走了过去，该是又要上厕所了吧?

　　张苇三步并作两步地走到走廊尽头，转到最后一根柱子背后——毛伶在这里等她。

　　见她来了，毛伶说:"今天怎么晚了? 我还以为你不过来了呢。"

　　张苇解释说:"嗯，其实今天不是汤老师在教室，我怕值日干部不让我出来，就耽搁了一阵子。"

　　毛伶说:"今天的值日干部陈佳，不是对你挺好的吗?"

　　张苇点头:"是，我觉得她人挺好的。但是，她今天遇到刘唯彬捣蛋，很紧张，所以我就晚点儿出来了。"

毛伶点点头，说："不说这个了，你们班的猜谜比赛怎么样？"

张苇说："还在筹备，我买了一本谜语书，到时候一定要多猜几个！"

毛伶笑笑："多猜几个又不增加分数。"

张苇认真地说："但是可以多得奖品，有名次的同学还可以加班级分。"

汤老师正迷迷糊糊地正要打盹，忽然听见走廊上传来女生说话的声音。声音不大，是从走廊尽头传来的。中午这个时候走廊上很热，各个班都在闭门睡觉，谁在那儿讲话呢？

如果是平时，这间办公室的窗户关上了，就算是坐在里面也不会听到这说话声。今天为了透气，窗户没关。汤老师听了一阵子，好像是张苇的声音。

想到张苇，汤老师一下子打起了精神，这时候，张苇会和谁在走廊上一直讲话呢？

他听到张苇在说："如果让你选，避风塘的烧仙草和黑冰客的冰咖啡，你更喜欢哪一个？"

没有听到什么回应，可能是回答的人声音太小。

只听见张苇在表示肯定："你的选择和我一样，真是品位之选！"

是谁？汤老师想，班上和张苇可以亲密到这种程度的人不多。

张苇又在说话："什么？你要我看什么？"

那个人不知道又说了几句什么。

张苇笑了："嗯，我也觉得那两片叶子很好看！"

到底是谁？

汤老师再也按捺不住好奇心，轻轻地推开办公室的门，向张苇说话的地方走过去。

张苇还在说话："你觉得高雨涵今天的穿着怎么样?"

汤老师走到柱子面前，把头探出去一点点儿。

他看到张苇背对着他，面朝着一堵墙。

那墙开学前才粉刷过，白生生的一片，连青苔都找不到一点儿。

张苇的面前，一个人也没有!


## 长大我想当娱记

汤老师立刻后退一步，悄无声息地退回办公室。张苇对话的声音还在他背后响起，好像在悠长的走廊上一直追着他，把他追进房间。

他又在办公室里静静地听，张苇聊了十分钟，才像往常一样若无其事地回了教室。

汤老师原以为给张苇的性格讲座会有用，却发现张苇呈现的不仅仅是性格问题，看来还得另想办法。

这种现象叫什么? 人格分裂? 臆想症? 汤老师琢磨着还得找点资料学习一下。

午休结束了，汤老师踱到教室门口，想看看张苇的动静。远远地看见林珮莉正在 (5) 班门口，和 (5) 班的大姐大站在一起。大姐大是全年级都出名的"飞女"，一般同学都和她玩不到一起，林珮莉和她却高声谈笑，显得很是熟稔。见汤老师看着，林珮莉把头一低，回了教室。

汤老师其实从来都没有禁止过班上的学生和谁谁谁交往，但是林珮莉的妈妈给她下了禁足令。

刚到班上那几天林珮莉是很老实的，遵守纪律，表现良好。为了帮助她尽快融入，汤老师让她坐到教室中间，精心挑选同桌，还叮嘱同学多关心她。

熟悉了以后，林珮莉开始不一样了。

可能是因为她家里经济条件不错，家长在台湾和大陆两边做生意。她爱请客，出手很大方。这种风格最初还是很受欢迎的。

她喜欢炫耀自己或者说展示自己，把自己大量的非主流照片都放到了学校的贴吧里让人围观。你知道，贴吧这种地方，从来都是有人献花有人拍砖的。对于向她拍砖的人，她会很有闲心地与对方争吵，言语越来越恶毒，可以从网上一直吵到现实里——甚至到对方教室门口去吵。

不知是网上活动频繁，还是经常到别人教室门口的原因，林珮莉好像天生有这样一种能力，没过多久，各个班最让老师头疼的女生都和她认识了。不仅有本年级的，还有高中的。

林珮莉很享受这种朋友很多、受人关注的感觉，以为能在新环境里成为中心。可让她不爽的是，妈妈的嗅觉还是一如既往地灵敏，不知道怎么得了消息，她告诉汤老师，林珮莉在前面的每一所学校都是因为结交不良少女而转学，要老师把她盯紧点。

汤老师觉得林珮莉愿意和谁玩本是她的自由，不该干涉也不好干涉。因为其中存在一个价值观问题，她要是和大家一样觉得"飞女"不好，自然不会和她们交往。可她如果认识相反，纵然干涉也无法阻止。所以归根结底不是看她做了什么，而是为什么这么做，要解决根本的问题。

林珮莉妈妈在口头上同意汤老师的看法，可是在心里却觉得这个意见无法实施。她与林珮莉不知谈过多少次，并没有"洗脑"成功。她只是单纯地认定，汤老师没有认识到教育林珮莉的艰巨性。她控制了林珮莉的资金来源，还禁止她和其他班的同学来往，并且警告说，如果在这所学校还表现不好，就把她转到军事化管理的封闭学校去。

妈妈的措施并不能从根本上禁锢住林珮莉。不给零花钱，没关系，有亲戚，还有积蓄。不准去其他班，也没关系，网上照样可以联系。再说，妈妈又不是千里眼、顺风耳，偶尔悄悄见个面，她还能知道？

林珮莉觉得妈妈像是更年期发作，一点儿不讲道理。

她知道很多人避着"大姐大"，可她不觉得"大姐大"有什么不好，反而觉得她们校内有影响，校外有兄弟姐妹，有一种叱咤风云的风光。

再说班里也没几个人跟她玩。刚来的时候，好像有不少人关心她甚至喜欢她，可没过多久，她在班上用金钱攻势建立起来的人际关系，很快就烟消云散了。过了半个学期，她在班上说要请客，居然连响应的声音都没有。

林珮莉没有意识到，如果别人从她的言谈举止中感到价值观差异太大，就不会和她做朋友。她也不知道，集体性格的存在会让更多的班级成员拥有相近的价值观。她只是恨恨地想，每到一个班经历都是这样，开始大家很喜欢她，后来很多人都讨厌她，这是为什么呢？

林珮莉是一个心里装不住一点儿事情的女生，朋友的小秘密，她一定会透露给别人。她个人并没有觉得这样有什么不好，因为她的职业理想就是长大了当个娱记。娱记嘛，当然要传播花边新闻了。

由于忙着传播小道消息，对于很多事情林珮莉不辨真伪就发布。有时当事人觉得她说的不是实情，会与她争执。流言蜚语多了，她自己也免不了成为被伤害的对象，于是她总是在忙着澄清，总是生活在是是非非之中。

越是这样，身边的人离她越远，她就越需要去寻找网上或是班级以外的"朋友"。有时候林珮莉也想，不要再去发帖了。可是，等上几天，她又忍受不了那份孤独。

她想不通为什么像她这样仗义疏财、美丽善良的女孩，身边的人都会不喜欢？当然，这样的问题不会有答案，因为她也不爱多想。

最后班上愿意和她常来往的只有两个人，一个是高雨涵，一个是郭一航。


## 爆炸性神帖

高雨涵喜欢明星八卦，林珮莉的理想是娱乐记者，两个人兴趣相投。高雨涵人缘不好，林珮莉没人喜欢，也算同病相怜。其实，高雨涵也提醒过自己，林珮莉不可深交，聊聊就好了。可是林珮莉不走寻常路的生活方式对循规蹈矩惯了的高雨涵又有着非同寻常的吸引力。

平时家长虽然对她百依百顺，但是从来不允许她乱跑。而林珮莉就从来不信这一套。林珮莉妈妈的公司离学校很近，她要求林珮莉一放学就去她公司吃午饭，林珮莉总是找理由不去，和高雨涵一起到处找馆子。

　　吃完了饭，她们就一起逛逛附近的小店，聊一聊最近的八卦。

　　后来有一次，高雨涵周末没有去补习班，偷偷和林珮莉去逛了一次街。她发现，这样过周末的方式可比补习班有意思多了！

　　她开始和林珮莉一起逛贴吧，在学习上越来越提不起劲，她与林珮莉的友谊和她们逛街买的东西一起与日俱增，有时她觉得，所谓的坏女孩也不是那么不可接近。

　　直到有一天，她们在女人街逛的时候遇到了汤老师和他妻子。

　　高雨涵站在爸爸面前，面无表情地看着地面。从来对她百依百顺的爸爸气得涨红了脸。妈妈也来夹攻，对她横挑鼻子竖挑眼。

　　原来汤老师给高雨涵爸爸通了个电话，说她这段时间成绩持续下滑可能与周末碰到的情况有关。爸爸跟补习学校联系，才知道她已经很久没去了。

　　高雨涵长这么大，破天荒地被爸爸臭骂了一顿，并且被告知，除了上学，哪儿也不能去。

　　高雨涵气得牙痒痒，平时很少受到批评，这方面的承受能力就差，一直宠着她的父亲竟然这种态度，更是超越了她忍耐的极限。尤其气愤的是，她觉得这是在干涉她的友谊。

　　她一边龇牙咧嘴歪脖子，表现自己的不满，一边在心里诅咒那个告状的人。

　　当然装一下还是很有必要的，她避重就轻地自我批评了几句，眼眶里噙着的泪水立刻让爸爸回心转意，反过来劝妈妈话不要说得太重。

　　高雨涵趁机回到房里，关上房门。爸爸以为她闭门思过去了，却不知道她已经咬牙切齿地打开了电脑。

第二天早上，高雨涵到达教室的时候注意到，好几个同学在望着她窃窃私语，有的还朝着她指指点点，待她转过去，又像没事一样各自交作业去了。

高雨涵知道他们为什么这样，但她不屑地一笑，这就是她想要的效果。

谭欣雅一来，把书包往座位上一甩，一阵风似的冲到她面前，问："贴吧里那些话，是你发的吗?"

求是中学的百度贴吧里出现了一篇指名道姓辱骂汤老师的帖子，把最近流行的网络骂人词汇用了个遍，班上同学都知道，发言的 ID 是高雨涵。

长期泡在网上的郭一航最先看到这篇神帖，张大了嘴，条件反射地通过 QQ 和短信昭告天下。虽然在作业群事件以后，班上很多家长都对电脑加强了管控，但郭一航还是隔三差五地找到机会上网，他一边分发消息，一边在心里默默地赞叹："高雨涵，你炸了!"

谭欣雅急匆匆地问高雨涵，是不是脑子进水了，知不知道汤老师也经常看学校的贴吧。

那又怎么样? 大不了告我的状。我不怕他，就算处分我也不怕。

高雨涵带着英雄就义的微笑，说出这样的豪言壮语。周围几个女生神情里看不出佩服，却有几分惊异。高雨涵觉得自己的境界超过她们太多，怀着燕雀安知鸿鹄之志的孤独，她昂首挺胸地交作业去了。

　　不过，这种视死如归的气魄没能持续多久，等到汤老师进教室的时候，高雨涵就开始紧张。她设想如果汤老师冲到她面前咆哮，她该如何应对。她记得汤老师在口才讲座上说过，辩论和吵架一样，都是为了让围观的人满意，她拿定主意一旦吵起来了，她一定要实现这样的效果。

　　可惜汤老师并没像想象中那样歇斯底里，而是一如既往地抱着双臂，门神一样地立在门口，看同学收作业。

　　高雨涵紧张地观察汤老师的表情，不知道汤老师在打什么主意。是打算把她叫到办公室呢，还是直接给爸爸打电话。

　　可是，汤老师的脸上实在看不出动静，该上课的时候上课，下了课就走人，上午过去了，他一个字也没提这件事情。

　　高雨涵坐立不安了一上午，却没等来预想中的待遇，实在是度日如年。整个下午她魂不守舍地坐在教室里，对着门口望眼欲穿，等着汤老师出现。

　　直到放学，汤老师也没现身，高雨涵又开始怀疑汤老师是不是去了家里找家长。

　　回家以后她对着爸爸察言观色，却发现一切正常全无异状。最后她得出一结论，帖子是昨晚发的，他一定是还没看到。

　　第三天，还是什么也没发生。

　　到第四天，班上每个人都拜读了她的言论，她觉得汤老师在班上眼线那么多，没有理由不知道。

　　但为什么汤老师还是没来找她？她不知道汤老师是城府深还是在等待时机。随着日子一天天地过去，高雨涵一天比一天局促不安。她讨厌这种长时间的猜测与等待，她宁愿罚站请家长，也不要这样受折磨。

可是看汤老师，却像什么事情也没发生过一样。

唯一的区别是，汤老师和她说话的时候更客气了，本来有些可能被批评的小事，老师也好像忘记了。

老师什么时候才会做出回应呢？

汤老师在班上确实有"眼线"。

在郭一航四处传播高雨涵神帖的那天晚上，汤老师就已经收到了线报。

汤老师对班级宣称不接受告密，但私底下他也没傻到拒绝线人。

在他看来，喜欢向老师反映情况的学生有两种，一种是出于正义感或是责任感，希望老师能纠正不合理现象；另一种是在家里或是在小学养成了打小报告的习惯，从揭发别人中找到快感。

对于前一种人，汤老师欣赏，还在班干部会上说过这个话题。他说，有些班干部因为怕同学说闲话，从来不反映班级的情况，其实下情上达，与老师保持沟通应该是班干部的职责。

对于后一种人，汤老师也有对付的办法。

汤老师宣布了这样一个原则，就是任何值得处理的班务，如果不是通过公开渠道获取的，就一律不处理。

你要来讲，我不反对——了解情况总比被蒙在鼓里好。但如何处理这些信息，却体现出老师的水平。

对于爱打小报告的人来说，告了状，老师没有反应，自然提不起兴致。没有了告密的土壤，播种的自然会绝迹。明明获知了一件违纪的事情却不处理，对于有些老师而言实在难以按捺，但汤老师却觉得这是理所当然的。在他看来，每天小屁孩们都会犯许多错误，多数都不会被大人发现或处理，偶尔添上一件不处理，也无伤大雅。他更看重的是小屁孩们要有健全的人格，不要变成告密者。所以尽管知道了这件事，他也装聋作哑。

这日中午，汤老师在办公室里煞有兴味地刷新一下高雨涵的神帖，看看下面更新的评论。

看帖的人不少，回帖的却不多。不认识汤老师的学生，对这帖子基本不感兴趣；认识汤老师的学生，感兴趣却都不回复。

汤老师刷了两下，自己觉得有些好笑。教了这么多年书，对自己早该有了认识，明明知道别人的毁誉没什么意义，却还恋恋不舍地去关心一个小女孩说了些自己什么。

到了午睡时间，他起身去教室巡视一圈，顺便关注一下张苇今天还会不会出来自言自语。

走出办公室，他就听到远远地传来一阵喧闹，是从（10）班传来的，汤老师趴在（10）班的小窗上，看见里面一片载歌载舞的场面，唱歌的、致辞的，还有追着涂抹奶油的。吴淼在教室一角，脸上糊着奶油，正拿着一个小托盘吃蛋糕。

看来是哪个学生过生日，汤老师想。气氛蛮欢乐的，要是能换个时间就更好了。

隔壁的（11）班似乎很安静，汤老师路过的时候，听到里边传出"嗡嗡"声，声音很小，被隔壁生日派对的欢呼声盖住了。汤老师凑近一看，发现付娟还在板书讲数学。

此时是午休时间，因为怕吵到其他班级，她没有打开平时讲课用的扬声器。教室门窗紧闭，只能从玻璃的"嗡嗡"震动中才能感受到她在不遗余力地讲课。

已经是下午一点五十分，汤老师看到讲台下的学生个个面有倦容，眼皮打架，就差没有就地卧倒。而讲课的老师正强撑病体，仍然顽强战斗。付娟这一周正在咳嗽，汤老师看她讲几句，咳两声，脸涨得通红，不禁心生怜惜。他知道付娟很在意班级的成绩排名，也很欣赏她的努力，可又想对她说，放过学生也是放过自己。

可惜皮小星并不体谅班主任的苦心，他在教室最后一排的座位上伸展身体，打了一个地动山摇的哈欠，提醒付娟他早就想睡觉了。

汤老师看见付娟咳嗽着走向皮小星，在和他说些什么，皮小星则双手抱在脑后，满不在乎地靠在椅背上。

隔着一层玻璃，汤老师听不清他们的对话，可看付娟的表情，他知道又起了争执。

汤老师暗暗着急，心想，不要这样处理啊——可惜没办法让付娟听到。

别看汤老师力压刘唯彬的时候威风凛凛，可其实在与学生发生矛盾的时候他常常保持回避姿态。年轻人肝火旺，如果针锋相对，容易激化矛盾，不如等对方情绪冷静之后，再来曲线救国。毕竟目的是解决问题，不是火上浇油。等冷静下来，可以旁敲侧击，可以釜底抽薪，消除对方愤怒的源头，自然就发不起火了。发火不过是一种姿态，让学生知道他对当前情况极不满意。这种姿态出现得越少，效果就越好，其实汤老师极少在学生面前发脾气。

发脾气还要分对象，他不会对袁凯文这样懂事讲理的学生发脾气，也不会对高雨涵这样先入为主一根筋的发脾气。至于皮小星，汤老师觉得他缺文化、少修养，情绪控制差，容易凭着本能做出反应，对他发脾气还不如"招安"。皮小星心智不成熟，但脑子不笨。

你要强迫他学习他会把你视若仇敌，可你要是对他讲感情，他不会不领情的。

所以呀，汤老师想，发脾气之前还是要掂量一下效果才行。

## 性格互补的朋友

袁凯文是听到同学议论后才知道高雨涵的"壮举"，他后知后觉地进贴吧看过之后，心想高雨涵真是没长进。他觉得高雨涵初一就缺脑子，到了初二还是一样。

高雨涵骂的是别人，却收获了袁凯文对自己的鄙视，这是她意想不到的副产品。

袁凯文认为，不仅高雨涵缺脑子，和高雨涵玩得好的几个人都缺脑子。林珮莉就不用说了，连谭欣雅也越来越缺脑子了。

一直以来，谭欣雅热情活泼，是篮球队的啦啦队长，袁凯文对她并不反感。可是，袁凯文发现，最近谭欣雅老缠着他。

政治课做活动，谭欣雅座位明明离他很远，非要跟他一组。物理课下课他去找老师问题，谭欣雅也一定要跟来。还有更夸张的——袁凯文报了一个周末的书法班，才去了两次，发现谭欣雅也来了，还总坐他身后，袁凯文觉得烦死了。

有一次，谭欣雅还对其他女生讲："袁凯文是我的，你们不要跟我抢……"

袁凯文最不喜欢这种风格的女生了。他觉得女生就该有个女生的样子，具体描述就是温柔贤淑，端庄得体，像谭欣雅这样的——真是讨厌。他总是借故躲着谭欣雅，或是谭欣雅来了就板着一张脸，自己做自己的事情。

谭欣雅碰了几次钉子，沮丧了一阵子，不再来找他，袁凯文暗自庆幸自己终于可以清静了。

谭欣雅在同学当中也是个多受争议的人物。支持她的同学觉得她是班长，成绩不错，还是个热心肠；但不喜欢她的也不少。

按照袁凯文的观察，陈佳也不太喜欢谭欣雅。

陈佳有个小学同学在（8）班，是个男孩，有时候来教室门口找陈佳，还给她带东西。谭欣雅她们就说，陈佳和那男孩一定有意思。谭欣雅还自告奋勇地说她和（8）班的人很熟，一定帮陈佳加把油。

陈佳叫谭欣雅不要乱想，说那是她书法老师的儿子。老师有时让他转交工具、作品或是传递口信。谭欣雅不信，放学就站在（8）班窗户下面喊那个男孩的名字："李楠——陈佳喜欢你——"

陈佳恼怒地警告谭欣雅不要再瞎起哄，这是袁凯文唯一一次看见陈佳发火。

有一次语文课上，讨论到各个家庭对乐于助人的看法，汤老师问陈佳，她的家长是什么态度。

陈佳老老实实地说，小学有一次她考差了——就是她考第十名那次，妈妈要她告诉老师，不再承担辅导差生一帮一的任务。妈妈的说法是，自己的稀饭都没吹凉就去吹别人的，真心没脑子。

汤老师问大家怎么看这个说法。

谭欣雅发言："我觉得这个说法太自私了，帮助别人其实也是快乐自己。比如说那段时间报纸上热议要不要扶起摔倒的老人，我妈妈就教育我，就算可能被讹，照样得扶。"

陈佳没有回应，但一旁的袁凯文看她拿支铅笔在纸上胡乱地画着不规则的线条，知道她不太高兴。

谭欣雅也太不给人面子了嘛，就算是说话在理，也不用这样直白吧。偏偏她还自以为是陈佳的好朋友，却不知道陈佳烦死她了。袁凯文暗自在心里嘀咕。

汤老师却要大家想一想，陈佳妈妈的话是不是完全没有道理。他举例说："就好比汤老师和比尔·盖茨都想去帮助同一个人，请问是汤老师的力度大，还是盖茨的力度大？"

大家都说当然是盖茨。

汤老师双掌一拍："对呀，盖茨的实力与老师是天壤之别，所以帮助别人的力量也不可同日而语。陈佳妈妈的话是主张要想帮助别人，先要做好自己的事情。从这个角度理解，有没有道理呢？"

袁凯文看了一眼陈佳，她已经停下了笔，在认真地听。

他和陈佳都不知道的是，下课后汤老师又找谭欣雅提意见，说要当班级的头儿，在思想意识上就要像大姐姐，要学会站在别人的角度思考问题。


汤老师感觉出陈佳对谭欣雅的不满意。

在谭欣雅和陈佳的交往中，谭欣雅有时候固然忽略细节，但陈佳的耿耿于怀难道是健康的心理吗？

谭欣雅好像常常不能为别人着想，那只是她的粗枝大叶造成的。她生活在一个幸福的环境中，很多事情不必去担心，有人早就给她安排好了，因此她并不太关心细节。不论是和陈佳分享资源还是帮倒忙，都可以看出她在主观上是想对陈佳好，常常为陈佳着想的。

陈佳则是常常在细节上考虑别人的感受，但老实说，她其实时时在为自己着想。说陈佳更自私也许话重了一些，但这种差别确实反映了她们家庭背景的差距。有经济水平的差距，也有认识水平的差距。这种差距极有可能给陈佳带来压力，触发她的自卑心理。

汤老师想起开学时的一个场景：高雨涵在高调地讲述假期去希腊旅游的见闻。谭欣雅去过欧洲多个国家，唯独没去希腊，像她这样见多识广的，特别乐于刨根问底，追问不休；倒是像陈佳这样封闭狭隘的，越发不愿意展现自己的好奇。

要实现陈佳与谭欣雅的无障碍交往，需要克服陈佳的自卑心理。

自卑可能是每个人都会存在的心理，也是很多心理学家研究的重要领域，比如心理学家阿德勒就认为克服自卑是人类向上的动力。

汤老师觉得要解决问题，有必要再见一见陈佳的家长。他隐约感到，陈佳的家庭似乎带给她一种危机感，让她不仅没有迎接挑战的勇气，而且她令人羡慕的学习成绩，也成为她不自信的理由。

此外更有必要推动陈佳与谭欣雅的友谊——陈佳总是小心翼翼，谭欣雅一向没心没肺；陈佳心事重重，谭欣雅无忧无虑；陈佳不想当干部，谭欣雅却巴不得当干部；陈佳眼光封闭，谭欣雅眼界开阔；陈佳稳重，欣雅浮躁，这是多么互补的一对朋友啊。


## "我们需不需要纪律"

谭欣雅并不知道汤老师在策划让陈佳与她多接触，这时候她正忙着追打贫嘴的郭一航，从教室一直追到走廊上。

　　两个人从正在看书的袁凯文边呼啸而过，将他桌上的书也带下来两本。袁凯文不禁皱了皱眉头，除了一贯地认为谭欣雅没有淑女气质，还加上一条，身为一班之长，应该注意一下形象。

　　凯文从地上捡起他的《动物庄园》和《月亮与六便士》，一边掸掸书上的灰尘，一边想，最近班上确实有些浮躁。

　　他记得老师说过，看一个班的学习氛围，只需要观察一些细节，比如是疯打的人多还是阅读的人多。

　　最近班上追逐打闹的人就特别多，这是一个不大好的信号。凯文好像与生俱来就有忧国忧民的气质，有时候他也自嘲地想自己又不是班干部，何必总是这样杞人忧天，但转念又想匹夫有责，希望自己的集体更好也是人之常情。

　　关于课间的狂欢氛围，凯文的解释是，上了初二，很多同学不像初一的时候初来乍到，很想在初中有所表现，又不像毕业班有升学的压力，因此变得松懈了。

　　另外还有一些其他因素，比如最近刘唯彬的情绪不好，就常常带动郭一航一起违纪，班级整体纪律水平就受到影响。再比如，自从林珮莉转学进来，高雨涵就不走寻常路了，谭欣雅也就跟着抽风了。班里的很多事情，都可以联系起来看。

　　袁凯文认为汤老师该管管了。

　　凯文觉得汤老师是一个要求严格的老师，虽然他很少发脾气，但是他对学生的很多方面都有要求，而且是高标准的要求。汤老师惟独不爱谈成绩，他觉得成绩不过是教育的必然结果，而且，只是众多结果中的一个方面。学校教出了什么素质的学生，就自然呈现什么样的结果。如果班上的学生是小学认识水平，也不会有出色的中学成绩。

汤老师在班上放了一部纪录片，叫《高三》。影片很真实，片中的福建武平一中离求是中学很远，但大家还是看得很投入。片子里高三（7）班的生活离这帮初二的小屁孩还遥远，却引起了大家的关注和兴趣。

离初三还有一年，别看平时班上很多人都觉得还早，但每到测验完了拿到分数，也还是有人为那个不可预知的未来惴惴不安。包括那几个玩得昏天黑地的学生，有时何尝没有隐隐的担心？

看电影的过程显得特别安静，连最闹腾的郭一航也看得一脸严肃。那个遥远的班级在高三这一年的点点滴滴，似乎就是观众们的明天。谁在用功，谁在怀疑，谁在颓废，谁在争取，每个人物最后怎么样，初二（2）班的男男女女情不自禁地把自己与片中的人物对号入座，想象着自己在毕业季的结局。

下一个周一，班级组织全班同学重新学习《班级一日常规》，总结不够到位的环节。可能是因为有电影的铺垫，这个一向让大家怨声载道的事情也没招来太多抱怨，汤老师趁热打铁，给每人发了一叠材料，都是讲如何提高听课质量和初二应该如何保持状态的内容。

常规带动班风，班风带动学风，这是条由来已久的经验。

汤老师还想组织一次讨论，统一认识，趁大家上体育课的时间，在黑板上书写班会讨论的话题——"我们需不需要纪律"。

袁凯文回教室拿跳绳，看见这题目，笑道："我感觉刘唯彬要倒霉了。"

汤老师悠闲地说："我不仅要他发言，而且我还会很生气。"

凯文有点惊讶，说："您不是说生气不好吗？"

　　汤老师指了指心脏的位置，说："脸上生气。这里，不生气。生气是我的武器，一个老师有时需要很多张脸。"

　　凯文笑笑，走了。


　　讨论开始了。

　　面对这样一个几乎没什么讨论价值的话题，刘唯彬却说："我有不同意见。"

　　袁凯文看他故作一脸的天真烂漫，就知道，他又在犯二了。凯文煞有兴趣地等着看刘唯彬怎么钻到老师的圈套里。

　　刘唯彬说："我们偶尔喜欢这个班，也是因为它有民主和自由的氛围。您自己不也说过吗？教室里不一定要坐得规规矩矩，霍格沃茨学院的开学典礼不也乱作一团吗？"

　　汤老师问："如果这个问题把你说服了，你是不是答应改掉不守纪律的毛病？"

　　刘唯彬似笑非笑地点头："没准我还可以附送检查一份，为我过去的懵懂忏悔。"

　　汤老师双手一拍："说话算话——其他人有什么意见？"

　　谭欣雅举手说："我认为，纪律是集体走向成功的保障。一向主张个性发展的美国，对学生纪律的规章制度却严格细致，这不正说明了纪律对于团队的重要性？"

　　郭一航习惯性地抬杠："那不一定，上个月我们看的《辛德勒名单》里，集中营才最讲纪律。"

　　……

　　半个小时过去了，双方还唇枪舌剑，辩得兴致盎然，李皓冬却坐不住了。

　　他不习惯坐在激烈对抗的环境中，这氛围让他紧张和不安。

　　他一直在竭力地分辨，周围这些人是怎么了，他们面红耳赤地究竟是在干什么？如果是在讨论，为什么总是那么针锋相对，语气那样地激烈？如果是在争吵，为什么这么久了都还不停歇？

　　他读不懂周围同学的眼神，只感到一种按捺不住的不安。他看看汤老师，脸上也没有平时的微笑，很严肃的样子。汤老师生气了吗？你们这些人，为什么要招汤老师生气，遵守纪律难道不是显而易见的吗？他很想站起来告诉大家，你们不要惹汤老师生气！但是，他又没有这个勇气。


## 吸引眼球的检查

　　李皓冬吞了口唾沫，环视四周。

　　坐在边上的同学怕冷，将教室的门窗闭得紧紧的，更显得教室里热火朝天。男男女女的脸蛋都绯红发烫，不知是因为缺氧，还是由于血液循环加快的缘故。

　　李皓冬不喜欢不流通的空气，这让他憋闷，他想释放。发言者过快的语速让他浑身燥热，坐立不安。

　　刘唯彬还在得意扬扬："让我们看看那些最有创造力，最受员工欢迎的公司，恰好是放宽了纪律方面的条条款款，得到了员工的拥戴。"

　　李皓冬仰头看头顶的灯，感觉这些长长的灯管正在刘唯彬嚣张的声音里拉长、变形，扭曲成奇异的弧线。他开始想发脾气，在心里对刘唯彬说："你闭嘴，不要惹汤老师生气！你为什么要不守规矩？"

汤老师还在反驳刘唯彬，语气很严厉："放宽要求是不是意味着没有要求？再自由的公司没有基本的纪律约束，还能够维持运行吗？"声音铿锵有力，震得教室玻璃"嗡嗡"响。

刘唯彬可不怕汤老师的严厉语气，见汤老师反驳，他又换了个路子："汤老师给我们讲过，他是读郑渊洁的作品长大的一代。郑渊洁的童话就对学校的僵化教育提出过批判，不知道汤老师是不是长大了就忘了？"

袁凯文却给他泼冷水："那你的意思是没有管理就是最好的管理，没有学校就是最好的学校？你可以举出很多特例证明不守纪律可以成才，可是你无法否定再大的成功者也需要遵守纪律。"

"不要说了，不要说了！"李皓冬心里在喊，只有合于常规的生活才能让他感到安全。如果可以，他希望把不安分的刘唯彬——也包括其他人——像地鼠一样摁回各自的坑里。愤怒驱使着他把手举起一点儿又缩回来，再举起一点儿，再缩回来。

刘唯彬还在慷慨激昂："我只知道很多成功者是通过改变固有的规则取得了成功，没准儿哪天我成功了，学校就不是现在这种模式了……"

同时有几个人举手要求发言，这几个人中间，还有一只手颤巍巍地举起来……

汤老师定睛一看，吃了一惊："李皓冬？你愿意来讲讲？"

全班一下子安静了下来，以李皓冬为圆心，大家都盯着他看。

李皓冬举手了！

李皓冬居然举手，在大家看来，这和哥伦布发现新大陆差不多。

实际上哥伦布发现新大陆只用了 224 天，而李皓冬进入初中的第一次举手用了一年半。

李皓冬慢慢地站起来，浑身发抖地盯着刘唯彬。

隔了好一阵子，没听到他说一个字。

刘唯彬被盯得莫名其妙，向身后的人耸耸肩。

"嘘——"谭欣雅阻止了刘唯彬吐槽，她看到李皓冬嘴唇翕动了一下，预告说："安静！他要说话了！"

"你……"李皓冬挤出了第一个字，声音颤抖却又清晰。

等了几秒钟，才出来第二个字，因为音量不大，距离远一点儿的人都只好伸长脖子全神贯注，免得漏听了一个字。

刘唯彬有些好笑，他觉得这群人像一群信徒在等待先知布道，可惜先知又不善言辞。

先知总共也只说了一句话："你……不……不该惹老师……老师……生气……，你该……守……守纪律！"

等了半天等了这么一句，大家都呆了。

汤老师抚着李皓冬的头，又轻轻拍着他的背，让他激动的情绪平复下来："没事，没事，我们只是在讨论，别生气了……"

讨论就这样中断了。

汤老师在黑板上写了四个字"风林火山"，就离开了。

其疾如风，其徐如林，侵掠如火，不动如山。


"风林火山"是《孙子兵法》中的一句话，表达了孙武的治军思想，日本战国时期的名将武田信玄将这句话写在自己的军旗上，成为其军队的标志。

汤老师希望自己的班级，也能有这样的行动力。

这句话很得谭欣雅的喜欢，她在日本漫画里看到过这句。放学路上，她慢慢地回味这句话，忽然背后一阵冷汗，意识到自己走慢了，马上小跑了几步。顿时自己又觉得好笑，改为快步走。

回家百度了这句话，谭欣雅想，明天可以让陈佳把这几个字写成书法，挂在教室里当班训。

虽然讨论被中断，但汤老师却有意料之外的收获。和刘唯彬争论最激烈的时候，坐在第二排的张苇往讲台上传了一张纸条，上面写着："发火对身体不好，尤其对有些学生，发火没价值。"

汤老师向张苇点点头，把条子揣进兜里，心里有点小感动。

当然还有一个收获就是李皓冬的发言。从面对面的交流到训练李皓冬上台，汤老师一直等待这个时刻。他相信每个人都会有希望表达的时刻，只要周围的环境让李皓冬感到安全，只要李皓冬消除了不必要的顾虑，再加上一点时机，李皓冬就能捅破那层窗户纸。

雨人达斯汀·霍夫曼都能亲吻苏珊娜润湿的嘴唇，李皓冬为什么就不能发言呢？


刘唯彬说汤老师和同学们没有能说服他，但他被李皓冬打败了。为了赎回在老师手里的手机，他交了一份检查。汤老师拜读了这份检查之后，翻了个白眼，让他读给全班听。

只要有可以出风头耍宝的机会，刘唯彬是不会拒绝的。他把这篇"奇文"大声宣读：

"检查——（声音故意拖得很长）

我以火的姿态挂在天上，不——我不是火，但我照亮了黑暗。我不是火，但我诠释了光明。当有人，哪怕一个人，用敬仰的眼光仰视我时，我明白，我又做了和他们不一样的事情。

　　什么不一样的事情呢？好吧，我承认，汤老师如此地神出鬼没，而我又如此专心致志地——玩手机。

　　为什么其他同学不这样，而我却偏偏要这样？因为有一个问题一直拷问着我的灵魂：是要做一辈子的懦夫，还是几秒钟的英雄？

　　此刻在台下偷笑的各位，你们不想在课上玩手机？我为什么会这样做，来源于"大帝吧"的先辈教会我的一句话：'革命的声音来自人民心底的呼唤和信仰。'

　　我想到盖伊·福克斯11月5日的火药阴谋。许多年前，他也像这样被围观和审判。这个被要求做检查的人是否惧怕那些制定规则此刻又拿规则来审判他的人呢？V怪客给出了答案：政府应当惧怕他们的人民，而人民不该惧怕他们的政府。

　　好吧，我承认，我再不切入主题，汤老师不会让我下台了——哥错了。哥凌辱了课堂……神圣的课堂怎么能任由哥踩蹋呢？悔恨的哥想高歌一曲：如果大海能够带走我的哀愁……让歌声带走一切，除了我的手机……

　　无助的哥只能大喊一声——哥再也不敢了！打死你我都不敢了！"

　　全体听众笑得前仰后合，刘唯彬在笑声中乐不可支，得意扬扬地下了台。

　　纵然袁凯文是个文学爱好者，他也不得不对这篇检查佩服得五体投地。下课他看见汤老师，说："老师，这检查你还让刘唯彬念出来啊？要是我小学的胡老师遇上……"

　　汤老师打断他的话头："我们不看形式，看实质。"随即又补了一句："其实形式也挺有意思。"

走出教室，汤老师看见刘唯彬正站在走廊上看雨。

如果是过去，刚发表了这样吸引眼球的检查，刘唯彬一定会在朋友中间自吹自擂地张狂，可是现在，对着淅淅沥沥的雨点一动不动，眼神中竟似有些悲哀。

汤老师感觉刘唯彬最近有些不寻常，走到他身边，静默了一会儿。刘唯彬瞟了汤老师一眼，又继续看他的雨。

静静地站了几分钟，汤老师开口道："检查很有才。"

刘唯彬眼中一亮，立刻摆出耍帅的造型："开玩笑——也不看看是谁写的——"

汤老师说："你妈妈很久没给我来电话了。你最近情绪不好，和家里有关系没有?"

刘唯彬把头扬得高高的："没问题，指挥官。"

汤老师盯着他的眼睛："遇到什么事情，如果找不到人说，可以说给我听。我也许帮不上什么忙，但我有一双倾听的耳朵。"

刘唯彬转头避开汤老师的注视，满不在乎地说："不会有什么事情的。就算有，我自己可以搞定。"

汤老师没再说话，拍了拍刘唯彬的肩膀，走了。


## 兴师问罪

整顿纪律以后，班上的男生女生乖了不少，为了表示对同学的鼓励，汤老师每周都搞活动。

对于张苇来说，这个班最吸引她的就是丰富多彩的活动，她和毛伶一起在猜谜活动里大获全胜，得了一堆奖品。而且谭欣雅又邀请她，在"假如旅游"班会中加入谭欣雅的组。谭欣雅在班上是活跃人士，她那组人数可多了……

　　汤老师给大家新放的电影叫《玛丽和马克思》，里面的马克思是个亚斯伯格症患者。让张苇感兴趣的是，马克思也有一个看不见的朋友。一直以来，她都以为毛伶的存在都是一件见不得人的事情；看了电影她才知道，原来世界上还有和她一样自己制造朋友的人，这让张苇很兴奋。

　　看完电影就放学了，回家路上汤老师和张苇一起走。

　　"电影好不好看？"汤老师问。

　　"嗯，好看。"

　　"喜欢玛丽和马克思的友谊吗？"

　　"喜欢。"

　　"马克思在现实中的好朋友是玛丽，如果让你选，谁是你的玛丽？"

　　"那一定是谭欣雅。"

　　"马克思还有一个看不见的朋友。你的看不见的朋友呢，可不可以介绍我认识一下？"

　　张苇笑了："她叫毛伶。我想，她还没准备好见你，我会告诉她的。"

　　和汤老师在车站分了手，张苇继续往前走。忽然想起答应了毛伶，不要泄露她的存在，不由有点忐忑。

　　转念一想，汤老师已经知道了，这也不算自己泄了密。

　　于是，就放下顾虑，放心地回家了。

　　四十分钟以后，汤老师坐的轻轨也到站了。正是下班的高峰时段，轻轨车厢里的人挤得像罐装的沙丁鱼。汤老师发挥球场上过人的本事，在人群中闪展腾挪，终于没被人流挤回车厢，成功地下了车。

没办法，再挤也得坐，轻轨毕竟不堵车。如果换乘不算拥挤的交通工具，路上得堵上一个小时。

汤老师大汗淋漓地回到家，正端起碗，电话进来了。

每天晚上，汤老师的电话都是热线。问情况的，谈心事的，倒苦水的，搬救兵的……当然，也有兴师问罪的。

今天打来兴师问罪的，是谭欣雅的妈妈，她的语气很激烈："老师，我听欣雅说，（11）班的几个男生今天见到她，用言语攻击她，还用手打她的头，欣雅跟那几个人都不熟。"

汤老师也教（11）班的语文，自然熟悉班上的小孩。他问："是（11）班的哪几个男生呢？"谭欣雅的妈妈说了几个名字，都是经常背书不过关要来办公室做客的。

汤老师听了，心里已经有数。谭欣雅虽然有很多优点，但就是比较沉不住气，有时还有点小气。

为了稳妥起见，他还是对谭欣雅妈妈说："我知道这个情况了。明天我到学校找那几个男生了解情况，再做处理，好吗？"

谭欣雅的妈妈可不愿等到明天："老师，我告诉你，虽然我们从来都教育欣雅要友善待人，要能吃亏，但是我们欣雅也不是可以随便欺负的！我们欣雅回来一直哭到现在！你能不能处理？处理不来我明天去找校长！"

没人喜欢听这样说话，汤老师也不例外，但他还是耐着性子解释："我想，家长之所以激动，是因为觉得欣雅遭受了校园霸凌。可据我的观察，这件事情的性质似乎不是这样。

（11）班那几个男生，成绩都不好，也很调皮，但是他们没有社会习气，也就是说，没有霸凌的倾向。他们的调皮，是心智不成熟，爱取笑和捉弄别人，还是没有到欺凌同学的地步。

实际上，谭欣雅并不是跟他们没有往来。那几个小孩常来办公室背书，谭欣雅也常来办公室找老师，他们一直都认识。

您知道欣雅的性格，跟任何人都自来熟。我就经常遇到谭欣雅和他们相互斗嘴。他们固然有嘲笑谭欣雅的体型，有拍她的脑袋，但是欣雅也经常取笑他们罚站，有拍捶过他们的背，踢过他们的腿。

所以我想，被打头的说法，是不是因为拍得太重了一些？言语的攻击，是不是斗嘴的过程？如果是校园霸凌，固然要严肃处理，如果是孩子们之间的打闹，是不是不应该小题大做？"

谭欣雅的妈妈有点窘，说："原来是这样……欣雅没跟我说这些。不好意思，汤老师。"

汤老师说："没关系，您也是爱女心切嘛。我们班级下个月的家长讲座，想请您这个专家来给孩子们讲讲金融常识，可以吗？"

谭欣雅妈妈干脆地说："没问题，小事一桩！"

电话聊了大半个小时，收线的时候汤老师的汗水已经干了，饭菜也已经凉了，只好再热一遍。

好在搞定了谭欣雅妈妈来做讲座，他知道一定会很精彩。就认真这一点而言，谭欣雅是有其母必有其女。虽然是给小孩作讲座，但谭欣雅妈妈也会精心准备的。


第二天下午，付娟坐立不安地坐在办公室外间，不时看看表，又向里间望一望。

她在等自己的科任老师下课——因为里间杀气腾腾地坐着皮小星的妈妈和小姨，她感觉自己这次没办法对付这两个人。

事情要从昨天傍晚说起，付娟抓到皮小星在最后一节课上看课外书。

本来皮小星就厌恶班主任，对班级也没有感情，再加上确实不爱学习，最近可能又赶上叛逆期，越发地烦躁易怒，据说常在家里和他妈妈大吵大闹，说不要来上学。他妈好不容易把他哄到教室里，他就蒙头大睡，睡醒了就在教室后面滋扰同学。

汤老师告诉过付娟，不如让皮小星自己上课看看课外书，但是付娟不愿意，她担心破了这个例，会坏了规矩。

汤老师也没再劝她，只是暗暗地觉得付娟有点倔。不是所有人都能从善如流，很多人意识不到，别人提的一条建议，可能是多年经验的积累，也可能是全面权衡利弊的结果。

昨晚当付娟看到皮小星上课看课外书的时候，没能忍住，不仅收了书，还训斥了皮小星一顿。

等她放学再进教室检查清洁，黑板上赫然几个大字：付娟傻 x。

付娟气得浑身发抖，径直给皮小星的妈妈打了电话。

大概就在汤老师接谭欣雅妈妈电话的时候，付娟也正在和皮小星妈妈通话。

汤老师见过皮小星的妈妈，是一个看着很精明的乡镇女性形象。别看皮小星长得五大三粗，他妈妈却瘦得皮包骨头，和人说话的时候眼珠转得很快，好像时刻都在算计似的。

以往在付娟面前她总是服服帖帖，也许是因为孩子成绩不好，自觉低人一等，又好像是知道不能得罪老师，才唯唯诺诺的。

　　而这次大概是付娟挟着怒气的电话让她再也按捺不住宿怨，也可能是不堪承受皮小星的叛逆，她毫不客气地给付娟顶了回来，一口咬定她儿子本是乖孩子，是付娟给她儿子穿小鞋，她儿子才一落千丈的。

　　这女人在电话里越说越急，把自己对付娟的指责全当做了事实，第二天还带上皮小星的小姨打上门来，要找付娟讨个说法。

　　付娟原来对差生家长说话都很严厉，似乎家长也没怎么反抗，这下却遇到一个不讲尊师重道的，顿时慌了手脚。

　　这场交手，根本没形成对抗，皮小星妈妈说话如同连珠炮，根本不容付娟插嘴，小姨又在一旁帮腔，让可能的争吵变成了一场单方面的批斗。

　　付娟几番没插上话，脸色红一阵白一阵，特别是听到皮小星妈妈的总结陈词："付老师，你不要觉得我们乡下人进城好欺负。我告诉你，我家在我们当地也是有头有脸的人物。知道皮小星怎么进你们学校的吗？我哥哥就是我们那儿的教育局局长，和你们领导关系好着呢！你要和我们斗，也不想想后果！当然老师你也别紧张，我们就是和你讲道理，今天只来了两个女流之辈——你知道的，皮小星他爸脾气暴躁，我们都没敢把这事给他讲，怕他控制不了脾气，找人把你打了——不过你放心，我会劝说他的……"

　　面对这样的对手，付娟自然兵败如山倒。尤其是最后这话，差点儿没让付娟的眼泪掉下来。她觉得皮小星妈妈真是颠倒黑白，明明是她儿子辱骂老师，却说成老师的不是。

　　万一皮小星爸爸真的来动手怎么办呢，她不无担心地想。皮小星初一和同学打过架，平日里就粗鲁野蛮，真是有其父必有其子。

　　镇定下来，她才想到自己万万不是这两个女人的对手，只好说要等科任老师来反映皮小星的表现，然后逃似的躲到办公室外间来。

　　她想如果汤老师在，或者教班上英语的卫老师在，大概能对付这两个女人。可是卫老师外出开会，汤老师又在上课。付娟不愿再去面对那两副面孔，只好在办公室门口望眼欲穿。

　　天色惨黄，正是乌云蔽日，风雨欲来。

　　付娟等得久了，开始情不自禁地回想皮妈妈说的那些话。

　　这女人真是逻辑混乱，一会儿说孩子小学很乖，老师都很喜欢他，一会儿又说孩子脾气一直不好，老师都不敢惹；一会儿说孩子小学成绩很好，是上了初中成绩才不好的，一会儿又说孩子小学语文没怎么学，主要是因为被语文老师歧视。说来说去都是别人的不是，自己或者皮小星没有任何问题。

　　想久了，付娟有些困倦，轻轻地揉着自己胀痛的太阳穴。最近因为精神压力大，她有些形容憔悴。每天早上6点半出门，晚上7点钟到家，每天都在满负荷运转：新老师培训、参赛、公开课……学校分派的各种事务，从监考到招生，一样不落地都会轮到她。她的男朋友很担心她的健康，也不乐意她当班主任，告诉她单位里做事别太认真，累得像狗一样也不会有多少回报的。付娟虽然不怕辛苦，但难以战胜自己的挫败感。有时她也会想，是不是该把这班主任给辞了呢？

　　正胡思乱想着，汤老师过来了。汤老师皱着眉头听完付娟的诉说。

　　事情很简单，但如何处理他却很为难。以他的本意，他觉得皮小星虽然毛病不少，但其实也没那么坏。如果没有付娟在中间，他和皮小星的关系一定会比现在好，而且他也相信皮小星如果一开始在他的手下，到现在也会有不同。

如果可以的话，他想劝两边和解——他觉得上课看课外书也不算什么大错，更何况是皮小星这种平时不看书的人，要在他手下他高兴还来不及呢——而且这事闹下去对付娟也不是好事。

但是皮小星母子俩对付娟的冒犯也无法回避，毕竟付娟是他的同事，也是他的徒弟。他觉得自己只有无条件地维护付娟，才不会有人说他胳膊肘往外拐。明明觉得付娟有错误却又要全力维护她，这实在不是个愉快的选择。

最终汤老师口气严厉地批评了皮小星的妈妈，指出皮小星的违规犯纪和家长的无理取闹，尤其是强调慈母多败儿，要皮小星妈妈别只顾包庇孩子。他责成皮小星和家长向付娟道歉，并让家长选择，要么皮小星接受处分，要么回家反省，并交一份认识深刻的检查。

皮小星的妈妈最终道了歉，撤退了。

一切都是那么顺理成章。一切又那么不合情理。

皮小星母子不尊重老师固然不对，可老师也该想想自己是否值得尊重。不要对家长颐指气使是给付娟讲过的，可是付娟一直改不了在家长面前的批评腔，这次也算是个教训；一定要在别人尊重你的前提下展开平等交流，这个似乎没向付娟强调，可汤老师也懒得再去找她。

他觉得很累。

和家长打交道，付娟显然是能力不足的。就拿对付家长的无礼来说，如果是（11）班的英语卫老师在，也一定不会被欺负。

如果家长说哥哥是教育局的，卫老师一定会说："既然家里有教育界人士，那应该特别讲道理、懂规矩呀，怎么还跑到学校一点儿礼貌都不懂？"如果家长说要喊人来打老师，卫老师才不会退缩，她可能会说："家长真是好霸气，你知不知道有个词叫法制社会？社会是有办法约束你这种人的——你刚才说的话有本事就写下来签个字，我看你有没有本事兑现。"肯定让外强中干的皮小星妈妈落荒而逃。

和人打交道缺经验也就罢了，作为一个老师，不懂怎么教育学生就太糟糕了。皮小星的问题，固然有家庭教育的必然，可他的有些错误，也是由付娟的不当管理激发的。

求是中学是一所本地小有名气的学校，经过层层选拔进来的大学生，一定是很优秀的。付娟教学能力极强，在专业上她几乎无可挑剔，可在教育知识上，却是一片空白。

教育是人学，是如何与人相处的学问，是如何塑造人的学问。未来从事教育职业的大学毕业生，除了专业知识，是否已经有培养成为一个"人"的教育知识的储备呢？

汤老师想到心理学和教育学，这应该是教师掌握的核心学科。汤老师又想到哲学，这是一个人培养智慧、寻求真理及规律的必修课。教师最需要学习的不是我们该怎么做，而是我们为什么要这么做。汤老师还想到人格，想到个性，想到人际关系，想到实践能力……这些东西在那个叫"成绩"的东西面前，是不是都应该让路？

叹一口气，汤老师从台阶上站起身来。

只是一想到皮小星，他就感到脊背悚然，觉得在皮小星沉沦的过程中，自己也是有过错的。

## 班长辞职风波

郁闷过后，汤老师振奋精神回到教室，开始自己孩子王的角色扮演，第一件要务就是调解谭欣雅和郭一航的争执。

原来午自习的时候郭一航偷偷换了座位，坐到林珮莉旁边，被值日干部谭欣雅发现，勒令坐回原位。

郭一航悻悻地照办，但不一会儿，他又隔着整间教室向林珮莉扔纸条。

谭欣雅觉得她该管管。虽然她和郭一航的关系一直还可以，但是郭一航这样折腾，她也不能太过纵容。

她又和郭一航交涉了两次，可郭一航显然对形势有误判，以为凭着两人的关系，她也不会怎么样，就依然连说带笑地在下面闹腾。于是谭欣雅就把郭一航的名字写在黑板上，作为提醒。

郭一航不高兴了，这学期他当了生活委员，大小也是个班干部了，再说林珮莉还在看着呢，他觉得丢了面子。

午休一结束他就去找谭欣雅理论，问她为什么一点儿面子都不给。

谭欣雅才没兴趣理会他的无理取闹，自顾自地买零食去了。

可她发现郭一航也跟到了小卖部，在她身边一直碎碎念。

整个下午的每个课间，除了上厕所，郭一航几乎寸步不离地跟着谭欣雅，说是要把她念到神经错乱。

郭一航虽然做事没啥毅力，但与人较起劲来，却有一股死缠烂打的精神。他不像刘唯彬那样生气了发火，发完火就算了，而是采用"敌进我退，敌退我追，敌驻我扰，敌疲我打"的游击战略，用电影《大话西游》里的台词来说就是像一堆苍蝇围着你"嘤嘤嘤""嗡嗡嗡"。

刘唯彬曾经笑话他这手段太不男人，他白了刘唯彬一眼："你懂什么？要给对手不间断的打击，这和打架最厉害的婆娘拳一个道理。"

刘唯彬从来不觉得郭一航所说的婆娘拳厉害，后来才知道他说的婆娘拳指的是咏春拳，不禁为郭一航编造歪理的本事深为折服。

果然谭欣雅在郭一航的持续轰炸下无法淡定，从开始反唇相讥到后来装聋作哑，谭欣雅都无法摆脱郭一航的袭扰。

终于，到下午的第三个课间，一直被郭一航纠缠不休的谭欣雅，炸了。


汤老师进教室的时候，上课铃已经打完，谭欣雅和郭一航还在顶牛，有同学看老师来了，劝他俩休战。可两人犹如上了擂台的拳师，谁也不愿让步。

汤老师问："怎么回事？"

谭欣雅激动地讲了事情的经过，她其实根本没把郭一航的名字记在本子上，只想提醒提醒他，没想到他会当众与她杠上。

汤老师了解了情况，转头问郭一航："你有什么意见？"

郭一航一看形势对自己不利，决定找个堂而皇之的理由。他阴阳怪气地说："我觉得凡事要讲公平啦——凭什么只记我的名字？谭欣雅自己有时候上课也在讲废话，为什么不记自己？还有，和她关系好的她不记，专门来记我这样的？"

说着，他转向汤老师："不信你问全班同学。"

谭欣雅感到全班的目光都集中到了她身上，似乎还有人在对她指指点点，甚至有人在对郭一航的话表示认可。

她本来就容易冲动，这下更是脸涨得通红。实事求是地讲，她是个公正的人，自我要求也很严格，但郭一航吐槽的这两点，她也不是一次都没犯过。

她猛地一下站起来，向全班鞠了一个躬："对不起大家，我没能做到以身作则。为了表示我的歉意，我辞去班长的职务。"

郭一航撇撇嘴，好像在说，还想跟我较劲？

汤老师却说："别着急，欣雅。管好自己，以身作则，当然是对的，问题在于，你对待别人评价的方式不对。"

谭欣雅和郭一航都望着汤老师。

汤老师继续道："别人给你提意见，正确的你应该接受和改进。可刚才某同学的意见，无非是想证明，值日干部没资格管我的纪律。我不认为这是善意的帮助，反而觉得是某些觉悟不高的人对你的攻击和指责，是他为了推卸错误做的不懂事的选择。"

郭一航顿时很尴尬。

汤老师说："对于这样的指责，本应该无视它，你却很在意。别人表现不好，意识不到位，你却来背上包袱？

就算对你的攻击里面有指出真实的问题，你也应该默默地改进，用行动让对方闭嘴。辞职能解决什么问题？好像是可以让他不再指责你，可是大家会因此认可你吗？你给大家留下一个失败的背影，对集体、对自己都没有一点儿意义。

谭欣雅也低下了头。

汤老师乘胜追击："欣雅，你今天有错误，这错误不是认真负责，而是意志力薄弱。你可以任何时候辞职，但不可以是现在，别逃避责任。"

汤老师又转向郭一航："作为一名班干部，你应该起示范带头作用；作为班委会的成员，你应该理解、支持其他班干部而不是拆台；作为一个男子汉，你应该心胸宽广、行事磊落。请问，这件事里你做到了哪一条？"

最终谭欣雅没有再提辞职。她在联系本上看到汤老师的留言：为什么选你当我的助手？要是这活儿很容易，同学素质都高，人人都没问题，那我找小猫小狗当助手都可以，为什么找你？找你就是因为你具有别人不具备的能力，能解决别人解决不了的困难。所以，别怕困难和麻烦。

下面还有单独的一句话，"莫听穿林打叶声，何妨吟啸且徐行"。


## "万人烦"的高光时刻

周五中午，篮球场。

谭欣雅又恢复了活力，开始精力过剩地当她的啦啦队长，一会儿支使不打球的男生给场上队员搬水，一会儿施展大嗓门给场上队员加油。

与往日不同的是，这次不是（2）班与其他班级的比赛，而是一场班级内部对抗赛。

为了找高富帅报仇，（2）班的每周篮球训练已经持续了一年。每次训练，都会吸引（2）班绝大多数的男生参加。虽然当中不少人够不上比赛的水准，但一起来玩一玩，也是种乐趣。

　　这次班内对抗，就是为了从这些人里选出可以参加正式比赛的队员。对抗赛的两支队伍，分别由袁凯文和刘唯彬带领，队员由他们分头挑选。

　　刚刚挑完，曾育强过来了，用央求的口吻在旁边说："加我一个嘛！"今天他不用训练。

　　曾育强虽然身体很好，但他并不太会打篮球，几乎拿到球就要走步。班级的男生训练篮球的时间与他学校训练专项的时间重叠。而且，大家也不欢迎他加入球队。

　　越不想他来他就越想来。每逢比赛的时候，曾育强都会在旁边看，还常常说要是他上场会怎么样。

　　汤老师用商量的口吻对两位队长说："让他加到哪一边吧。"

　　刘唯彬把头转向一边——他最讨厌曾育强。

　　袁凯文也不喜欢曾育强，只好把头低下来。

　　曾育强开始眼圈发红，心想：好吧，班际比赛不让我上，这次是内部对抗，你们也排挤我？

　　汤老师知道凯文好说话，就说："那就加到袁凯文这边，好吧？"

　　凯文说："呃——好吧……"

　　虽然是内部对抗赛，比赛开始以后曾育强还是在旁边看着——袁凯文安排他当替补。

　　担任裁判的汤老师偶尔看一眼曾育强，他在旁边摩拳擦掌，恨不得随时冲上场去。

　　半场结束，汤老师问袁凯文："可以让曾育强上了吧？"

　　袁凯文擦擦汗，转头喊："于鹰休息，让曾育强上！"

　　曾育强几乎是一路小跑上了场，兴奋得手脚都没地方放。

下半场。

袁凯文一拿到球，曾育强就喊："传球，传球啊！"

接到球他就笨手笨脚地拍着走，对手一逼抢，他就慌慌张张地抱着球跑。

刘唯彬腰都笑弯了，汤老师无奈地判了走步。

这下没人敢把球传给他了，曾育强拿不到球，只好在场上像个没头苍蝇一样乱跑。进攻的时候帮不上忙也就罢了，防守的时候也不知道盯人，场上的均势马上被打破——刘唯彬带领队员大举进攻，连进了好几个球。

袁凯文向汤老师双手一摊："这怎么玩？"

汤老师吹了暂停，把曾育强叫到一边。

曾育强一脸的懊恼，好不容易得了个机会，却弄成这样子。

汤老师说："曾育强，因为你带球会走步，所以要尽量避免带球，知道吗？"

曾育强点头。

汤老师又说："比赛中抢篮板球是很重要的，我建议你就等在两边的篮下，专抢篮板球。抢到了，你就把球交给队友，这样你的作用就很大了。记住了吗？"

比赛恢复，曾育强跑到本方的篮筐下面守株待兔。

球砸在篮筐上，曾育强移到落点下，盯着空中的球。对面的万鸿和他挤了一下——挤不动，只能眼睁睁地看着曾育强跳起来把球抓住，又扔给了袁凯文。

汤老师大叫："好！"

曾育强一下子来了劲儿，又跑到对方的篮筐下等着。

又抓了一个篮板球。

刘唯彬向裁判投诉："他早就三秒违例了。"

汤老师说："内部对抗，不吹三秒。"

再遇到抢篮板球的时候，刘唯彬提前站住了位置，不料曾育强从背后过来，将他挤了个趔趄，又把球抓了下来。

刘唯彬大喊："犯规！"

汤老师双臂交叉，示意没有判罚，然后就跟着进攻队员到另一个半场去了。

刘唯彬索性不回防了，等汤老师再过来的时候，他又喊："黑哨！"

汤老师说："抗议无效，你连个不会打篮球的都拿不下来？"

刘唯彬咬咬牙，又开始跑动。

他发现，曾育强越打越兴奋，尤其是和他挤位置的时候特别来劲儿。

其实曾育强的力量和爆发力比班上的同学都强，只是没技术，这下有了发挥特长的机会，又遇上经常羞辱自己的对头，那还不用上吃奶的力气？

又拿下一个篮板，曾育强大喊一声，把球传给袁凯文。

那场球，曾育强打疯了。

直到多年以后，曾育强已经工作，而且很会打篮球了，他也一直不能忘记那个下午的表现。

第一次参加班赛，2分9个篮板。

那是他记忆中的高光时刻。


终场哨响，袁凯文这一队大获全胜。

汤老师招呼袁凯文和刘唯彬过来。刘唯彬还没走拢就抗议：

"汤老师你吹黑哨！曾育强很多动作都犯规！"

汤老师笑笑："哈哈，黑是有点黑，不过——你们看看曾育强现在的表情。"

两人回头一看，曾育强的眉毛眼睛挤作一团，正咧着大嘴，笑得很欢畅。他是真正地把自己当成了取胜的功臣。在那笑容上，还挂着几点泪花，就像在说——看吧，让你们小瞧我！这两人见过曾育强捉弄人的坏笑、尴尬的赔笑、自嘲的苦笑，但从没见过他这种表情。

汤老师看着袁凯文："以后你们如果做一些管理的工作，要清楚每个人都有他的长处和短处，你们的任务是，把每个人放到合适的位置，让他能有所表现。管理也好，教育也罢，目的都是要证明那个人可以成功，而不是他有多失败。"

他又看了刘唯彬一眼，说："希望比赛能赢，这是有追求的表现。但我也希望你知道，人很重要，不要忽略了别人的感受。"


## 不平安的平安夜

行阵和睦，优劣得所，是《出师表》里的一句话。

一个团队里，好的坏的各得其所，每个人都有自己合适的位置，这才就是一种理想的境界。

在汤老师看来，高雨涵就还没有找到合适的位置。她不仅和老师关系没捋顺，和同学的相处也是一贯的高冷。

汤老师无法忽视这种情况，一个班级成员在班上的处境不好，就如同他自己玩的拼图始终差一块一样，会让他一直惦记着。

平安夜晚上，汤老师看完电影，发现手机上有五个未接来电。

全是高雨涵打的。

自从上次高雨涵在贴吧里发帖之后，两个人都做出了相同的选择，除非有必要，一般不主动接触。

高雨涵主动来电话，一定有事。汤老师回了电话。

原来放学以后，高雨涵在学校旁边的小商店买了两瓶雪花喷雾剂，打算喷着玩。可是要喷也得找个对象，喷谁呢？她在校门口碰上了刘唯彬。

两个人从初一开学发生冲突以后，很长时间井水不犯河水。刘唯彬因为打篮球，班上朋友一大堆，加上他有时大大咧咧的，根本忘记了和高雨涵的冲突。高雨涵在班上属于朋友很少的类型，与班上不少人都玩不到一起，与刘唯彬自然也没有交集。不过，两个人都和郭一航交情不错。郭一航建作业群的时候两个人都入了伙，也一起挨了"修理"，有点同病相怜的味道。

如果一定要用个词语来形容两个人的关系，那就是：尴尬。

可能是因为平安夜的气氛，刘唯彬竟然向高雨涵开起了玩笑："好哇，你买喷雾剂？知不知道学校禁止买这样的东西？小心我告发你。"

高雨涵二话不说，朝着刘唯彬脸上就喷过去。长满痘痘的脸上顿时挂满雪花条，很是好玩。

刘唯彬大叫一声，不满道："你干什么，惹我？"

高雨涵说："谁叫你要告我？"

刘唯彬一把抓过她手上的喷雾罐，也朝她脸上喷过去。高雨涵拿出另一个喷雾罐，低着头还击。

对喷了一阵，高雨涵忽然喊了一声："别喷了！"

　　刘唯彬正喷在兴头上，哪里停得下来。

　　高雨涵却一下子立在原地，哭起来了："你喷到我眼睛里了，呜呜呜——"

　　刘唯彬愕然地停了手，凑上来问："有没有事？"

　　高雨涵的大小姐脾气又上来了，她觉得刘唯彬怎么这么过分呢？喷两下就算了嘛，还要喷到她眼睛里。

　　趁着刘唯彬凑上来，她抓紧手里的喷雾罐，胡乱地朝前一抡。"嘣"的一声闷响，砸到了什么东西。

　　她听到"啊呀"一声。

　　她赶紧擦掉眼里的雪花和泪水，定神一看，刘唯彬捂着额头站在她面前，鲜血从指缝间流下来。

　　高雨涵吓呆了。

　　两个人都没再说话，静立了几十秒钟。

　　刘唯彬忽然转个身，走了。只有地上残留的斑斑血迹。


　　高雨涵愣了好一阵子才回过神来，她的反应是给汤老师打电话，因为她觉得这件事明天肯定会被汤老师知道，而且她也担心，刘唯彬流着血能不能安全到家。

　　汤老师没接电话。

　　高雨涵又开始思想斗争，汤老师听了会有什么反应呢，他会不会在给家长打电话的时候说出自己在网上骂老师的事？

　　其实，那件事过了以后她也很后悔，那些谩骂的话就这样留在贴吧里了，每次进去都能找到。她又不知道谁是管理员，想删都删不掉。

　　而且，刘唯彬流着血回去了，他的家长一定会来要求赔偿医药费吧，这事难道还躲得过吗？

想到这里，她只好又给汤老师打电话，早认错总比被揪出来好。

汤老师听完电话，说要先打给刘唯彬，看他情况怎么样。

高雨涵只好收了线，一边心不在焉地做作业，一边等着汤老师来电话。

一会儿，家里的座机铃声大作，吓得高雨涵几乎从椅子上跳了起来。妈妈接的电话，只听她说："是，我是高雨涵妈妈。汤老师啊？哦，他爸爸还没回家，可能没听到手机铃声。"

汤老师向高雨涵妈妈介绍了放学后发生的情况。

高雨涵妈妈说话了，语气很急促："汤老师，那个同学受了伤，该我们负的责任我们会负，但是我们高雨涵从来都很乖，不会无缘无故地打人，所以那个同学肯定也是有责任的。"

交流从一开始就不顺畅，汤老师心想，这论调和你先生倒是如出一辙。

他还是耐心解释："其实那个同学受伤不重，这件事只是小孩一时冲动，也不是什么大事。我的意思是，家长、老师要借这个事对小孩加强教育，比如提醒高雨涵，一个人的性情修养，会体现他的家庭教育，会影响他的人际关系，要时时反思、完善。"

高雨涵妈妈不高兴了："汤老师，您这话我不爱听。高雨涵的性情修养不好吗？还是我们的家庭教育有问题？"

汤老师也有点儿不高兴："我没说您家庭教育有问题，不过应该没有哪个家庭的教育可以说是完美的吧？据我了解，高雨涵从小学开始人际关系就不好，我们是不是有责任帮助她改进呢？"

高雨涵妈妈大声在电话里说："你就是觉得我们没教好她嘛！告诉你，我们所有的亲戚，几十口人，没有一个不说高雨涵好的！

你说我们没教好，我还说你们没教好呢！我们高雨涵小学成绩在班上总是前面的，现在到你们班上，哪次进了前二十名的？小学她多听话，现在居然周末补习班逃课啦！那不是你们初中管得不好？"

没有文化又不愿意接受意见的家长，常常采取这种与小孩一样的策略，为了证明你没资格给我提意见，先给提意见的人找一堆毛病。这种家长，汤老师也见得多了。

他觉得不适合再交谈了，就说："家长，请你冷静一点。我只重申两件事。第一，高雨涵砸破同学头这件事本来不是什么大事；第二，我的目的是帮助她不是为了批评她。我看，今天咱们就到这里吧，顺带说一声，那男孩说不用赔偿，改天再联系。"

"啪"。高雨涵妈妈挂了电话。

汤老师放下电话，独自坐了一会儿。

当老师十多年来，他一直担任班主任。绝大多数的家长，都对他高度认可甚至心怀崇敬。像高雨涵妈妈这样的，他也不愿意搞得太僵。

他想，高雨涵妈妈如果带着情绪给先生描述这件事，可能会产生更多误会。

他拨通了高雨涵爸爸的电话。

高雨涵爸爸终于接了电话，听汤老师介绍了来龙去脉。

汤老师说："这件事情可能有些误会。老师的出发点是想帮助高雨涵，但是不知道是不是表述得不好。如果有冒犯了您夫人的地方，我表示抱歉，毕竟都是为了孩子。"他想，我把姿态摆高点儿，问题就好解决。

高雨涵爸爸说："老师，我知道了。老师的话是要听的，我常常给孩子说，不听老师的话，不是在学校里吃亏，就是走出学校后吃亏。"

高雨涵的爸爸收线了，像高雨涵妈妈对老师不客气，我表示抱歉之类的话，一句都没有。感觉汤老师确实做错了事情，道歉是应该的。

第二天早上，汤老师来上班的时候，看见高雨涵爸爸正送女儿进学校。汤老师远远地向他微笑，他把脸转向一边，不理会。

## 纸飞机

两天以后的早上。当高雨涵面无表情地走进教室，听到同学传话，说汤老师让她去办公室的时候，她的表情还是很平静的。

意料之中，这两天她一直在等待这一时刻。自己骂了老师，自己家长又得罪了老师，算总账的时候到了。在走出教室的时候，她还是觉得有点儿天旋地转，扶着走廊的柱子定了定神。刘唯彬正巧过来，没有理会她，直接从身边过去了。倒是谭欣雅来的时候看她手扶着柱子，关心了一句："你怎么了，脸色这么难看，不舒服？"她摆摆手，勉强地挤出一个笑容，然后走向办公室。

这时才早上 7 点半，冬天的太阳还没露头，光线很暗。偌大的办公室里只有汤老师的座位上方开了一盏灯。

她慢慢走到汤老师面前，汤老师手指交叉地托着下巴，从脸上看不出喜怒。端详了她一阵儿，汤老师说："坐。"高雨涵依言坐下，各种念头开始控制不住地冒出来。

前天汤老师打电话时怎么没说她发帖骂老师的事情呢，难道汤老师忘了讲？妈妈在电话里与老师的对话她全听到了，要是同学知道她妈妈是这样的，会怎么说她呢？可是她又有什么办法呢，她也很想劝妈妈不要这样说话，但她也知道妈妈没什么文化，脾气急，怎么可能听她的呢。

以汤老师在班上的人气，不需要怎么修理她，只需要让大家知道昨晚电话的内容，再联系上次发的帖子，就能让她身败名裂。高雨涵心如死灰，却又莫名地希望，千万不要有同学到办公室来。

汤老师开口了，语速很慢："我需要和你沟通一下对前天这事的看法。"

高雨涵不说话，等着宣判。

"其实砸伤了刘唯彬也不是什么大事，但我的意见是，我们要从我们经历过的事情里得到收获，否则宝贵的经历就被浪费了。你不要担心家长和我之间发生了什么，我不会把那些事带到我们之间。我和你讲话，就是想帮助我的学生，仅此而已。"

听了这话，高雨涵的眼圈有点红了。

汤老师说："你是大孩子了，遇到事情要多思考，不要不顾后果，跟着感觉走。不考虑后果就容易冲动，如果你平时就是个善于考虑后果的人，和刘唯彬的这件事可能就不会发生。"

不管高雨涵对汤老师有多少成见，听到这样的话都生不起气来，因为她能感受到老师是想帮助她的。

汤老师又说："不爱思考的另一个表现就是缺乏反思意识，这会导致看不到自己的问题，总以为自己是对的，从而招致别人的反感。

越是优秀的人，越善于反思自己，缺点就会越改越少；越是水平低的人，越是容易觉得自己没有问题，没啥值得反思的，因此毛病越积越多。

汤老师和高雨涵的交流，更像是家庭的内部教育，只是这样的教育内容，在高雨涵的家里绝少出现。

高雨涵还在听汤老师举例："你在作文里提到过，从小同学就不喜欢你。我觉得这个问题就应该反思。我听你的小学同学说过，你爸爸还曾跑到教室里，给你的同学打招呼，让他们不要招惹你。你自己又常常不假思索地发脾气，还总想周围的人都听你的。遇到事情如果总是只能站在自己的立场想问题，不为别人着想，别人怎么会喜欢呢？"

高雨涵好像忽然看到小学时的自己，摆出骄傲的脸孔，集体活动的时候站得远远的——你们反正不喜欢我，我也不需要你们……又好像听到爸爸的劝说——别理他们……

她的眼圈更红了。

在汤老师看来，高雨涵喜欢乱发脾气来自母亲的影响，而不爱思考和自以为是，更多来自父亲。

"坦率地说，我不认为你的家长善于反思。但我想，一个小孩思维方式的形成虽然离不开家长，但是要有觉悟最终超越家长。"

这个学期开始的时候，本校的于老师曾来打招呼，说高雨涵的爸爸是他的好友，拜托多加关照云云。

汤老师想，我对班上没有任何人情关系的孩子都不赖，这种同事特别关照过的孩子，总不会特别不好吧，然而高雨涵的家长为什么还总是担心老师对她不好呢？

根据她小学的情况，汤老师的判断是——因为家长的自卑。

孩子小学虽然成绩不差，但在同学中不合群，也不特别被老师待见，这让家长产生了老师容易轻视孩子的潜意识，总是担心孩子被老师歧视。

　　而且，从高雨涵的周记里他知道，高雨涵的外公在世时，一直不欣赏高雨涵爸爸，这可能是高雨涵爸爸一直吹嘘自己的诱因——他想证明自己。

　　再加上缺乏反思意识，长期把自我表扬当成证明自我的高雨涵爸爸，越来越相信自己真的很不错。于是又会下意识地表扬自己，逐渐形成一套别人可能认为荒谬但自己却觉得合理的世界观，每天活在这个世界里……

　　高雨涵自然无法知道汤老师脑子里的这些想法，她只觉得汤老师说的话有些深奥，他和爸爸真是不一样的两种人。

　　只听汤老师又说："你总觉得集体不接纳你，那是集体有问题。我却想劝你换个思维方式。如果你是个受欢迎的人，就算大家开始误会你，最后也会接纳你。可要是你自己有问题，哪怕开始很顺利，最后也未必受欢迎。还有就是感情需要经营，就像学业和生意都需要打理一样，你从来不在这件事上投入，却要指望它给你好的回报，是不是种奢望？所以别等着集体来爱你，要学会主动去爱集体，关爱其他人，这样你自然会受到欢迎……"

　　没有想象中的狂风暴雨，但高雨涵的泪水不可遏制地涌了出来。

　　"我想，既然跟你的家长沟通出现了困难，我不如直接把想法对你讲。既然你做了我的学生，我就要对得起你。"汤老师对高雨涵说。

　　如何与高雨涵相处，这是一秒钟都不用想就可以知道的事。既然要做一个好老师，就要战胜一切困难去实现这个目标。好老师应该对学生宽容，无论怎样不好接受，汤老师都愿意坚持。可能有人认为这是一种愚蠢，但汤老师却认为这种坚持恰好就是智慧。总不能说，我愿意做个好老师，但家长不客气，我就不当好老师了……学生不配合，我就不当好老师了……追寻事业的路途中总会有困难和挫折，而在不如意的时候还能不忘初心，才是追寻理想的正途。

可是如何与高雨涵的家长相处，却是汤老师想很久也未必能想清楚的事。像很多不再年轻的人一样，汤老师也经历过不少表扬与批评，他当然清楚表扬与批评都不能代表他的优劣，所以高雨涵家长的意见其实对他没什么意义，但高雨涵家长对他的质疑又让他颇为不快，感到有些委屈。

汤老师给于老师去了电话，讲述了这件事情。于老师说家长不懂事，改天带他赔罪。汤老师却道大可不必，只是感觉家长太没文化，无法沟通，以后有什么问题会直接与孩子沟通，不再通过家长。于老师劝汤老师不要和家长计较，汤老师却说，自己不是圣人，也是有脾气的——不过放心，不会影响到孩子。

放下电话，心绪难平，既有直抒胸臆的快意，也有为自己火候不到的遗憾。

正是知易行难，教育学生容易，要求自己困难。平日里汤老师上课也讲不以物喜，不以己悲，也时常仰慕宠辱不惊、笑骂由人的高人，但遇到这事，自己却依然不够淡定。

这种表现真的适合做学生的示范吗？这念头让汤老师更加深切地体会到做老师的不容易。听到"师表"之类的词汇，他会想不应该用道德上的完美来捆绑自己；可做了不那么完美的选择，又会觉得好老师的自我要求应该更高一些。

最后索性心里一横，对自己说，三十多岁的自己就这个程度的修为已经够了，要虚怀若谷，等四十以后吧。有了这个不讲理的答案之后，他决定不再想这件不愉快的事了。

几天后班上放电影，《放牛班的春天》。

学生们对马修老师不那么恭敬，马修老师却依然组织了合唱队；被学生泼了墨水，他仍然不计前嫌地帮助学生。

高雨涵一边看这电影，一边在心里做对比，做代换。

影片的高潮是马修老师被校长赶离学校，学生因为没能获准送别老师，就把写满祝福话语的纸飞机，在马修老师的必经之路上，放飞下来。在漫天飞舞的纸飞机中，马修老师百感交集，高雨涵也潸然泪下。

她给汤老师写了一封信。这是她能想到的最好的方式。

汤老师看了信，把信收进文件夹里，提笔在联系本上做出回复："被鞭打的快驴其实大可不必为自己老被鞭打而郁闷，因为最懒和最笨的驴没有鞭打的价值，却也少了成功的可能。不用感谢，更不用感到抱歉。你还是个孩子，我也只是在做我该做的事。"

他想，这件事情就这样解决吧，让我们都做我们该做的事。


## 还是原来的配方，还是熟悉的味道

虽然初二从来都是多事之秋，但从这件事以后一直到期末，初二（2）班过得也还算平平稳稳，没有再发生什么特别的事情。

陈佳和凯文一如既往地互相帮助，埋头复习。直到期末考试前一周，才有一件小事在他们心里掀起波澜。

凯文从办公室抱本子回来，表情严肃地坐回座位自顾自地看书。一旁的陈佳也在看书，并没有抬头，却注意到凯文的变化——几分钟前凯文离开的时候还高高兴兴的。

一定发生了什么事情，陈佳想。

上课铃响了，汤老师在屏幕上显示出了下学期的座位分布图。每隔半个学期，班级座位都要调整一次，这没什么新鲜的。

可陈佳看了一眼屏幕就愣住了，她的同桌换成了李皓冬！再一找，发现袁凯文和林珮莉做同桌去了。

班上的座位安排是根据同学意见调整的，有换座意向的同学提出换座申请，讲明自己的要求，老师在排位置的时候统筹协调。

陈佳问了袁凯文一句："你交了换座的条子？"

凯文闷闷地回了一句："没有啊。"

陈佳不再说话，她相信凯文，而且，他们都愿意维持座位的现状。

这是怎么一回事呢？

陈佳想，一定是有人交条子要和自己坐一起，也有人要求与袁凯文坐，毕竟愿意做他们同桌的人从来都不少。他们俩自己又没交条子，汤老师肯定认为他们是服从安排。

两个人成绩、人缘都不错，老师一定会认为，对整个班级而言，他俩坐一起太浪费资源，还是每人带动一个同学划算些。

陈佳觉得凯文应该去找汤老师把座位换回来，但凯文似乎没有这个觉悟，一副认命的姿态。陈佳又不好意思把话挑明，只好暗自生气，这一天再也不理凯文了。

到放学的时候，汤老师说公布的座位没有人提意见，就照这样搬桌子了。

于是教室里面一阵熙熙攘攘，大家都开始乾坤大挪移，凯文也站起来，搬起桌子走了。

本来两张连在一起的课桌，剩下了陈佳那一半。她坐在原地一动不动，看着凯文搬走后留下的空位——她自己的位置没有移动，变化的是，李皓冬咧着嘴推着桌子过来了。

陈佳将头扭过去，从小学到中学，家长一直教育她——和谁做同桌无所谓，只要自己自觉就好了。现在她知道，自己不会再那么想了。

袁凯文和林珮莉坐到了一起，汤老师希望他帮帮林珮莉。

坐了两天，凯文觉得不开心。

有时，做英语遇到不认识的单词，他习惯性地抬头想问同桌，才想起同桌已经换了人，新同桌帮不了他。

做数学和物理的时候，他又想起，陈佳常常会拿着难题来问他。有时候，他讲了半天，陈佳还是不懂，但不知怎么的，他就是乐意给她讲。陈佳在老师同学心目中的形象都是品学兼优的好学生，但在凯文眼里，她只是一个没长大的孩子。

在凯文眼里，这个孩子的外表干净整齐，但里面却有点乱——就像她常常忙得顾不上收拾抽屉。已经记不得多少次，凯文教育她，要把抽屉里的卷子叠放整齐。看着凯文把她皱巴巴的卷子一张一张地整理好，她总是诧异说，一个男孩子为什么比女孩还爱收拾。一个学期下来，她也学会像凯文一样拿文件夹分类存放试卷。当然，文件夹是她"强迫"凯文送的。

她觉得凯文平时好像不多言语，但是对熟人就有说教癖。比如，常常念叨她不要边看书边玩书角，不要上完体育课就喝很多冷饮……

陈佳很享受这种被人管的感觉，毕竟从小到大，她被各种各样的人管着——尤其是爸爸。陈佳总担心自己做得不够好，总害怕自己会失败，面对压力她不知道怎么会产生那么多担心。学习压力大的时候和感觉自己放松过度的时候，她都会焦虑不安，常常抓狂地问凯文："怎么办，怎么办？"

这时凯文总会像哥哥一样来劝说她，让她从混乱的心绪中平复下来。就像她不敢上台去当值日干部，凯文说她的班干部恐惧症是因为小学当班干部的时候，班主任没有保护好班干部，让她受了伤害。凯文说他小学转学以前的班主任就不会这样，总是让班干部觉得很安全，很快乐。其实上台没那么可怕。

其实凯文说什么不重要，重要的是这种说教的感觉，她听完以后就觉得心情好了许多。因此她常常要求凯文教训她，还要凯文在她没有压力、过于放松的时候给她施加点儿压力。凯文开始觉得她有点儿幼稚，但是后来，好像也习惯了她的这种思维方式。

就像现在和林珮莉坐一起，同桌不需要他教训，凯文却又觉得好像少了点儿什么。他这才意识到，和陈佳坐在一起的时候，自己的内心有一种无法言说的感觉。如果一定要描述，他可能找这几个词：充实、美好和快乐。

到第三天结束的时候，他决定去找汤老师，争取把座位换回去。汤老师坐在办公室的桌旁，听他讲完了要求，笑眯眯地说："知道了，你回去吧。"凯文向老师略一鞠躬，转身离开。

就在低头的一瞬间，他忽然注意到，桌上有一张给汤老师的留言条，落款是陈佳。

过了几天，汤老师说换座位以后，有几个位置的同学看不到黑板或是上课讲话太厉害，一连调整了七八个人的座位。

袁凯文和陈佳又换了回来。

套用一句广告词，还是原来的配方，还是熟悉的味道。

一切都是那么顺利和美好。

凯文第一次考进了前五名，陈佳也依然保持在三甲之列。他和她都坐在喜欢的同桌旁边，希望这样一直坐到毕业。

## HIGH 歌

(2) 班的成绩在悄无声息地发生变化，期末考试在年级的排位已经到了第二。学期最后一天的总结会上，汤老师大大地表扬了大家。

谭欣雅问汤老师，有什么奖励的实际措施。

汤老师说："班级不是已经发过奖学金了吗？"

谭欣雅说："那是常规的，我们是问有什么额外的奖励。"

"那你们想怎样？"

谭欣雅眼珠转了几转："我们想——你和我们去 K 歌。"

汤老师做出为难的样子："带你们去娱乐场所，不好吧？"

"拜托！"谭欣雅说，"汤老师你就别 OUT 了，这班上有几个人没去过 KTV 的？我说我要组乐队，我爸还带我去酒吧看摇滚现场呢！"

汤老师其实并不想拒绝："报名的人多我就去。"

谭欣雅立刻带上高雨涵和林珮莉去同学中间作宣传，当然他们宣传的热点就是——汤老师会去。

立刻吸引了二十来个人报名。

找一家设施好的 KTV，订一个下午场的大房间，女孩们轻车熟路。QQ 群里也早早地挂出了时间地点和平摊的费用。

汤老师笑笑，不管是"与民同乐"，还是换个角度观察，这样的活动都是值得一去的。

到了约好的那天，汤老师准时到达预定的包房，发现按时到达的人只有一半。

这才是假期，才是孩子们最放松、最自由、最真实的那一面。脱下统一款式的校服，他们穿得花花绿绿、时尚休闲；不用担心有人打考勤，想迟到多久就迟到多久，哪怕她是学校里最守时的学生。

应歌迷要求，汤老师第一个献唱。他唱了一首粤语歌，虽然歌迷都觉得这是老男人那个时代的歌，但也没有吝惜他们的欢呼和掌声。郭一航更是疯狂地大叫："主啊，你为什么不把原声关掉?"

陆陆续续有同学到达，真正的高潮却是在谭欣雅她们到达之后。三个女孩叽叽喳喳地争论点什么歌，又噼里啪啦地唱了一通韩文歌，然后嘻嘻哈哈地又唱又跳。笑话里说一个女人等于五百只鸭子，这一千五百只鸭子责无旁贷地扛起了麦霸的重任，一连唱了七首歌。

她们疯狂 HIGH 歌的时候，汤老师出房间接电话，看见袁凯文在走廊上透气。比起谭欣雅，袁凯文更沉稳，但也并不封闭。像 K 歌不是他擅长的项目，他也乐意来参加。

汤老师向他招招手，凯文走近了老师。

汤老师说："凯文呀，下学期我们部分班委要改选，我想邀请你担任我们后面三个学期的班长，你愿意吗?"

袁凯文有点诧异，除了打篮球，自己在班上并不起眼。成绩不够拔尖，话不多，不太爱表现自己。他从没想过汤老师会让他做班长。

他迟疑了好一阵子，才从喉间挤出一个声音:"呃……好吧……"

汤老师拍拍他肩膀:"你没问题的，但是招募新班委的时候，你要记得来报名哟。"

汤老师进房间了，袁凯文还在原地，脸上不动声色，心里久久不能平静。

耳畔忽然传来一些声音，很遥远，却又清晰，好像是有人在对凯文说着什么。侧耳细听，竟是一个女人，拉长了声音在问他:"你——还当过——班——长?"没等凯文回答，那声音化作一阵刺耳的狂笑，笑声中又传来几个清脆的童音，一个快嘴的小姑娘说:"就他那成绩还当班长?"另一个迟疑的男声说:"班长，不是要成绩好的来当吗?"又有一个男孩粗声粗气地说:"乡巴佬，还想当班长，滚回你的农村去吧!"

凯文猛一激灵，发现自己喘着粗气，浑身大汗地站在 KTV 的走廊上。

原来，只是回忆。

班长这个职务，袁凯文并不陌生。小学的前五年，他都是班长。品学兼优，文武双全，善解人意，见识不凡，老师喜欢，同学拥戴……这些词汇叠加起来，就是那时候的凯文。

六年级的时候他转学到城里，教材不一样，老师的讲法也不一样，更重要的是，同学的基础也不一样。刚到新班级，他的考试成绩并不突出。班主任胡老师是教语文的，好像不太喜欢他这个插班生，嫌他拖后腿。

开始的时候，胡老师一提问，袁凯文就会举手。凯文最喜欢语文课了，要不然他也不会看那么多书。要知道在原来的班上，数他发言最积极，只要老师提的问题他会，他都会举手，不举手他就浑身不自在。他等着老师听完他的发言，再像往常一样表扬他，对于一个孩子而言，这很重要。

可是，他手都举酸了，胡老师却总是叫别人。

"大概是胡老师没看到我吧"，凯文想。

终于有一次，胡老师问的问题只有他知道，他赶紧把手举得高高的。胡老师的视线移过来了，凯文心里一阵激动。

他看着胡老师的眼睛，他知道胡老师明明也在看他。然而，胡老师的眼神就是那么无动于衷，那视线又从他身上无声无息地移走了。

袁凯文放下手的时候，心里很不是滋味。

后来，他再也不在胡老师课上举手了，在其他课上他也不想举手了。而且，他这个活动积极分子，除了打篮球，在新学校也不参加活动了。

他很努力，几个月后成绩就好些了。有一次胡老师问他，在原来班上有没有当过什么班干部，他支支吾吾，犹豫要不要说。胡老师又问："是班长吗？"袁凯文默认。胡老师笑着说："哎哟！不错哟！"

袁凯文还记得那笑声，那是他一辈子最讨厌的笑声，那笑声里包含着轻视和嘲讽。胡老师可能从来没想过袁凯文可以当班长，或者就算当班长，也只能在他原来那个区县小学。

这些事情改变了他的发言习惯，升入初中后，汤老师评价他不轻易发言，直到班级举办了多次朗诵和演讲比赛之后，才有一点儿好转。

袁凯文很想胡老师听到汤老师对他的任命，他还想告诉胡老师，在出乎你意料地保送进入求是中学以后，我又要当班长了。他想看看她的眼神还会不会像原来一样无动于衷。

汤老师回到房间里，唱歌的换成了万芮，安安静静地唱着《隐形的翅膀》。万芮说以后要考音乐学院，这样她的音乐天赋才不会被埋没。汤老师听着她的歌声连连点头，暗笑刘唯彬和万芮怎么会般配，继而理所应当地认为，两人的交往最后无疾而终是因为彼此不合适，怪不得我老汤。

想到这里，汤老师看了刘唯彬一眼，却发现刘唯彬正盯着他看。两人目光一接触，都装作漫不经心地移开。汤老师借机打量房间里的学生——这可是观察学生的好机会。

忽然，他注意到在角落里，有双眼睛眨了一下，定神一看，是坐在黑暗里的曾育强。

曾育强唱歌出了名的难听，嘶哑的破锣嗓，没有节奏还跑调，效果类似哆啦 A 梦里的胖虎。由于人缘不好，这种缺陷还被夸大，成为同学作文里或口头上的笑料。

正是歌舞升平的时刻，看他可怜巴巴地蜷缩在角落里，汤老师同情之心大起。他想，曾育强一定是兴致勃勃地前来，却又害怕一开口被众人无视甚至是嘲笑。谭欣雅她们唱了七首歌，他却一句也没唱到。

汤老师等万芮唱完，忽然抓起麦克风："我提议，麦霸们先休息一下，所有还没唱过歌的人举手，每人先唱一首。"

曾育强马上把手举得高高地。汤老师把话题塞到他手里："你唱什么，我帮你点。"曾育强终于拿到话筒了。

终于可以一展歌喉，他激动得心跳都加快了。但是，一开口，他的好心情就没有了。好几个同学厌恶地转过头去，有的借口上厕所，有的低头玩手机。曾育强很尴尬，但他还要硬着头皮把歌唱完。

汤老师拿起了另一个话筒："我可以和你一起合唱吗?"曾育强点点头。有了汤老师的加入，终于听起来像在唱歌了。一曲唱完，也有了一些掌声。曾育强循声望去，刚刚进来的袁凯文，掌声最热烈。

汤老师摸摸他的头，赞道："唱得不错!"曾育强在这方面还是有几分自知之明："老师，你就别安慰我了。"汤老师一脸的诚恳："我觉得这歌适合你发挥。"

有的老师有这样的本事，就是学生可能本来做得不怎么样，可是老师却能发自肺腑地把学生夸出花来。这种善意的谎言似乎有着神奇的鼓励作用，能让学生信心大增。

汤老师自认没这样的本事，虽然明知效果不好，但他还是硬着头皮表扬了曾育强两句。他不愿意在班级里出现边缘人，想抓住机会让其他同学看到他对曾育强的支持。

回家的路上，曾育强又一次想到汤老师。汤老师总能让他感受到一些和父亲不一样的东西。

学校教育大家过斑马线要等行人灯亮才可以。有一天，曾育强和爸爸走出学校，爸爸看见马路上没车，也不管灯亮没亮，抬腿就走了过去。过了马路他回头看见曾育强还在等行人灯，跳着脚对他一通臭骂，什么"傻瓜""白痴"，层出不穷。而当时，曾育强身后还有班上的同学。曾育强有时候很苦恼，自己怎么有这样一个爸爸。

还好有汤老师。

上次曾育强忍无可忍和他爸爸展开全面对抗，他爸爸不准他上学，他就把自己锁在屋子里不准家人进去。汤老师来家里帮他说话，给爸爸说孩子有自己的主张，不要太专制；劝妈妈别总说曾育强不如别人家的孩子，还说家和万事兴……放假的时候汤老师不愿意爸爸揍他，明知他考得不好，还向爸爸表扬他，说他写作有进步，人际关系和自我要求也在慢慢改善……有时候，对于曾育强而言，做出改进跟理想无关，也谈不上为了自己，仅仅是为了对得起老师。

## "别人家的孩子"现身说法

寒假总是特别短暂，感觉春节没过几天，大家就又回学校了。

见了面少不了互相寒暄，聊一聊各自的假期安排，结果发现，假期班上掀起的是英语热，大多数人都去报了英语班。

这还要从上学期末的家长会说起。

汤老师找来了一个叫马涛的高三男生，让他给班上的同学分享学习经验；又把马涛的家长也请来，在家长会上做分享。

汤老师说马涛是他以前的学生，因为参加全国物理夏令营名列前茅，提前半年保送清华大学，所以趁他在家有空，汤老师把他拉到班上来和大家做交流。

身材高大的马涛坦率中带着几分羞涩，立刻赢得了大家的好感——尤其是女生。

家长会开始前一个小时，马涛哥哥采用答记者问的方式与全班同学作了交流。大家围坐在他周围，提了很多问题，现场气氛很热烈。

最让大家心里受到震动的是马涛哥哥对接下来半年的安排。很多人想，哇，半年不用上学，太爽了，该怎么过呢？

马涛说爸爸给他提了四条建议，第一是要看好书，理由是进了大学，学业繁忙，工作之后事务缠身，未来很多年的时间里，可能很难找到这么大把的时间可以用来看自己喜欢的书；第二是学英语，因为马涛想以后到国外开公司；第三是报一个无线电维修班，理由是马涛即将要学的电子专业理论的东西多，爸爸建议他提前接触一些实操的东西，对学习理论有帮助；第四是和爸爸长途旅游一次，既是放松，又开眼界。

"真是太高大上了！"这番分享让班上一些本想着假期怎么多玩会儿的小孩自惭形秽，不由得暗自盘算起假期的安排来。

之所以让马涛来，汤老师有他的考虑。这个孩子谦和有礼，不至于让人讨厌。班级也已经带了一年半，做了不少理想和学习目的的教育，估计马涛的分享会收到良好的反响。从实际效果来看，也是令人满意的。不少同学希望能够与这个顶着高才生光环的大哥哥建立联系，马涛的发言也必然会改变一部分人的寒假规划。

在汤老师看来，请个榜样来的精神意义要大于实际指导意义，马涛的学习方法未必能指导到每个孩子的行为，但他们会知道，有这样的学生，他们有这样的思维方式和行为方式，这对他们的自我反思与设计，极有好处。

　　知其然当然要知其所以然，同学交流会后就是家长会，马涛的爸爸应邀在家长会上向（2）班的家长介绍了自己的育儿经。从知识素养的保障到家庭氛围的营造，从孩子兴趣的培养到思想抛锚时的调整方式，马涛爸爸一一道来。

　　马涛爸爸戴副眼镜，是个带有儒雅气质的商人。他站在台上侃侃而谈，引得下面的家长掌声阵阵。汤老师认识他已久，暗自在心里赞叹，这种具备扎实文科知识的工科男就是厉害，不服不行！

　　几乎所有的成功家长都有那么一些相似的东西：高标准严要求，而且是多方面的要求；保持与孩子的良好沟通；正确甚至超前的教育观念，这涉及指引方向的问题；良好的示范表率，这涉及言传身教的问题……

　　就拿高标准严要求来说，很多家长只是给孩子定一个自以为合理的目标，孩子都不见得认可，却盼着孩子自动实现期待。家长不在如何实现目标上做文章，却热衷于反复向孩子唠叨要达到这个标准，似乎把这个目标重复千百遍就能让孩子意识到它的重要性。

　　对于马涛爸爸来说，不仅要有期待，还要考虑用什么方式让孩子接受，还要考虑用什么方式执行，用什么方式评价检测，最关键的是还能一直坚持落实，绝不半途而废。家庭教育，这种没有工资的工作涵盖面很广，从成绩到身体，从智力因素到非智力因素，时时刻刻都在持续存在着。

　　就算很多家长做不到这些工作，让他们来听听也是没有坏处的。至少让他们意识到自己做得不好不够，还需要继续努力。或者至少意识到，重视家庭教育是有必要的。

　　这就够了。

## "乖小孩"的问题

汤老师坐在教室一角，目光从一个个家长脸上移过，看到谭欣雅的爸爸注视着台上，不时地提笔记录下要点。这个家庭会把收获化为行动，汤老师对他们不担心。

曾育强的家长请假没有来，曾育强坐在他自己的位置上听完了家长的分享，很难说清他的表情是羡慕还是失落。

汤老师在家长中找了一阵子，找到了自己的目标——一个看上去有些疲惫的中年男人，衣服有点偏旧，式样也显老气。他正一手扶着头，眯缝着眼睛。汤老师知道他在听，而且会认真地听。因为他是陈佳的爸爸。只要与提高孩子成绩有关的内容，他都会关心。他是汤老师这次家长会的重点工作对象。

汤老师来到陈佳爸爸身边，小声告诉他希望在所有家长离开后与他单独交流。陈爸爸明显有点意外。陈佳一向成绩好，从小到大的历次家长会，他没体验过这种待遇。他不由得想，莫非陈佳最近出了点儿什么问题？难道……是早恋了？

"期末考试的成绩满意吗？"汤老师一坐下来就问道。

"可以接受，"陈佳爸爸保持微笑，"老是停在第三名上不去，要是能更进一步就好了。"

"那，对马涛家长的发言满意吗？"汤老师又问。

"讲得很好呀！"陈爸爸正色说，"我听得很认真哩！"

"他的主张，你最赞成的是什么？"

陈爸爸略一沉吟，答道："高标准，严要求。"

"那，他强调的对马涛全面的教育，你怎么看呢？"汤老师刨根问底。

陈爸爸笑道："汤老师你知道的，我们对陈佳全面发展也很重视的。虽然家里经济不宽裕，可那些琴棋书画各类培训班，都尽量给陈佳创造条件参加。当然，家庭情况不同，投入也会不一样。像他说给孩子请外教，出国旅游之类的，那是我们做不到的。"

汤老师从不怀疑这个家庭对教育的重视。就像陈佳说过，为了保证她的学习环境，家里平时连电视都不看。只要是能对陈佳的发展有好处，家长是义无反顾的。

汤老师笑道："量力而行嘛，就陶冶性情来说，出国和郊游起到的作用也差不多。不过我觉得马涛爸爸强调的不是教育条件的全面，而是教育要求的全面。老实讲，我觉得你们对陈佳的学习成绩就过于强调了。"

"没办法，家长能力有限，幸福生活得靠她自己创造。没有成绩，找不到好工作，哪来的幸福生活？"陈爸爸一笑置之。

汤老师想到陈佳家里的格局——他去家访过一次。两室一厅的廉租房，家具陈设偏旧，只有陈佳小屋里的物件新一些。那小屋与其说是一间闺房，倒不如说是一间书房。书柜和写字台占据了主要的空间，剩下的地方只够挤下小床和小小的衣柜。床头上方的墙壁被她小学获得的奖状占得满满当当，奖状的两边，是陈佳手书的一副对联："书山有路勤为径，学海无涯苦作舟"。

陈佳爸爸的话听起来好像没错，可是成绩好了就一定有幸福生活吗？成绩好也许意味着好大学，可好大学就意味着好工作吗？再说就算有了好工作，那能代表幸福生活吗？

　　汤老师也不反对陈佳找个好工作，也许这确实是幸福生活的组成部分，但汤老师觉得家长把这个作为唯一目标，已经影响了陈佳其他方面的发展——比如说，影响了她发现快乐。

　　在有些人的生活中，快乐是日用品，每天都在消费；可对于另外一些人来说，快乐是可望而不可即的奢侈品，必须要万事俱备才能享有。前一种人越来越习惯发现和制造快乐，而后一种人却很难在生活中找到幸福。

　　很难看到陈佳处于快乐的状态中，她总是愁眉紧锁、压力山大，这种压力很大一部分是家庭赋予的。


　　陈爸爸陈妈妈都是摩托车厂的工人，爸爸的文化程度稍微高一点，主要是他负责陈佳的教育。

　　从"穷人的女儿早当家"到"自己的路自己走"，陈爸爸无时无刻不在提醒着女儿，要想改变经济地位，只能靠她自己。陈爸爸常给女儿灌输"知识改变命运""书中自有黄金屋"之类的观念，让孩子把成绩与命运联系起来。

　　从小就有意识地让她背负生活的重负，她能快乐起来吗？

　　追求成绩，就只是为了自己生活更好，这其实是一个很低的目标，有人管这种追求叫"猪的理想"。汤老师跟孩子们说过，希望他们做优秀的人，做快乐的人，做受人尊敬的人，做能照顾别人的人，就没说过希望他们做收入高、工作轻松的人。因为眼光狭隘、见识短浅的人，不会有什么成就。过分追求成绩的结果，恰好是对全面发展的忽视。

　　陈佳获得快棋比赛冠军那天，回家向爸爸报告了这事。陈爸爸的原话是："祝贺你佳佳。但也要记住，人外有人，天外有天，得了班级第一也不能骄傲。还有，学习成绩才是最重要的，学习上得第一可比下棋得第一强多了。"本来应该大力表扬的时候，家长却不忘记强调成绩的重要。陈爸爸以为让陈佳学些琴棋书画，就意味着全面发展，却不知道观念的错误导致他评价的走样。陈爸爸教育出来的这个陈佳，循规蹈矩，但是不快乐、不轻松、不自信——反而有些拘束、被动。

就拿最近的一件事情来说，经过上次的教育，陈佳终于能够来办公室找数学老师问问题。见到数学老师不在，陈佳转身想走，被汤老师叫住了。汤老师说，不是还有其他班的数学老师在吗？我看袁凯文来问问题的时候，本班老师不在，其他老师他也一样问。

陈佳羞得满脸通红，说不行，我没他那么大方。然后就转身逃回教室了。她没想到汤老师又托同学把她叫到办公室，当着她的面联系了隔壁班的数学老师，然后对她说，现在你可以问了。

在汤老师看来，不重视心智的培养正在使陈佳走向被动，陈佳辛苦地投入学习，却没勇气突破自己。她不知道她的埋头苦干充满了重复无用的低效率劳动，这不是达到目标的好办法。而解决问题最高效的办法——请教老师——却被她认为是可以回避的，汤老师管这种学习状态叫勤快的懒人，他希望能帮助陈佳开这个窍。

此外，对个性、心理培养的忽视在陈佳身上也比较明显。老百姓的传统是女儿要宠着养，这不是没有道理的。长期缺乏鼓励又严格要求，使得陈佳总是担心会让别人不满意。自省本是好事，但到了陈佳这个程度，对她未来的职场与家庭生活都有隐患。

再说，个性、心理方面这些重要的因素都出现缺失，成绩就一定能上去吗？从陈佳不愿请教老师看来，她并不是学习意愿足够强烈的学生。总是担心让别人不满意，这使她总是为了别人在学而不是为了自己学。

汤老师忽然意识到，自己想教给学生的，不只是学习成绩，而是学会学习。从这一点上来看，这个所谓的乖孩子还没有合格呢！

这天傍晚，他和陈爸爸在教室里聊了又聊，等到聊完出来一看，又是满天星斗了。

## 肉眼可见的变化

假期里谭欣雅和高雨涵在英语班遇到陈佳的时候，有一些惊讶。因为这个班不是补习课内知识，而是找外教练口语，对分数没直接帮助。

谭欣雅当然是受了马涛的影响，家长会后她和妈妈爸爸讨论了很久，把整个假期排得满满的。除了她报了口语班以外，妈妈还时常陪她一起看网易公开课。她喜欢大学的那种上课氛围，觉得汤老师给大家做讲座的时候，就有点那种味道。

高雨涵是谭欣雅的跟屁虫，自然也被拉到英语班来。在她们的印象中，陈佳不会对这种与分数无关的事情感兴趣——不过她们也不会拒绝听课的时候多一个班上的同学。

感觉陈佳好像气质上也有点儿变化，没有以前那么小心翼翼了……

其实假期里想来报这个班的同学很多，本来张苇也说要来，后来因为她妈妈出远门，她被送到爸爸那边去了，只好作罢。

就连英语考试长期不及格的曾育强都在家附近报了个课内英语

补习班。

只有郭一航特别一些，他报的是韩语班。

高雨涵笑他英语都学不好还学韩语，郭一航正色说，学好了韩语，以后高雨涵去韩国的时候他可以当翻译。

开学以后，据谭欣雅观察，陈佳的变化越发明显。

年级举行英语演讲比赛，朱老师说陈佳音色好，发音正，而且英语底子也不错，推荐她参加——陈佳这次居然没拒绝。在朱老师的指导下，她一直进入到决赛。虽然在和（1）班高富帅PK的时候紧张得腿肚子直哆嗦，但还是坚持下来了。评委们认为看得出她的口语和朗诵经过了训练，都优于高富帅，评她为第一名。篮球队为此还请她喝了一次冷饮，说她在另一个赛场上灭了高富帅，也算是报了仇。

而且，陈佳也没那么怕别人开玩笑了。

举个例子说，上学期陈佳和袁凯文经过争取做回了同桌，郭一航开他们玩笑，说他们破镜重圆。陈佳就一改每天放学和朋友们同路走的习惯，只因为那里面有袁凯文，她怕被说闲话。当时汤老师还送她一句话：岂能尽如人意，但求无愧我心。可现在，陈佳好像没了那么多顾虑，放学时又加入队伍中了。

中午吃完饭，看了一会儿操场上的人打球，袁凯文回到班上，和陈佳一起做作业。

他忽然感到背后有谁在盯着自己。回头一看，李皓冬站在后面门口，一直向这边望着。

袁凯文暗暗好笑，他当然知道李皓冬的心思。

李皓冬不是在看袁凯文，而是在看他的同桌。

他向李皓冬招招手，示意他过来，但李皓冬微笑着摇了摇头，还是在原地。

虽然郭一航说袁凯文对陈佳有意思，可袁凯文觉得完全没那回事。他只是把陈佳当成一个可以互相帮助的好同桌罢了。毕竟以他的成绩，还能和陈佳这样成绩拔尖的人坐一起，太值得珍惜了。

倒是李皓冬，常常没事就望着陈佳的背影出神，那才是真的叫有意思。这和以前的李皓冬比起来，也是不小的变化哩！

老师想了不少法子让李皓冬活泼些，除了带他踢球，汤老师了解到他喜欢做机器人模型，就让他把自己的机器人模型都拿到班上来，搞了个小型展览会。

展览那天，李皓冬站在展台旁，看全班同学都来参观，高兴得一直搓手。

而且，自从在班会课上主动发言以后，他开始在课堂上接受其他老师的提问——虽然他不主动举手，但再也不会站起来一言不发了。

袁凯文觉得李皓冬和陈佳都是内向型性格，最近都有了明显的变化，所以李皓冬追他的同桌也没什么奇怪的。他甚至想李皓冬这种深情守望特别有杀伤力，幸好自己不是女孩子，要不一定会被他打动。

但是陈佳却好像并没有留意这个默默的守望者，继续做作业。

袁凯文挠挠头，也开始做作业。他想到班干部会上汤老师给他们讲的《孙子兵法》，高明的将帅不会总仅凭主观努力来解决问题，也会通过创造形势，让自己希望的情况顺势发生，就像平地上滚不动的石头，把它放到斜坡上却滚得很快一样。

看样子，李皓冬还没找到好的办法。

自从这学期袁凯文当了班长，参加了几次班干部会，顿时有种开了这次盼下次的感觉。

班干部畅所欲言的氛围固然好，但他更喜欢听老师对一些事情的评点。

生活委员郭一航常常是被评点的对象。他刚上任的时候，遇到搬东西总是向同学指手画脚，自己不动，有同学对此不满。汤老师说："使别人的嘴不如使自己的腿，你要么学会用自己的行动带动其他人做，要么学会动了嘴别人也没有意见。"

郭一航第一次做值日干部的时候，下面闹哄哄的，他坐在讲台上只顾赶自己的作业。汤老师后来说："一航，别人也许会因为你做好了自己的事情而承认你，而别人会因为你做好了大家的事情而佩服你。"

生活委员的职责包含了班级各种公物的报修。有一次，郭一航答应了帮一个同学解决坏椅子的问题，可带着椅子去了几次修理房，门都锁着。郭一航有点嫌麻烦，就不太管这事了。结果汤老师在班干部会上知道了这件事，说："我们的方言里有一句很俗的话，答应别人的事情，是坨屎都要吃了……"

班干部们先是一愣，然后一通大笑。他们都没听过这话，觉得真是太绝了。

虽然经常念叨郭一航，但汤老师也说，郭一航在这样的敲打下，进步特别快。

班干部会上还会有关于管理的小讲座，常常让袁凯文觉得收获很大。汤老师给大家讲如何缓和工作中与同学的矛盾，教他们多用商量的口吻，保持与同学良好的关系。还给他们讲周恩来和德川家康如何为人处世打动身边的人。有的班干部处理事务容易异想天开，汤老师又专门讲依靠制度开展管理的重要性。

袁凯文觉得，老师是真的把他们当成大人在教。

## 生命的最后一天

在初二下半期，因为希望让更多的同学都能在班干部岗位上得到锻炼，(2) 班调整了多数的班干部。张苇如愿以偿当上了劳动委员，汤老师说张苇做事认真负责，肯定能胜任。但班干部会上的张苇显得并不开心，总是坐在角落里，一声不吭。

谭欣雅担心地看了张苇一眼，从这个假期回来，张苇的情况就很不好。她不和朋友们交谈，经常一个人莫名其妙地泪流满面，叫她出来走走她也不答应。

还有她那个看不见的朋友，出现越来越频繁。

假期她和爸爸一起住，说来你可能不信，长到 14 岁，这是张苇第一次单独和爸爸一起住。作为一个留守儿童，小时候她和外婆相依为命，后来寄住在姨妈家里，上了初中她住学校，周末和假期跟妈妈一起住，就是没有和爸爸住过。

爸爸是修车厂的，没文化，脾气也不好，常常为一点儿小事发脾气。心惊胆战的张苇觉得好像又找到了那时在姨妈家里的感觉——由于不知道姨妈什么时候会不高兴，张苇总是提心吊胆。

在学校要被老师批评，被同学羞辱，放了学还要看姨妈脸色，张苇觉得自己的日子过得和灰姑娘差不多。

后来上了中学以后，看哈利波特的电影，其他同学兴高采烈，她却一个人默默地流泪。为什么姨父的楼梯间那么小，波特还愿意躲在里面不出来呢，那种感觉可能只有她最理解吧。

可是妈妈还要常常向姨妈对她的收养表示感谢，并且劝张苇不要表现得太敏感。究竟是姨妈对她太苛刻，还是张苇把严格要求当成了虐待，其实张苇也很迷惑，没人教过她，叫她怎么辨别呢？

张苇一直最盼望的，就是离开这个她感受不到温暖的家庭，回爸爸妈妈身边去。她试着跑了一次，又被找回来罚跪了两个小时。跪在地上的时候她就双手握在胸前祈祷，就像《悲惨世界》里的珂赛特祈祷着芳汀来救她一样。姨妈问她脑子是不是有问题，张苇没吭声，因为她听到一旁的毛伶说，姨妈才有问题，姨妈全家都有问题。

张苇称姨妈家为"地狱"，整个小学阶段，她的最大愿望就是逃离"地狱"。终于小学毕了业，爸爸妈妈接她到城市里上学，她以为自己这回是进了天堂，可到了新家才知道，爸爸妈妈已经离婚，她想象中一家三口同住的画面不会出现，要么和妈妈住，要么和爸爸住。

妈妈有文化，能和张苇交流，可妈妈又老不回来住。

这次张苇住到爸爸那里以后，还听到妈妈和爸爸在电话里吵。妈妈说班主任给她打了电话，介绍了一些情况。她认为张苇的情况很严重，要爸爸拿钱出来带张苇去看心理医生，爸爸却完全无法理解需要看什么心理医生，他觉得张苇一定是自己不乖，才做出这些模样来骗家长。

　　他知道张苇不愿意和他住在一起。心情不好的时候，他就告诉张苇，不要对妈妈抱有希望，妈妈最终不会要她的，就像妈妈不要爸爸一样。

　　这种被抛弃的预言吓得张苇瑟瑟发抖，不知道流了多少次眼泪。她管爸爸的家叫"地狱二号"。为什么自己才离开一个地狱，又要进入一个新的地狱呢？难道自己注定了要永远生活在地狱里？

　　在学校，她待人时而热情、时而冷漠，让人捉摸不透。淡定的时候，就算全世界孤立她，她也能保持免疫；可更多的时候，鸡毛蒜皮的小事也能让她哭个不停。

　　周末的时候，张苇宁愿住在学校，也不愿回爸爸家。可这并不能减轻她内心的恐慌，她总是站在顶楼天台的边缘胡思乱想……

　　妈妈说她出远门了，但为什么一直不联系？开学已经很久了，她为什么还不回来？爸爸说的会不会是真的？妈妈会不会不要我？如果妈妈也不要我，我再也没有机会去法国留学了。如果是那样，我还不如死了好！

　　老师劝她眼光要放长远，明天不一定会重复今天的遭遇。可是为什么过了这么多个明天，地狱也并没有变成天堂？楼顶的风呼啸着刮在张苇脸上，扯乱了她的头发，张苇觉得自己好累，在地狱里撑了这么多年，她想休息一下了……

　　她忽然吃吃地笑起来，因为她心里在想，要是我忽然不在了，你们才知道珍惜我吧？

　　为了纪念自己这个绝妙的念头，在联系本最后一页，张苇写了这样一句话："到了那一天，除非奇迹出现——我会选择面对死亡。"

　　汤老师不知怎么翻到了这句话，在下面问她："哪一天？"

她不回答，只在心里默念：3 月 29 日。

这是她的生日。

这件事她只和毛伶商量过，在生日这一天回归，是终结痛苦的最佳方式。

汤老师劝了她两次，她不答话，只在心里讲，我已经看不到希望。

3 月 29 日那天是个阴天。

一切都没有好转的迹象，包括天气。

其实，张苇要的奇迹究竟是什么，她自己也不知道。但显而易见的是，她的糟糕境遇一点儿都没有改变，爸爸没有变得通情达理，而妈妈也没有更关心她。

难道这就是我的最后一天了吗？

早上起床，张苇破天荒地对着镜子打扮了半个小时，梳好头发，别上新买的粉红色发卡。一直以来她觉得像她这样的灰姑娘不该用粉红色，今天决定破个例。

她很想心情轻松地去教室，但走进教室，心情却止不住地沉重起来。人人都在忙自己的事：交作业、看书、聊天……就连在这世上的最后一天，也没有人理会我，张苇想。

忽然，一只硕大的狗落到她面前，把张苇吓得低低地惊呼一声。定睛一看，才看出是个萌蠢的玩具狗，谭欣雅在狗的后面露出个笑脸："生日快乐！"

张苇惊魂未定地点点头，除了挤出一个难看的微笑，她做不出其他反应。

但是谭欣雅根本没留意到她的异样，已经自顾自地念叨开来，你看我多有良心嘛，就我记得你的生日，你看这狗狗好可爱，我看中它好几天了，以后你可以和狗狗说话了……

老实说，在那一刻，张苇有那么一点点动摇，毕竟还有人记得她，她才13岁，她还想去法国念书。

但是谭欣雅再好，也不能解决她的所有问题，不能给她换个爸爸，也不能替她找回幸福的童年。

她想要一了百了地解决自己的问题。昨天晚上，她又偷偷地摸上天台伫立许久，只是因为时候没到，她才止住了纵身一跃的念头。

终结痛苦，太有诱惑力了。

高雨涵来了，居然也给她带了礼物，也许是谭欣雅授意的吧？究竟还要不要死呢？张苇看看窗外，希望毛伶给个意见。

可是从早上开始，毛伶就一直背对着她，不肯转过身来。张苇叹口气，只好自己拿主意。

除非出现奇迹——收到生日礼物算奇迹吗？

不算。谭欣雅送生日礼物是意料之中的事情，这算不得奇迹。

早上出门以前，张苇在自己寝室的床上，留了一封信。

在信里，她感谢这个班老师同学对她的照顾，申明自己的离去是因为心理问题，与班级无关。她希望自己的离开能唤醒爸爸妈妈，重新建立一个幸福的家庭，要关心他们的孩子，让她开开心心。

遗书都写好了，怎么能说话不算呢？

这一天她不说话，东西也不想吃。但是她负责的清洁检查和值日生管理，她特别认真。汤老师教过他们不要落荒而逃，就算注定要败退，也要把善后的工作做好。

因为一天没吃东西，到晚自习的时候，张苇已经有点儿头昏眼花，有时甚至幻想出一些画面，自己站在埃菲尔铁塔下面，戴着博士帽。

## 订购奇迹

因为（2）班就她一个住读生，张苇是在（11）班上晚自习。才上了一半，忽然有个人在门口向她招手："张苇同学吗，我找你一下。"

张苇走到教室门口，打量了一下那人，是个二十多岁长相清秀的小伙子。

张苇并不认识他。

见张苇有点迟疑，那年轻人说："有人打电话说你想订一个奇迹，我们把货送到了你们班教室，需要你去签收。"

这话说得没头没脑，可能也只有张苇这样的人才会无条件地相信。她在原地呆立了一会儿，忽然大叫一声，猛地向班上跑去。

连续的几间教室都黑漆漆的，只有（2）班隐隐透出一点光。

张苇跑到教室门口。门虚掩着，但是门上的小窗已经被遮住了。

张苇轻轻推开教室的门。

教室里所有的桌椅已经被拉到边上，露出好大一块空地。空地上凭空地多了一个长长的西式餐台，覆着餐布。杯碟刀叉都已经摆放停当。一个戴着厨师帽的中年男人正在讲台后面忙碌，从一个又一个的储物箱里变魔术似的端出一道又一道的菜来。

张苇张大了嘴巴，站在教室门口。那年轻人侧身从她旁边进门，脱下外套，穿上小马甲，戴上领结。

这时，后门开了，汤老师走了进来。

汤老师走向餐台的一头，拉开椅子，向张苇做了一个请坐的手势。

说张苇的下巴快掉到地上一点也不为过，她赶紧揉揉眼睛——不是幻觉。

张苇怯生生地走到汤老师身边，汤老师对她说："生日快乐。"

张苇茫然地坐下，看汤老师坐到另一头。然后他听到汤老师说："可以熄灯点蜡烛了。"

年轻的服务员点亮了桌上的烛台，熄灭了教室的灯。

整个教室笼罩在柔和的烛光里。

张苇环顾教室，注意到门窗都已经紧闭，并且拉上了窗帘。

汤老师吐吐舌头说："这是我们的小秘密，不能被别人发现了。"

张苇吃吃地笑起来。

汤老师眨眨眼睛："这家公司负责出售奇迹，我打电话给你订了一个。他们说根据你的情况，奇迹应该是去法国留学。但是你现在还没到留学的年龄，所以改为请你吃一顿法式大餐。"

张苇第一次听说，奇迹也是可以订购的。

服务员在汤老师身边小声道："所有的菜都是从我们厨房里做好带过来，没超过半个小时。因为汤不好带，所以只带了开胃酒。按你的要求，给小朋友的是饮料。"

汤老师点头，示意可以上菜了。

前菜是鹅肝酱配烤面包，还有香草焗蜗牛。

两个人都不说话。汤老师一边吃，一边偶尔抬头观察张苇的表情。

一天没吃东西了，张苇有些狼吞虎咽。但是，从她闭上眼用力咀嚼的神情中，还是看得出，她是全身心地享受在这里的每一分每一秒。

隔着高脚杯，烛火在微微地摇曳闪烁，不知怎么的，张苇联想到卖火柴的小女孩，在她的最后一夜，不是也有类似的梦境？

服务员送上主菜，红酒迷迭香烤小羊腿。迷迭香的芬芳和烤得酥脆的羊腿的香味混合在一起，很是诱人。

汤老师看了看张苇，忽然感慨说："如果我有机会，像你一样以后去法国留学，我一定要把正宗的法国美味尝个够。"

张苇继续吃，不说话。

"可惜呀，我过了年龄啦！以后，我只有听你讲述在法国留学是什么样子了。"

他举起酒杯："学会享受生活，张苇。生日快乐！"

张苇也学着老师的样子举杯回应："谢谢老师。"

用完了主菜和奶酪拼盘，该上甜点了。

服务员捧上来的是点满蜡烛的生日蛋糕，十四根五颜六色的小蜡烛，张苇喜欢的风格。

汤老师看着她："许个愿吧。"

待张苇吹完蜡烛，汤老师一拍脑门："啊，差点忘了！"

他打开了教室的投影仪和音箱。

这是一段张苇妈妈录的视频，妈妈在屏幕上说，没有忘记张苇的生日，祝贺她又长大一岁。妈妈在其他城市开了个新的事务所，所以没顾上家里。不过她要张苇放心，妈妈会把她留学的钱挣够的。

看完视频，张苇又流着眼泪吃了一大堆意面和沙拉，直吃到肚子咕噜咕噜地叫起来才停止。这是小学养成的习惯，在饭桌上遇到想哭又不能哭的时候，就低头不停地吃东西，一直吃到姨妈停止念叨，惊异地问："这孩子怎么这么能吃？"

汤老师不作声，默默地看着张苇。

也许在这个时刻，不说话是最好的选择。

待她打着饱嗝擦完嘴，汤老师才问她："这算是奇迹吗？"

张苇想了一想，说："算。"在教室里吃大餐是意料之外的事，而且去年和前年妈妈都忘记了给她过生日。

汤老师说："我觉得奇迹也好，梦想也好，是有可能等到的。但是，需要等待的人足够的耐心，足够的坚强。不坚强的人，配不上得到梦想。"

张苇说："但是，这个过程很难熬吧。"

汤老师说："那是因为你没有找到等待的方法。其实，在等待的过程中，你有很多的事情需要做，你不去关注该关注的事情，当然会觉得难熬了。"

"哪些是我该关注的事情呢？"

"比如说，你的写作。其实你有很丰富的想法，表述也很独特，这都是成为一个作家的有利条件。但是，你现在的作文没有一点逻辑性，这是因为你的思维方式造成的。你总是从自己出发，想到哪儿就写到哪儿，不会考虑别人的阅读感受，你为什么不多读点书，争取克服这一点呢？

你来到新的集体，得到了大家的很多照顾，你为什么不琢磨一下，怎样做一个照顾别人的人呢？张苇，不要只盼着做一个被别人照顾的人，学会照顾其他人，把快乐带给大家。"

　　回宿舍的时候，大楼已经要关门了。轻轻地摸进寝室，室友们已经快洗漱停当。没人问她去了哪里，因为她经常喜欢找没人的地方待着。

　　张苇掀开帐子，那封信还好好地躺在床上。

　　张苇把那封信捧在胸口，悄悄地溜到阳台上，关上阳台的门。

　　她忽然听到自己发出一阵笑声。那是她在庆幸，自己不用死了。

　　她就这样一直在阳台上放声大笑，直到那笑声化作啜泣与呜咽。


　　汤老师也蹑手蹑脚地进了家门。

　　妻子问他去哪儿了，这么晚才回来，还喝了酒。

　　汤老师余兴未尽："领导，我在我们班教室摆了一台西餐，还找了厨师和服务员到现场！烛光晚宴，给那个自言自语的小妹妹——我跟你说过的——过生日！"

　　妻子翻个白眼："效果一定很棒——能否说说花了多少？"

　　汤老师坦白："我找的老黄，熟人价，只收了三千。"

　　"三千！？"

　　汤老师解释："这是最低价了，人家要付人工，还要把东西搬到现场，很麻烦的。低于这个价，没人肯答应的。"

　　妻子佯装不开心："你很有钱？"

　　汤老师摆出一张认真脸："老婆，她等不到奇迹就要自杀。三千块钱，可以救一条命，你说救不救？"

妻子不说话了。她从来不会因为这样的事情责怪汤老师。她还知道，汤老师一直在悄悄地资助班上的贫困学生。她觉得这是在做善事，应该支持，所以她装作不知道。这样汤老师很开心，作为汤老师的"领导"，她也很开心。

## 邬倩出走

期中考试过后，邬倩又没来上学。

她妈妈打来电话说，邬倩又离家出走了。

邬倩在这个班上是个特殊的存在。她的家在这个城市低收入者聚居的一个地区，她本人的成绩也并不怎么样，不知道她妈妈想了什么办法，把她弄进了这所中学。

她按时来上学，也交作业，不违反任何纪律。

她在班上总是不动声色，心情好的时候，才和班上的同学聊一聊。她对逛街和流行潮流的经验之丰富，常常让林珮莉和高雨涵之流目瞪口呆。只是，她更多的是用一种冷漠的眼光看着教室里的人。这是一种居高临下的姿态，好像她身边的同学，都幼稚地在上幼儿园。常常一下课，她就找高年级的女生去了。

每隔一两个月，她会有一两天不来学校。开始她妈妈总是打电话给她请病假，搞得汤老师常常去关心她的健康状况。可她在学校的时候，看上去气色好得很。

后来次数多了，她妈妈才开始向老师抱怨，说邬倩不听她的话，常常和她争吵，吵了就离家出走。

通话的次数多了，汤老师了解到，邬倩的爸爸根本没住在家里，而是住在另一所房子里。她妈妈又要经常去和她爸爸一起住，就留邬倩一个人在家里。

汤老师说会在学校加强对邬倩的教育，但更重要的是家长加强管理，怎么能长期让小孩子一个人住家里呢？邬倩妈妈不耐烦地答应着。汤老师从她的语气听出，她只是在敷衍。她其实并不关心怎么教育好孩子，只是希望邬倩能自己乖乖地待在屋里。

好在每次邬倩都只走一两天，钱用完了就会回来。

这个学期的开学典礼，邬倩没来报到。她妈妈说因为生气打了她，她从寒假一开始就离了家，整个寒假都没回来。妈妈说拿邬倩没办法，又说等她找到了孩子再送来上学。

又隔了一周，邬倩妈妈发短信给汤老师：老师，我还是没找到邬倩，你能不能拜托同学帮忙找找？告诉她妈妈不会再打她，也不会再要求她学习。

汤老师不是很喜欢这位家长，但还是发动班级内外可能与她联系的学生了解她的下落。

终于有学生与她在 QQ 上搭上了话，告诉老师她寄住在一个朋友家里，汤老师马上通知邬倩妈妈，把她领回了家。

终于，在开学一周多以后，邬倩妈妈带着她到学校，要求继续上课。

年级组长对这种情况大为光火，要求邬倩写了保证书，保证再不旷课，还让邬倩妈妈也签了字。

邬倩回来以后，好像一切照旧，还是按时来上学，按时交作业，除了不把心思放在学习上，也不违反任何纪律。

大家唯一知道的邬倩的兴趣就是唱歌。为了让她把兴趣留在校内，汤老师专门在运动会开幕式的时候设计了一个微型音乐剧，让邬倩和林珮莉来担任主唱。她很高兴地接受了，在全校师生面前，过了一把明星瘾。

但那都是期中考试以前的事了。期中考试是在周五上午结束的，中午学生们吃完饭回到学校以后，发现邬倩没有回来。

汤老师打电话给家长，邬倩妈妈也不十分着急，反正这种情况她也经历得多了，她说让她找找。

这天下班以后，汤老师来到城南的酒吧街。

在五光十色的招牌中找了好一阵子，他进了一家叫"星缘"的酒吧。

进门没人招呼，只看见一个驻唱的男生抱着吉他，自我陶醉地边弹边唱。汤老师打量了一下环境，酒吧里人不多，显得有点冷清。

汤老师找了个角落坐下来。一个服务生端水上来，送上酒水单。

汤老师一边翻着酒水单，一边问："小梁在不在？"

服务生向着柜台喊了一嗓子："老板，有人找！"

柜台后面的小屋里走出来一个光头的胖子，皮肤棕黑，戴着金项链。

那胖子远远地望了望，又摸着光头摇摇晃晃地走近，眯缝着眼睛仔细看了又看，忽然脱口而出："汤老师？"

汤老师点点头，说："你好，小梁。好久不见了。"

那胖子一下子跳上来抓住汤老师的手一阵乱晃："啊哈，汤老师！你来怎么不提前说一声？喝什么？我请客！"

汤老师笑着说："我只知道你在开酒吧，不清楚具体地址。你这儿的位置是小于告诉我的——找你有事。"

待服务生离开以后，梁胖子问："汤老师，你怎么头发都开始白了，是不是像我这样调皮捣蛋的学生太多了？"

汤老师笑笑，说："调皮的其实不多，不过今天真是为学生的事来的。不知道小梁哥肯不肯帮忙啊？"

梁胖子拍拍胸脯："瞧你说的，我不给别人面子也不敢不给您面子，是吧？你说，什么事？"

汤老师掏出几张照片："照片上这个女孩子叫邬倩——我在背后写了名字——家住在咱们以前的学校附近，常不来上学。最近又有一个星期没出现了。我听说，她经常活动的地方，要么在你们这条街，要么在 CBD 那几家最大的夜店。你朋友多，能不能打听打听她的下落，还有她和家人有联系没有？"

梁胖子看了看照片："小事情。这点儿事情都让你出动到我这儿了，她犯了事？"

汤老师喝口水："犯事倒没有。她妈妈前几天先是来学校说，她在朋友家住着，不愿意回家。想给她办退学，要学校退还当初交的全部择校费。但学校说，义务教育阶段的学生不能随便退学，只能办理了转学才退钱。"

梁胖子打个哈哈："我都毕业十年了，还是这个政策。我听新闻说，这择校费也收不了多久了……"

汤老师继续说："她妈妈对退钱的事情很光火，说小孩不愿意再读书了，一定要学校退钱，学校没答应。隔了两天她再来，就换了口径。说她找不到她的小孩，没办法办转学。还说学校对她小孩的失踪有责任，要学校还他小孩。"

梁胖子说："自己不来上学，关学校屁事？"

汤老师说："她找了几个老太婆，天天来学校闹，说学校弄丢了她们孩子。那女孩是中午放学后全校学生回家吃饭的时候走的，没有再回来，她们就说是从学校走失的。又说，孩子不回学校是因为受了老师的歧视，不敢回来。学校不理会她们，她们就睡办公室门口，在大门前堵住门拉横幅。为了弄走她们，110 都出动了。"

梁胖子笑了："摊上学闹了？为了几万块钱，何必嘛。不过，她们也是看准了你们学校好讹，是吧？"


## 古惑仔往事

在那些年，学闹如同医闹，没有任何的法律约束。只要你有借口，愿意找人来闹事，都不会有什么后果。单位毕竟要继续运作，没那么精力与闹事的人斗争，最后的结果常常是各让一步，息事宁人。所以，这堵校门的风气有抬头之势。

耍流氓没有代价还可以有甜头，那当然有人乐此不疲了。

像梁胖子这样在社会上混的人，对这类事情早就司空见惯，没准自己都组织参与过。

汤老师说："现在的关键是她们声称找不到孩子。可我听到消息，她们其实是跟孩子有联系的。如果能证实这一点，她们就没有理由了。"

梁胖子点点头，对着照片上的邬倩说："小妹妹挺漂亮的，这么早就出来做事了，连我们无敌的汤老师都教育不了你。"

汤老师端起酒杯："我最多算个牧师，又不是上帝。"

梁胖子大笑："牧师，要是没别的事，在我这里唱两首歌嘛。想当年汤老师的歌声还是很吸引我们的。"

汤老师也不推辞："那你帮我点一首《友情岁月》，古惑仔的主题歌。"

梁胖子一愣："什么年代了，你还唱这样老的歌？"

"没办法，我看到你就只会想起这首歌。"

梁胖子耸耸肩，在电脑上选好了歌，汤老师拿起了麦克风。

"来忘掉错对，来怀念过去，曾共患难日子总有乐趣；不相信会绝望，不感觉到踌躇，在美梦里竞争，每日拼命进取。奔波的风雨里，不羁的醒与醉，所有故事像已发生漂泊岁月里；风吹过已静下，将心意再还谁，让眼泪已带走夜憔悴。"

看着汤老师，梁胖子的思绪回到了十二年前。

小梁的爸爸是个酒鬼，妈妈没什么文化，从小就没人管着他。小学的时候，他就是同学中的老大，那条街上的地痞流氓，没有他不认识的。

进了街上唯一一所中学，他遇到了汤老师。

汤老师对小梁不一样。

有的老师觉得小梁是坏学生，觉得即使教育了也不会有多少成效，于是对他疏远、冷漠甚至歧视，但汤老师总在关心帮助他；有的老师知道他小学打过老师，有些怕他，但在汤老师面前，反而是他怕——怕老师不再喜欢他；有的老师为了让他不闹事，总是像他妈妈一样迁就他，但汤老师对他做了要求，从来不让步。

他想起很多画面：摔伤的时候，老师陪他上医院；饿肚子的时候给他买早饭；知道他做不出作业，就给他一道道讲解；与其他老师发生冲突之后，带他赔礼道歉；他冲动的时候，将他死死摁在墙上……

还有一起看动画片，一起踢球，一起到河边……

有一次，汤老师对他说起学校有老师怀疑他参加不良社团，身上有纹身。尽管老师没有说要检查他，但他立刻脱掉上衣给老师检查。他说："其他人怎么看我无所谓，但我不能让汤老师对我有怀疑。"

还有就是差点儿跑路那一次。

那是初一要结束的时候，有一天放学前，汤老师在班上当着全班批评小梁的社会习气，他很烦躁。这时，他的小兄弟，隔壁班的阿雷在门外捣乱，故意怪叫。忍无可忍的汤老师冲出教室，严厉斥责阿雷，将他一直推到走廊尽头。小梁就坐不住了——他认为老师可以批评他，但不能动他的小兄弟，否则他就会很没面子。放学以后他到处张罗人手，想要打汤老师，给阿雷出气。

他就这个性格。前一天还觉得汤老师就像他大哥，冲动起来就谁也不认。

他们计划在厕所里把汤老师蒙上头用棍棒揍一顿，没想到他的发小，也是在班上最要好的兄弟小于给汤老师报了信，还把他好不容易聚集起来的人劝散了。

平时小于言语不多，但小梁知道这小子心里特别有数，小于是铁了心不准他动汤老师。小于的爸爸因为贩毒进了监狱，而汤老师经常上小于家看看，对小于很关照。

小梁没办法对小于下手，又觉得没脸见汤老师，于是作了跑路的打算。但是汤老师不准他跑路，还让小于来找他，要他一定回去见面。

回学校的时候是午休的时间，操场上只有汤老师一个人。从校门口走到汤老师面前，平时小梁要不了二十秒，那天他走了两分钟。

他想起汤老师对他的好，根本不敢看汤老师。

汤老师只说了一句话："如果，你觉得从入校以来，我有任何一件事对不住你，你就只管揍我，我绝不还手；但是如果一件事也找不出来，你回来，还是做我的学生。"

他觉得五雷轰顶，"扑通"一声跪在地上号啕大哭："汤老师，我要再想打你，就把手砍下来……"

汤老师替他擦干眼泪，带他去学生处接受了处分。看他又累又饿，又带他去吃了午饭。

这以后，汤老师再没向他重提过这件事……

汤老师唱完了，梁胖子将杯里的酒一饮而尽，大声叫起好来。

天色已晚，汤老师有点微醺，梁胖子把他扶出门。

他忽然问汤老师："那年，我回学校以后，有个女老师，好像是教数学的，不喜欢我。你跟她吵架，还记不记得？"

汤老师看他一眼："有这回事？"

"那次，我照你的意思，在她写完黑板下课以后，给她打水洗手，结果她说我不配。后来你跟她吵起来了……"

汤老师看着梁胖子。

梁胖子慢慢地说："你跟她讲，认为成绩好的就是好人，成绩差的或是犯过错的就是坏人，这是一种精神的洁癖。你当时很激动，朝着她大吼，说成绩好的也有卑鄙自私虚伪的，成绩差的也有高尚无私真诚的，犯过错的可以改正，还说有这种洁癖的就不配做老师。"

汤老师摇摇手："那时候年轻气盛，现在不可能做这种没脑子的事情了。"

梁胖子又说："当时在那条街上混的，和我差不多大的，好几个都已经进去好几次了。我没进去过，都是因为遇见你。"

汤老师借着酒意，指指天上的星星："牧师没告诉你吗？神救自救者——走了！"

梁胖子有点动情："十年没见了。临走，拥抱一个吧？"

他紧紧抱住汤老师，不，是抱住了他的大哥。

或者说，父亲。

汤老师眼眶有点湿润，却装作若无其事地说："那我就走了……拜托小梁哥的事情，就劳您费心了。"

梁胖子骂道："滚蛋，跟我说这些，你喝多了。老师，以后常来坐！"

他站在酒吧门口，目送着汤老师晃晃悠悠地走到街口，打车走了。


## 走出"上帝之城"

几天之后梁胖子回了电话。

邬倩改了年龄，在一些小型 KTV 坐台。CBD 规模大的夜店她去不了，毕竟看上去还小，别人不要她。她是什么时候入行的不知道，反正小学毕业她就已经时不时在这些娱乐场所和哥哥们"耍"了。

就在汤老师去找梁胖子之前两天，邬倩的妈妈还冲到她常去的那家"九十九号"KTV，和她大吵一架。至于这两天，据说她已经回家了。

掌握了这些情况后，当邬倩妈妈再带着老太婆到学校哭喊着孩子生死不明的时候，被汤老师一阵冷嘲热讽，说她们不花心思教好孩子，把心思都用在歪门邪道上。

老太婆们虽然被戳穿，但又上演了一次睡地上撒泼。最后学校还是做出让步，退回一半费用，把她们打发走了。

在教室里上课的谭欣雅当然不知道教室外面发生的这么多事。她们只知道，邬倩不再来上学了。林珮莉不知从哪里得了些消息，说邬倩家拿了学校的退款，第二天邬倩妈妈就带她出去旅游了。

汤老师觉得不能就这么算了。邬倩的生活方式固然与她的家庭有很大关系，但是也和她所在的下城区分不开。汤老师以前在那个地区教过书，知道那里小孩的生存环境。

目前教的这个（2）班，之所以问题学生多，是因为招生的时候，学校安排晚了，周边素质高一点的学生都被挖得差不多了，只好从下城区降低标准补充了一批学生，导致这一届学生是历年来素质最差的一批。这些学生虽然不会认同邬倩去坐台，但在邬倩问题暴露出来以前，对邬倩的一些生活方式心怀羡慕的也确有人在。汤老师决定要给大家澄清认识。

汤老师在班会上做了一个报告，叫《生于上帝之城》。

"巴西电影《上帝之城》里边展现了里约的贫民窟。那里的小孩要想不变坏，几乎是不可能的事情。因为你的同龄人都在犯罪，你的朋友也在学坏。就算你一开始厌恶罪犯，可你很难独善其身。有时，为了不被人欺负，自己也变成了小混混。"

汤老师想到当初教育小梁的时候，说什么什么不能做。小梁不以为然地说，老师，这一带出来"耍"的人，个个都这样做。汤老师当时就火了，说："你要记住你是个学生，为什么要当那个出来'耍'的？"

汤老师对大家说："每一个城市，都有个"上帝之城"。那里的多数孩子无法抗拒环境的左右——同学朋友都在混网吧甚至混酒吧，我虽然不学但至少在教室里；他们在离家出走在打架斗殴，我只是躲着抽烟，比他们好哩！

有人庆幸，我没有生在"上帝之城"那个地区。别着急，我告诉你，那只是狭义的上帝之城。其实，那些孩子的家长往往具备这么几个特征，要么家庭经济状况不好，家长忙于生计，无暇顾及孩子；要么是父母忙于事业或感情不和，也是顾不上孩子；还有就是家长水平素质太低，没办法教育管理孩子。

满足这几条的，都生活在上帝之城——广义的上帝之城。"

汤老师停下来看看台下，孩子们个个都听得很认真。

"其实家长要是做好了这几条，孩子就不会出大问题；不做好这几条，想不出问题也难。

可现在最大的问题就是，很多生在"上帝之城"的人，不知道自己一直在那里。于是"上帝之城"的悲剧和宿命继续在他们身上蔓延。家长做事不负责任，孩子做事也不讲质量；家长做事没有韧性，孩子做事也不能坚持……

如果他们不看清自己的处境，以后会怎么样？他们会少知识、欠修养、没文凭、缺能力，最重要的是没有智慧和方向。

像有的女孩，早早地离开学校，难道可以寄希望嫁个有钱人吗，那有多大概率，有钱人不知道找个素质高点儿的？不要只看那些学习不好却发迹了的特例，你去"上帝之城"看一看，那么多早早放弃教育的人，找不到体面的工作，更不用说实现什么梦想。他们将继续为了生存而挣扎，当一名没素质的家长，在他的下一代身上恶性循环。这就是不好好学习的最大后果。所以，我希望大家，学会珍惜在学校里的时光。"

汤老师的眼光，从一个个稚气未脱的脸庞上扫过去：刘唯彬，郭一航，张苇，林珮莉，曾育强……

有的孩子低下了头。

汤老师说："家长在孩子成长中的作用至关重要。我们看了《阿甘正传》，阿甘和珍妮都出生在不完整的家庭，但是阿甘和珍妮为什么走上了不同的道路？一个重要的因素是阿甘有个善于教育的好妈妈，而珍妮的爸爸是个混蛋。

可是，如果家长没办法帮到我，我是不是就要注定沉沦呢？

我曾经帮助过很多人走出"上帝之城"，但有一种人我没办法帮到他，就是那些认识不到自己身处"上帝之城"的人。他们看到周围有些同学与自己差不多，就以为自己身在天堂。我想告诉在座的有些还没看清形势的同学，认清自己的困境，用努力改变自己的宿命与人生。否则，你和你的下一代，将继续身处——上帝之城！"


班会结束了，同学们纷纷起身离开。林珮莉坐在原地，第一次开始了反思，自己的日子是怎么过的，究竟要选择怎样的人生？

逛街、逛贴吧、找那些有社会习气的女生……这一切曾让林珮莉感到新鲜和有趣。虽然邬倩并不太搭理她，她心底却一度觉得邬倩是班上最值得她效仿的人。

可现在邬倩走上那条路了，这是自己想要的吗？

她忽然想起一直强烈反对自己和邬倩交往的妈妈，和妈妈的冷战已经持续了好些天，现在看来，她也不是没有一点儿道理。

那么，要不要主动与她讲和呢？

第二天中午，当林珮莉的妈妈看到女儿不声不响地钻进自己的办公室等着吃午饭的时候，还是有点意外的。

她在心里想，准是出了什么事，回头问问老师。

林珮莉妈妈的办公室离学校不远，当初为了能随时到学校监控林珮莉，她特意把公司地址选在了这里。

鉴于女儿一贯的交往习惯，女儿一入学她就反复叮嘱，每天中午来自己办公室吃饭，既营养卫生，又避免了她有太多时间去结交不良朋友。

可这样的安排只持续了半学期，林珮莉就开始以各种理由不来，比如老师留晚了，口味不合等。林妈妈虽然知道让她和家长在一起吃饭肯定比和同学一起吃饭拘束，但又不愿意放弃原则，为这事时常和林珮莉起争执。

其实那些都是毛毛雨，真正的导火索是得知期中考试成绩那天。

在林妈妈的观念里，评价一个小孩，除了品德，就要看成绩。她最不能接受的就是女儿成绩下降。反复地更换学校已经让她费了太多心力，更何况女儿答应了她，这次转学以后，她会安心读书。

可一看到成绩通知单，林妈妈有一种被骗了的感觉。四门主科倒有三门不及格，比起以前不仅没有起色，还有明显的退步。

说到被骗，林妈妈按捺不住自己的愤怒。林妈妈自恃是事业上有能力，生活中有情趣，却在婚姻上狠狠地栽了跟头。按照她的说法，她的前夫，那个没有任何责任心和上进心的男人，一直在甜言蜜语地骗她。她觉得林珮莉的懒惰与谎言，简直就是那个男人的翻版。每每在不知不觉之间，她就把对林珮莉爸爸的怨恨情绪，转移到林珮莉的身上。

她也不想想，上小学以前她把林珮莉交给外婆带，压根儿没为林珮莉的教育操过心，如今看到林珮莉的缺点又大动肝火，这样对林珮莉太不公平。

林珮莉呢，一会儿觉得妈妈喜欢小题大做，一会又觉得从小得不到妈妈的照顾，是妈妈欠自己的，总之不肯接受妈妈的批评。

两人声音越吵越响亮，最后林妈妈一怒之下，不仅宣布取消林珮莉的所有零花钱，而且说不会满足她的任何要求。

从第二天起林珮莉中午就彻底不去妈妈办公室了，晚上回家吃完沉默的晚饭，她就回自己房间，有时一天也不会和妈妈讲一句话。

过了几天，林妈妈有些后悔，有心要改善一下关系，可又找不到机会。

现在林珮莉肯自己回心转意，那自然再好不过，她赶紧为林珮莉张罗午饭，还旁敲侧击地打听林珮莉回心转意的原因。

林珮莉本不打算提邬倩出走的事，可转念一想，妈妈肯定要找老师打听，也就一五一十地讲了事情的经过和自己的想法。

听完了女儿的讲述，林妈妈觉得应该趁热打铁："既然有认识了，就应该把注意力转移到学习上。"

林珮莉往嘴里扒拉着饭，这一次难得没有对妈妈的唠叨产生反感。


## 叛逆期的磨合

接下来的几周，林珮莉上学不迟到，作业不拖欠，上课也不走神了，每天放学也乖乖回家，不再在外面游荡了。

林妈妈自然看在眼里喜在心里，希望一鼓作气把林珮莉的成绩突击上去。

可这情况没持续多久，林珮莉又来找妈妈商量，想每天晚点儿到家，她的理由是郭一航受伤了。

郭一航受伤的原因是在体育课上和同学一起疯玩，被两个同学一起推进了花台里。花台里有一块小石头，正好顶在他的脊椎上。医生说脊椎骨破了一点，需要在家静养到学期末，这期间不能上学，每天只能趴着。对于好动的郭一航来讲，这简直要了他的命。可医生叮嘱说他要是乱动，可能以后都起不来了。

"为什么同学受伤了，你需要每天都晚回来呢？"妈妈显然不理解，怀疑林珮莉要找借口在外面玩。

林珮莉解释说，为了不让郭一航功课落下太多，谭欣雅和高雨涵把愿意帮助郭一航的同学做了分工，每天派几个到郭一航家里，帮他补习，自己也要去。

"你又没能力帮别人补习功课，你去凑什么热闹？"

"我可以给他讲讲学校里有趣的事，让他开心起来呀。"

妈妈说："其他同学不可以讲笑话给他听吗，非要你去？"

妈妈不知道，自从邬倩走后，林珮莉不再觉得那些爱学习的同学很无聊，她在班上的朋友开始多起来。

她的新朋友里边固然有谭欣雅这样的自来熟，但最要好的还是郭一航。因为郭一航常常逗得她哈哈大笑，她觉得郭一航很有意思。而且郭一航还愿意帮她跑腿，请她吃东西。

得知郭一航请长假的时候，她还哭了一场，班上同学去医院探望郭一航，也是她和谭欣雅、高雨涵一起组织的。

妈妈生怕林珮莉故态复萌，念叨着要她争取下次月考上升五名，可是林珮莉已经在想给郭一航带什么礼物了。

妈妈唠叨了一会儿，发现林珮莉并没在听，不由得心里窝火："总之，你跟着同学去探望一次就行了，用不着天天去。"

"啊?!"这句林珮莉倒是听见了。

"凭什么呢?"林珮莉开始有点悲愤的意思了，觉得妈妈一点儿也不近人情。

"就凭你的成绩，每次都考在班级四十名以外，好不容易好了几天，你又要出幺蛾子了?"

"可是我不是最近表现好吗，你也不答应我的正当要求?"林珮莉委屈地说。

"总之就这么决定了——我也是为了你好！妈妈有事出去，你自己快去做作业吧。"妈妈急着要出门，没有兴趣再和她磨牙。

林珮莉进了自己的房间，将门狠狠一摔，然后咿咿呜呜地哭起来。

林珮莉的性子，其实和她妈妈像一个模子里倒出来的，急躁、执拗、不会控制情绪。当天晚上她越想越气，每道题都乱画，填空题填的全是 ABCD。

教初二（2）班数学的蔡老师看到林珮莉的作业，有些不相信自己的眼睛。她不由得推了推自己的近视眼镜，心想，这个小孩的态度这段时间刚有些好转，怎么又开始乱来了?

蔡老师这学期才接手（2）班，一来就和林珮莉进入了一个磨合期。林珮莉觉得在这个看脸的时代里，评价老师也要看颜值。前任数学裴老师是个帅哥，林珮莉虽然数学从小就学不好，却也勉为其难地学一学；而蔡老师其貌不扬，自然就不受林珮莉待见了。

更让林珮莉光火的是，裴老师对她特别关照，有时候会高抬贵手，而这个蔡老师却总不肯放过她，有一道题没改对都不放她走。

林珮莉本来就不喜欢数学，这下每天放学都需要在办公室里改错，更是恨死了蔡老师。她回家大哭大闹了一场，说蔡老师歧视她，她再也不愿意上数学课了。又说，如果她跳楼了，一定是蔡老师害的。

妈妈听了立即行动，打电话给蔡老师，希望她能调整态度。蔡老师一心想提高林珮莉的成绩，却接到这样的电话，不由得一肚子委屈，不愿意再理睬林珮莉。

汤老师专门找母女俩谈话，告诉她们蔡老师是学校最负责的数学老师之一，教学水平也很高。她也许不像裴老师那么风趣幽默，但她的风格很严谨，总是默默无闻地把分内的工作干得很出色。她之所以花时间在林珮莉身上，是因为觉得林珮莉聪明，数学不该是这个成绩。汤老师劝林珮莉要懂得别人对她的关心，又说她妈妈处理这个事情的方式是不对的。

关于做蔡老师的工作这种事情，对汤老师来说是家常便饭，他总会找到办法让学生和科任老师融洽起来。如班上同学有对英语老师的严格有意见的，他就放"日本人说英语"的搞笑视频，告诉大家不学好英语就是这个样子；有对体育老师的训练有意见的，他又拿着手机在体育课上到处拍，编成短片给大家看，让大家在笑声中没了意见。

林珮莉觉得有点过意不去，数学考试破天荒地及了格以后，她写了一篇关于蔡老师的周记，叫《她是一个好老师》。

汤老师便把这篇周记放在蔡老师的桌上。

正是因为前面发生了这样的故事，蔡老师决定不直接去找林珮莉，而是由班主任来出面沟通。

发生这样的事情在汤老师的意料之中，尽管邬倩的离开让林珮莉的学习态度有了提升，但要让这个学业荒废已久的孩子走上正轨，必然会经历不断的反复。对于一个没有真正形成学习意愿的学生来说，放弃学习是分分钟的事情。任何鸡毛蒜皮的小事都能成为她放弃学习的理由，因为她根本没意识到学习对她的意义和价值。

他找林珮莉了解情况之后，拨通了林珮莉妈妈的电话，建议家长做点儿让步。

也许对于有可能结交坏朋友的孩子来说，放学不及时回家确实问题很多，但汤老师仍然觉得林妈妈的做法欠妥。

本来在孩子小学的时候，需要一个管理严格的家长，时常规范引导；等孩子进入了青春期、叛逆期，就需要一个民主型家长，适度放手，有事多商量。可在林珮莉家里，完全反过来了——小时候疏于管理，叛逆期又出现干涉型家长。

就探望郭一航这件事而言，其实林珮莉的热心、善良是值得表扬的，却被妈妈泼了冷水，可见还是成绩第一的心态在作怪。在这种心态面前，美德都不如成绩重要。也是在这种心态驱使下，只要与提高成绩无关的事情，家长就反对；只要是能提高成绩的措施，家长就施加压力。这种急切心态造成家长既没有与孩子平等交流的姿态，也没有俯身倾听的兴趣。她们在孩子面前的形象，不像朋友，倒像工头。

汤老师提醒林妈妈，在邬倩离开以后，林珮莉的学习面貌已经有所改变，结交不良朋友的问题已经下降为次要问题，而妈妈与她的冲突，不和谐的母女关系，上升成为主要问题。孩子把家长当对手的时候，家长再正确的意见她也不可能接受。师生之间讲"亲其师、信其道"，母女之间不也是这样的道理吗？

## 救狗之争

隔天早上下了第一节课，物理老师有点儿不高兴地对汤老师说："高雨涵整节课都没有来，是怎么回事？"高雨涵原本物理不错，但这学期物理老师一直对她的状态不满意，直到邬倩离了校，郭一航也回了家，高雨涵的状态才有了提升。可没有几天，又这样整节课不来，难怪物理老师不高兴。

汤老师答道："她刚才来电话，说上学路上看到一只狗被车压伤了脚，趴在路边没人管，很可怜，就打电话请假，说把那狗送到动物诊所再来上学。"

英语老师说："啊，我早上有看见她，就在离学校最近那个十字路口。我看见围了一大群人，过去一看，高雨涵正在那狗旁边哭得特别伤心。那狗很大，估计她一个人弄不走。当时（6）班还有两个女生想帮忙，后来他们班主任看见了，说——是你们家的狗吗？她们就只好上学去了。"

物理老师说："自己学习不管去管狗，难怪成绩老是上不去，看这架势，下节课都不会上。"

英语老师说："我不是有早读课吗，当时就匆匆地走了。我劝她把狗交给交警跟我上学，但她说交警在指挥交通，顾不上管的。"

汤老师笑笑，这件事情该怎么评价呢？

等高雨涵赶到学校，正好打二节课的下课铃。

她意外地看到班级的公告栏里写着这样几行小字：

班级辩论赛复赛第二场

正方（谭欣雅队）观点：高雨涵应该救狗

反方（袁凯文队）观点：高雨涵应该按时上学。

高雨涵又好气又好笑，没想到早上才发生的事成了辩论的题目，赶紧去问谭欣雅。她自己也是谭欣雅队的队员，还有两个队友是陈佳和张苇。这个全是女生的队伍在初赛中伶牙俐齿，说得对手只有招架之功，没有还手之力。

谭欣雅似笑非笑地说是上节课抽的签。这显然是汤老师要拿她们开涮，幸好抽的是正方观点，要是抽的是反方，不是自己打自己脸吗？

高雨涵原本以为救下狗狗是天经地义的事情，没想到还有人认为不对。想想觉得这样也好，正好通过比赛讲清楚自己的主张，给那些质疑的人一点颜色看看。

他们的对手，与其叫辩论队不如叫篮球队，清一色的篮球队员——袁凯文、刘唯彬、于鹰、张百悟。看来这场比赛还有另一层意义，就是坊间传的"男女大战"。有这样的噱头作铺垫，女孩们越发觉得不能输给那帮四肢发达、头脑简单的小子，这场比赛也越发地引人关注起来。

"各位老师，各位同学，对方辩友，下午好。我是正方的一辩张苇，我方的观点是，高雨涵宁可迟到，也应该救那只狗。

我们认为，这个世界之所以能够这么美好，除了丰富多彩的世间万物，还有就是感人肺腑的世道人心。善良与同情，尊重与爱心，从来都是我们学校教育的基本主张，社会道德的重要基石……"

两周的准备期之后，这场备受瞩目的辩论如期举行，张苇的发言拉开了比赛的序幕。

本来，几个女孩觉得，谭欣雅讲话有气势，应该让她来当一辩，先声夺人。但是张苇主动请缨承担一辩，她说："你们几个脑子比我灵活，在后面讲话，应变要好些。"几个女孩子叽叽喳喳地合计下来，最终谭欣雅支持了张苇。她觉得张苇上了快两年的语言班，口才进步了不少。而且，从她生日之后，她的情绪也好像忽然好起来了，应该可以完成任务。

正想着，张苇已经在收尾了："综上所述，我方支持高雨涵的选择。我方的二辩和三辩将从事实和道理两个角度展开分析，谢谢大家。"

张苇的发言很清晰，谭欣雅不由得想，初一才进来的时候，谁会想象她可以有这样的表现？

她看了担任仲裁的汤老师一眼，老师也似乎在微微地点头，好像对张苇的发言表示嘉许。

这让谭欣雅的心安定了不少，一本正经地拿出小卡片，开始复习起自己的发言。

汤老师喜欢搞这样的比赛，既考验知识，又训练技能；既有竞胜的快乐，又有合作的快乐，何乐而不为呢？

反方派了张百悟打头阵，这也是经常考班上第一名的男生，他不紧不慢地说："同情心是一种美好，但不是唯一的美好。遵守纪律是对学生的基本要求，以学习为自己的主要任务，这应该是学生的基本觉悟。我方的观点是，高雨涵应该按时上学……"

"哼，早料到你们要讲纪律。"谭欣雅一边想，一边在卡片上记录张百悟的表述。

首轮发言完毕，双方旗鼓相当，这勾起了听众的兴趣，更加期待二辩的发挥。

正方的二辩是高雨涵，她有一点小紧张，毕竟她和她的家庭成员，都不大擅长在众人关注的公开场合讲话。她起身以前，谭欣雅捏了捏她的手，表示支持。

"大家好，我是正方二辩高雨涵，我想，我是事件的当事人，现在这里的所有人，没有比我更清楚当时的情况。

我不希望迟到，如果当时能有既拯救狗狗，又保证出勤的办法，我是一定会选的。但是很遗憾，不能两全其美。我想，缺了课，我还可以补习；但狗狗失去了生命，就再也无法挽回。所以，对我当时的选择，我不后悔。如果让我再选一次，我还是选择救狗！"

"哗——"观众鼓起掌来了。

谭欣雅满意地想："就要这个效果！"女孩子们对高雨涵的分工就是要以情感人。比赛前谭欣雅反复提醒高雨涵，汤老师在讲座的时候说过，要保持热泪盈眶的感觉，泪如雨下就失态了。要引导大家设身处地，感受狗狗的境遇，达到抓住听众的效果。

高雨涵的发言赢得了不少掌声，她有点儿不敢相信，捂住嘴巴坐了下来。

该反方的二辩刘唯彬发言，他一站起来就似笑非笑地对高雨涵说："刚才对方讲到，如果是我们的亲友躺在那里，我们会怎么做？我想提醒对方，那不是人是狗，它跟你们有什么亲戚关系呢？"

听众一下子哄笑起来。

汤老师却皱着眉，在本子上记录。挤眉弄眼，言语轻佻，这个亮相可不大好。话说得好像俏皮，但很没有水平，容易招致对方的反击。

刘唯彬又说："那只狗该不该救还没有定论，但是我查了一下高雨涵这学期的班级记录，迟到八次，作业迟交缺交十三次，期中考试只考了三十五名，以前还可以考二十多名吧？马上就要沦为学渣了，还说救狗？我想先救救自己再说吧！"

大家又哄笑起来，觉得刘唯彬太毒了。

汤老师仍然在皱着眉头不停地记录，刘唯彬这段虽然有针对性，但是有人身攻击的嫌疑，这在比赛中是大忌。

果然，接下来刘唯彬的表述开始显得凌乱，材料也不充实。为什么常常感觉这小子思维不错，临到发言却常常不精彩呢？汤老师想，从这稿子来看，还是下的功夫不够。

在一片笑声中，刘唯彬结束了他的二辩陈词，摇头晃脑地坐回到座位上。

轮到正方三辩陈佳上场了，她深吸一口气，站起身来。

"那只狗不是我的亲戚，但它可以做我的朋友。尊重生命，关爱生命——虽然它们与我们不同，但它们是我们从征服自然到与自然和谐相处的转变中最重要的收获。

对方辩友在讥讽我们把狗当作亲友的时候，有没有想过，那些反对达尔文的教会人士，也曾经讥讽他把猿猴当亲戚。可是时至今日，这些人的论调已经被证明是无知与粗鄙。"

谭欣雅用钦佩的眼光看着陈佳。这一次和陈佳合作，谭欣雅第一次感到了与优秀朋友相处的益处。谭欣雅自认是个认真的人，但是比起陈佳也自愧不如。陈佳接下任务后，每天回家上网搜集大量资料，又检索书籍，不仅满足自己陈述的需要，还为大家提供材料。

陈佳还催着她经常把队友们集中起来开碰头会，全队的观点架构是陈佳搭建的，所有人的稿件都经过了陈佳和谭欣雅的修改。谭欣雅觉得，和陈佳在一起，有一种投缘的感觉，常常她想到什么好点子，陈佳马上就能补充完整，这种感觉是高雨涵、张苇她们不能带给她的。她终于明白了为什么陈佳总能考前三名。

当然，陈佳也在她身上学习到了勇敢与外向，这种互补的关系或者说共同进步的关系让谭欣雅很享受，她想，自己与陈佳的友谊一定要保持下去。

汤老师也喜欢陈佳这种理性又不失犀利的辩论状态，不禁抬头看了陈佳一眼。他看到的是一个眼睛炯炯有神，甚至额头都在放光的女生。那道光驱散了以前笼罩在陈佳眉宇间的阴霾，汤老师管那叫智慧之光。

当汤老师要低下头的时候，注意到林珮莉坐在教室一角，低着头不知道在弄什么，显然没有在听。

汤老师微微地探出身去，看到林珮莉在下面摆弄的东西——手机。

按照学校要求，在教学区使用手机都是不允许的，更不用说这是在上课时间。

汤老师猜到她是在给郭一航发短信，但看到教室里辩论比赛的热烈氛围，他并不想做没收手机这样煞风景的事情。只是在心里琢磨着，回头要怎么和林珮莉沟通。

回过神来，陈佳还在陈述："纪律诚可贵，爱心价更高。平时口口声声要珍爱生命，却为了自己不被老师批评而放弃对生命的救助，是不是有见利忘义之嫌呢？中国古代有叶公好龙的故事，如果我们光有善良的口号，却没有实际的行动，是不是也成了叶公一样的人呢？"

谭欣雅一抬头，发现坐在观众席的余远航在向她竖大拇指，然后又被赵一贤拍了头，问他是不是男生。

当陈佳完成陈述的时候，全场掌声雷动，在气势上女孩们已经完全占据了上风。

随后反方三辩没能扭转局势，到了自由辩论阶段，光是女生们人手一份的厚厚的准备材料就已经让男生们绝望了。四个女生伶牙俐齿，反应敏捷，说得男孩们面红耳赤。

反方的四辩袁凯文知道大势已去，但还是中规中矩地做了总结陈词："我们今天讨论的实质是在纪律与爱心发生冲突的时候，如何选择的问题。按照辩题，我们不是要讨论人们该如何选择，我们应该讨论的是高雨涵该如何选择。就像施教要因才，对这个问题的评判我们应该结合高雨涵的具体情况。高雨涵如果缺的是爱心，我们就应该教会她善良；高雨涵如果缺的是面对学习的态度，我们就应该教给她认真和守纪。归根结底，物理老师对高雨涵迟到有意见，不是反对高雨涵的善良，而是对高雨涵一直以来没有做好学生的本职工作的不满……"

汤老师乐了，看看高雨涵——记录得很认真——因为要为谭欣雅的总结陈词支招儿。汤老师心想，这还需要我再教育吗？

比赛的结果当然是女生队获胜，不过汤老师相信，她们收获的不止一场胜利。

## 蟑螂的致命一击

汤老师心满意足地走出教室，迎面碰上卫老师，手上拿着一小摞本子，神色忧郁地走过来。

印象中的卫老师都是神采飞扬的，怎么今天看上去情绪不好呢？汤老师本想问问情况，不料卫老师一见面就吐槽起来。

"汤老师，你看看，"卫老师扬了扬手里的作业本，"这是我今天在（11）班收的作业。"

（11）班有超过 50 人。汤老师瞥了一眼本子，只有 20 来本，笑道："我在（11）班每天收的作业多一点，还是能收到 40 本。"

"那是因为你从初一教上来，我们是半路接手的，另外不听语文课可能还能做作业，不听英语课看到作业就像天书了——除非他乱选。"

"是这个道理。"

"那你现在感觉学生上课状态怎么样呢？"

汤老师实话实说："死气沉沉。"

"哎呀，我跟你老实说嘛，我每次进（11）班教室都要调整好情绪再进去，在他们班上课就如同走在荒无人烟的旷野，讲 40 分钟都得不到一声回应，太折磨人了。"

汤老师苦笑："这事我跟付娟说过很多次，她也表态要整顿，但感觉没什么效果。"

卫老师不以为然："我跟你说，我觉得现在付娟是有些被皮小星闹怕了，根本不敢管班里的事。不信，跟我来看。"

汤老师跟着卫老师来到（11）班后门，从门上的小窗往里边张望。

只听得付娟问道："早上的作业哪些同学没交？"

没有人应声，教室里死一样地沉默。

付娟加了一句："学习委员？"

问完这句话，皮小星忽然打了个惊天动地的哈欠，众人回过头去，只见他肆无忌惮地张大嘴巴，无所顾忌地伸展四肢。

付娟脸色很不好看，却只白了皮小星一眼，什么也没说，而是把头转向学习委员。

学习委员懒洋洋地站起来，报上了七八个名字，都是些老不交作业的。报完名字她就似笑非笑地坐下去，和其他组的学生交换一个暧昧的眼色——和她关系好的名字已经被省略掉了。

卫老师继续吐槽："你看看，一点正气都没有。"

付娟开始宣布处置意见，她复述了学习委员刚才念的每一个名字——唯独避开了皮小星，让每个人都把缺的作业补三遍。

付娟用她的办法来对付皮小星，这个办法就是冷落，连吵的机会都不给你。任你胡作非为，就不和你说一句话。皮小星装作满不在乎，心里却恨得牙痒痒的，暗自盘算放学后想个什么阴招，好好报复回来。

其他几个被罚补作业的学生，有一半都没打算把作业补过来。他们都和皮小星走在一起，知道付娟拿皮小星没辙，也跟着见样学样。况且只要给学习委员打个招呼，她也会睁一只眼闭一只眼。

汤老师在人群中看到了陆旭。这个初一时喜欢仗义执言的班长现在正埋头做自己的习题，就算周围一片喧哗，他也不会把头抬一下。考上高中宏志班，摆脱皮小星这群人，成了他现在唯一的目标。

　　卫老师郁闷地说："平时只知道抓自己的学科，根本拿不出有力的措施管理班级。科任老师根本得不到班主任的支持，只好各自为政，这就是这个班的现状。"说罢，她无奈地摇着头走了。

　　汤老师也回了办公室，一边改着作业一边寻思着还能帮付娟想到什么办法。

　　第二天上班的时候，汤老师才走到年级走廊，忽然听到"啊——"的一声凄厉的尖叫。这尖叫来自办公室，汤老师赶紧三步并作两步赶过去，还没进门，又听到"啪"的一声，感觉是玻璃破碎的声音。

　　正要进门，付娟捂着嘴从门里冲出来，对着走廊的柱子干呕起来。

　　汤老师跨进办公室，看见付娟的玻璃杯在地上摔了个粉碎，水溅到地上，形成一个小水洼，水洼的中间，漂浮着一只硕大的蟑螂！

　　看样子是付娟早上来端起水杯想喝水，却被杯子里的蟑螂吓坏了。

　　付娟干呕了一阵，又呕不出东西，汤老师正想过去安慰几句，却见付娟的眼泪一下子涌了出来。从小到大，哪里遇到过这种待遇？眼泪淌过付娟的脸颊，又漫过她的手指，一颗颗滴落下来。

　　汤老师劝也不是，不劝也不是，手足无措间，听得付娟泣不成声地说："这班主任，我是当不下去了！"

　　朱主任从宽大的眼镜片后面抬起眼来，看了对面的汤老师一眼："这么说，付娟是下决心不干了？"

　　汤老师不抽烟，坐得离朱主任远远的："反正我是劝不动她了。我说这是她的第一届，劝她争取给自己的职业生涯开个好头，希望她能坚持——可她后来说，她想明年生孩子，坚决不上初三——我还能说什么呢?"

朱主任伸出他胖胖的手指头掸掸烟灰:"现在的年轻人啊,很多都意志力薄弱,动不动就撂挑子。"

"也难怪,一踏上社会,就要面对那些心灵不那么健康的小孩——和那些孩子相处特别折磨人,需要老师有一个特别成熟强大的心灵。"

朱主任说:"可惜我们的付娟小朋友自己都还没有成熟哩,哪里还谈得上去指点学生!"

在和汤老师的交谈中,付娟觉得自己手气很背,抽到了这么一个难管的班,遇上了皮小星这样的煞星。这观点汤老师觉得不能苟同,他认为这就像自己小时候和父亲下棋,每每觉得到山穷水尽时,父亲会调转棋盘,就着自己留下的残兵剩卒,再度下得自己丢盔弃甲——关键不是手气问题,而是水平问题。

在和朱主任的对话中,付娟又说自己不适合当班主任。如果从工作安排的角度来说,付娟确实更适合只教专业知识,不过朱主任也心想,班主任既在教学生如何做人,也是在促使自己成长。其中的种种得失,对付娟以后教育自己的孩子,学会与家人、与自己相处,都很有意义。付娟说自己不适合当班主任,那以后会不会说自己不适合当母亲,不适合当妻子?这想法说来夸张,可是为什么不可以在个人成长的道路上,走得更勇敢一些呢?


## 初三畅想

朱主任觉得,要让付娟这一批年轻人快点成熟起来真是一个难题，他吐出一个烟圈，看看烟圈后面的汤老师，忽然有了主意。

"班爸爸，"他说，"你觉得付娟的问题出在哪里呢？"

"可以分析一下，"汤老师接招，"你先说。"

"首先是丧失威信。"朱主任言简意赅。

威信是怎么来的？来源于你做的让人佩服的事，来源于你是一个让人信服的人。付娟精湛的教学技艺本来可以为威信加分，但她把情绪的发泄当成处理问题的途径，还有她与小孩子一般见识的襟怀，都在毁掉她的威信。说到底，威信丧失反映的是她为人水平的问题。

"对班主任这个工作缺乏认识，也就是缺乏职业意识。"汤老师也讲了自己的意见。

如果对这事有足够的认识，就会意识到学校是个教化育人的地方，就要"有教无类"，接受学生的差异。学校不是公司，学校的公益性质决定了它不能优秀的学生就接纳，不够优秀的就开除。如果付娟认识到这一点，也许她会对皮小星多一些耐心。

付娟没有想过，对自己的男朋友，她想随便发脾气可以，使小性子也可以，但不可以这样对待学生，这是老师这个职业担负的社会责任决定的，要为学生做一个好的榜样，做他们人生的领路人。

不管人们对老师的评价如何，社会对于老师的期许还是很高！老师如果意识不到自己的社会责任和职业尊严，就会随意地看轻自己！

在有的年轻老师的认识里，自己就是一普通人，承担不了也没必要承担那么多责任。可要是他们自己的孩子进了学校，又生怕老师不负责任。换位思考，将心比心，己所不欲，能不能勿施于人？

"为什么会对工作缺乏认识？"朱主任说，"其实就是缺思想。你这个徒弟和师傅最大的差距就在这里。要是她也像汤老师一样总想着为孩子们传递一种思想和人生哲学，也就不会只管不教了。"

　　汤老师插话说："刚参加工作的女孩子，你不能对她太苛求。要想得长远，需要经验和经历。如果一定要给她建议，我觉得作为年轻人，她应该多考虑一下学生的感受。"

　　在付娟的教室外面，常常有五六个违纪的学生在罚站，似乎不这样做不足以展现老师对他们的不满。汤老师最不喜欢这样的行为，且不说站在走廊上的孩子有碍观瞻，对他们的身心健康也是很不利的。

　　老师有责任为学生提供一个安全、愉悦的受教育环境，让学生想着来学校，盼着来学校——其实付娟站在学生的角度想一想，自然能明白这个道理。

　　办公室里，朱主任还在翻看初二（11）班的常规考评记录，粗略一数，下半期的违纪扣分就有七八次，看得他直皱眉头。

　　他狠狠地吸了一口烟，烟雾慢慢从鼻孔里出来，感觉舒服了一些："你看看，这个付娟是头痛医头，脚痛医脚，总在当救火队员。自己该干些什么，没有个整体的思考。"

　　学生考得不好，就批评学生不努力；学生表现不乖，就批评学生不自觉，却不想想无缘无故学生为什么要努力和自觉。听陆旭说，班上考得不好，付娟就经常在班上禁止各种娱乐活动，从禁带课外书到"一切与学习无关的物品"。可惜就算禁了这些东西，也没见班上同学更爱学习。而且，付娟也很少考虑到措施的可执行性，心血来潮地制定了新规矩，坚持不了几周就名存实亡了。


　　陆旭这时候正站在（11）班教室的门口，无所事事地望着走廊。本来他好好地在座位上看书，皮小星却和几个小跟班跑到他座位周围打闹。陆旭习惯性地避开他们，站到门口来了。

　　在他站在门口这段时间，有看到付老师经过。过去付老师路过教室门口，都会过来喊上几声，让打闹的人规矩点，看看有没有谁又带违规的东西来了，今天却看都没看教室一眼就过去了。

他看出付老师这段时间有打退堂鼓的意思，心里暗想：上了初三，我们会不会换老师呢？

他还看到（2）班那个很逗的郭一航又蹦蹦跳跳地来学校了。因为谭欣雅的原因，陆旭知道（2）班的很多事，看样子这个活宝恢复得不错，又可以开始折腾了……


汤老师若有所思地回到教室。

他还在思考朱主任给他的建议，按照朱主任的意思，每次帮带一两个年轻班主任效率太低，主题也不明确，他希望初三这一年，汤老师能办个班主任工作室，每次培训十个年轻老师。

一进教室，看到活蹦乱跳的郭一航，汤老师眼前一亮："嘿！"

郭一航除了稍微胖了一点外，看上去心情不错。

他确实有心情好的理由，一回到班上，袁凯文就告诉他，为了表扬他上半学期在班干部岗位上表现的进步，同学们选他当优秀班干部；"财政部长"还给他补发了期中考试的奖学金。当然，这一切都比不上结束了趴在床上的"服刑期"。趴在床上的每一天，他都盼着回学校来。

接下来的这一周，他和林珮莉又开始粘在一起：一起吃饭，一起喝冷饮，一起进出教室，一起上学放学。他们走一起的时候，虽然没有拉在一起，但是神色之间的亲昵却能让每个人都感受到。

郭一航一点儿也不避讳大家，甚至在汤老师出现的时候，他都不掩饰自己的幸福感，好像自己有了个女朋友，是个倍儿有面子的事。

刘唯彬对着他大喊："我受不了了，真是饱暖思淫欲！"

他听了，咧着嘴，呵呵一笑。

这天午饭时间，郭一航正和林珮莉在教室里面对面地吃冰激凌。

汤老师进了教室。

谭欣雅正站在教室后门，（2）班和（3）班交界的地方。

看汤老师来了，她赶紧跳进教室，解释说："别误会，我没有在望帅哥。"

汤老师说："我有在说你吗？你是不是像故事里的小和尚一样，老和尚已经放下女施主了，你还把她背着？"

谭欣雅吐吐舌头，不说话了。

汤老师又把目光移到了郭一航身上。

郭一航还在和林珮莉面对面地坐着，他知道这几天自己和林珮莉的举动已经落到汤老师的眼睛里了，但他还是强做镇定地看着汤老师，一副不明所以的样子。

汤老师看了一会儿，忽然忍俊不禁，笑道："有时候，在大学食堂里，有一种让周围的人难以忍受的现象……"

郭一航睁大了眼睛。

"那就是，一男一女，一个饭盒，一个勺。两个人在人群中旁若无人地对坐，你喂我一勺，我喂你一勺……"

谭欣雅也笑起来了。

汤老师看着郭一航说："两位可以选择自己的交往，但还是要注意一下观瞻。"

等汤老师走了以后，谭欣雅蹦蹦跳跳地过来火上浇油："看看，老师已经拉响警报了，这段时间你们两个都小心复习哟，期末考差了，老汤就有告状的理由了。"

郭一航很想对谭欣雅说"呸呸呸"，因为他受妈妈影响，不喜欢听到不吉利的话。

果然，这学期的期末考试郭一航就像遭了诅咒，一科不如一科，最后排名下来一看，连四十名都没进。

前后左右的人都考得喜笑颜开，听说班级平均成绩也上升到了年级第一，可为什么就一航这么倒霉呢。

他看到谭欣雅欢天喜地收拾好书包回家——她上初中以来第一次考进了前三名。

看样子，这个假期又要忍受碎碎念了，爸爸态度一定不会好，就连妈妈，也一定会来帮腔："你这个样子，初三怎么办哟？"妈妈从上学期就开始替他在庙里烧香，要保佑他初三毕业升上本校高中。尽管只有大约一半的学生能考上本校，爸爸还是发话，要他初三毕业必须留在本校——否则，别指望家长再想办法。

走出校门，暑假就算开始了。一航路过门口的大树时，听到树上的小鸟不知烦恼地啁啁啾啾。一航郁闷地抬头望向繁茂树冠上错综复杂的枝枝丫丫，一如望向他那不可预知的未来。他想，初三，谁知道初三会怎样呢？他忽然有种预感，过了这个夏天，他会失去些什么。但究竟是什么，他却说不出。

好在他不会在想不清楚的问题上一直浪费脑细胞。临走前，他在大树下撮了个土堆，歪歪斜斜地插上三根小树枝。他在这个简易的祭坛前面心里默祝了一下：不求将来怎么样，只要老天保佑他这个假期别太难过就好了。

# 第三章

## 初三　难舍难分

## "煎熬"式暑假陪读

初三开学那天，郭一航顶着个黑眼圈，睡眼惺忪地来教室报到。

他昨天熬了快一个通宵。

这一次倒不是玩游戏，而是赶假期作业。

班上对假期作业有个规定，就是不交齐假期作业，不能领新学期的书。上个寒假结束的时候郭一航就没能完成假期作业，结果开学几天后才拿到新书。

这个假期他爸爸去了外地，没人管他，他又没怎么做假期作业。到了临开学这一两天，他不得不疯狂"加班"，直到报到这天凌晨才算赶完。

交完作业，他歪歪扭扭地倒在自己的座位上，想打个盹。

刘唯彬捅他一下："喂，你的好妹妹怎么没来?"

郭一航闭着眼睛嘟囔道："可能是迟到了吧?"

林珮莉没有出现并没有引起一航的注意，他还想着等养足了精神，向林珮莉介绍假期里发现的一款游戏。他替林珮莉申请了个账号，两人正好可以在虚拟世界里加深"革命情谊"。

汤老师作开学致辞和袁凯文做一日常规培训的时候，他一直在打瞌睡，直到汤老师让大家拿出记事本，记下这几天的安排，他才懒洋洋地动起来。

汤老师交代的什么，他听得并不真切，但汤老师收尾那句话他却听清楚了："林珮莉家里给她办了转学，这学期我们要少一个同学了。"

郭一航浑身一激灵，所有的瞌睡瞬间消失。他望向林珮莉的座位，座位空着。他又望了刘唯彬一眼，刘唯彬向他双手一摊。

看汤老师讲完走出了教室，郭一航不假思索地跟了过去。

老师问："有事吗？"

"那个……"郭一航吞吞吐吐，"林珮莉怎么转学了呢？她才来一年……"

"我也不太清楚——你跟她那么熟——她没告诉你？"

郭一航小声地说："没有……假期她电话一直关机……"

按照刘唯彬的说法，郭一航急得差点没给未来的丈母娘拨电话。虽然这只是一句玩笑话，可要是郭一航真的能知道林珮莉妈妈在想什么，才能体会到在转学这件事上，林妈妈怎么一个假期就拿定了主意。

刚一放假林妈妈就有了雄伟规划，要在这个假期让林珮莉有一个彻底的改变。开学就初三了，再没点儿变化是考不上本校的……

可惜林妈妈的第一个计划就胎死腹中，这个计划是安排林珮莉多上几个补习班，让林珮莉把各科的缺漏好好补一补。可是这个貌似合理的计划遭到了林珮莉的强烈反对，林珮莉提出了各种理由来反对这个安排。比如上学期间很辛苦，假期就是应该属于她自己，或者补习其实没什么用，还不如自己在家复习等。林妈妈觉得迫在眉睫的考试形势，好像与她没一点儿关系。妈妈逼得急了，她就说自己下学期会努力，让妈妈等着看结果。

林妈妈当然不会真的什么都不做等林珮莉的结果。她一心认为补习班就是解决林珮莉学习问题的灵丹妙药，自己不用一直守着，省力又省心。补习班嘛，就算不是药到病除，至少也可以死马当作活马医，可惜这匹死马没有自救的觉悟，不肯乖乖就范。

劝说无效，林妈妈倒没有强制执行，一方面是因为期末考试林珮莉考得不好不坏，班级四十一名，比刚到学校的时候好点儿，比排名最高的时候差点儿，这使她觉得自己有充分的理由不去上补习班。另一方面是汤老师叮嘱林妈妈不要对林珮莉用强，林妈妈一想，就算强迫林珮莉去了，也肯定是浪费时间，不如自己每天督促她改些毛病，想来想去也就只能这样了。

基于假期不学习好就考不上本校的考虑，林妈妈把林珮莉每天在家的时间做了这样的安排——两个小时的假期作业，四个小时的学科练习，再加上一个小时的体育锻炼，再加上中间的休息，地地道道的八小时工作制。

她不出门，也谢绝一切应酬，每天守着林珮莉。这是这么多年来破天荒的头一次。以前林珮莉做作业的时候，林妈妈不是还没回家，就是在看电视。她不是不知道让外婆管林珮莉问题很多，可她觉得自己有心无力，家里没有男人，她的精力要用来挣钱。直到这一次，面临中考压力，她决心放下手里的事情，专心守林珮莉一个假期，也当给自己放假。

不守不知道，一守吓一跳。

每学习一个小时，林珮莉可以休息10分钟。可这一个小时里，林珮莉起码从房间里出来三次，喝水，吃水果，上厕所。

这让林妈妈理解了为什么林珮莉老做不完试题——每次考试的规定时间内，林珮莉连三分之二的题目都做不完——不用看正确率，就凭这完成度，都不可能有理想的分数。

林珮莉学习的时候，林妈妈一般在客厅里看电视，林珮莉每次上厕所，都不去近的厕所，却要去远的厕所，就只为从电视前面经过，蹭蹭电视。

林妈妈换到卧室里看电视，为了防止林珮莉来打酱油，她把门关上，可转念一想，这还叫陪着林珮莉学习吗？

只好把电视关上。

没了电视看，林珮莉还是会借故出来，这里坐坐，那里摸摸，一副百无聊赖的样子。

林妈妈看出来了，林珮莉就是在磨洋工，想把这一个小时磨完。于是林妈妈把饮料水果都提前送进林珮莉的房间，并且规定，没到一个小时，不准离开房间——连上厕所都不行。

可是林珮莉还是做不完。

趁着林珮莉在学习的时候，林妈妈端了一盘点心，生怕打扰了女儿的专注，轻轻推开她的房门，来到她的身后。然而点心还没放到桌面，林妈妈的脸色已经不好看了——林珮莉正在看试卷下面压着的一本时尚杂志，难怪这么聚精会神。

这下只好坐在旁边监视了。林妈妈搬了个椅子，坐在林珮莉身边，母女俩大眼瞪小眼。

林珮莉没有机会看杂志，只好低头做试卷。

语文试卷上有篇阅读是讲对海的喜爱的，这让林珮莉想到她很久没看到海了。要不是明年有该死的中考，她完全可以去台湾度暑假，在她喜欢的花莲海滩，吹吹风，发发呆。

她在草稿纸的一角，唰唰几笔，就勾勒出海滩的模样。正在自我欣赏呢，却听到妈妈说："莉莉，你在干什么？"

林珮莉只好放弃创作，继续做习题。

做一道题，叹一口气。

窗外的树叶在微风中摇摆，树上的知了在烈日下唱歌，林珮莉觉得它们都比自己自由。

正想着呢，妈妈拿笔在纸上"啪啪"地敲了几下——又走神了。

林珮莉觉得自己像是被警察看管的犯人，浑身不自在，却不知道这警察也不好当。林妈妈也是觉得这假期度日如年，时时刻刻得把林珮莉监视着，不仅没有想象中的放松，而且还限制了自己的自由。

公司的事务，林妈妈虽然多数可以在家里解决，也可以电话遥控，但也总不能一个暑假都不去公司，更何况还有些避不开的应酬。

下一个星期，林妈妈不得不回趟公司，出门前，她给林珮莉约法三章，不准偷玩，并且规定好要完成的任务，回来检查。

本来预计要下午才回家，可林妈妈一直惦记着林珮莉在家里的情况，刚过中午，她就把事情处理完，匆匆驱车回家，一路上脑海里全是林珮莉不自觉的画面。

蹑手蹑脚地进了门，林妈妈推开林珮莉的房门。

林珮莉正在专心做练习。

感觉到有人进来，林珮莉回过头来，一脸的惊讶："妈咪，你怎么中午就回来了？"

林妈妈这才放下一肚子的疑虑，爱抚地摸摸女儿的头："事儿办完了就回来了呗。吃饭没有？"

这一摸不要紧，摸到林珮莉的头有些发烫，仔细一看，额头还有汗珠。

明明空调温度很低，为什么还在出汗？

林妈妈拿起林珮莉的试卷，发现没做多少，脸色就有些不好看了。林珮莉赶紧解释："我是先背了一上午的书，才开始做习题。"

林妈妈也不说话，又走进书房，摸了摸电脑主机的机箱——还热着呢。

林珮莉马上就不言语了，乖乖地做题。

林妈妈心里的无名火实在按捺不住，气鼓鼓地对林珮莉说："叫我怎么说你呢……"

数落完了林珮莉，外加取消了她三天看电视、玩电脑的福利，林妈妈疲惫地坐回沙发上，顺手打开电视。肥皂剧里的男女主角还在生离死别，皇阿玛的妃嫔、阿哥们在继续勾心斗角，如果是平时，林妈妈一定很快就被剧情吸引了。可是今天，她却怎么也看不进去。

怎么才能让林珮莉自觉一点呢？

临近期末的时候，林珮莉说过，她不爱学习的原因，就是妈妈自己都不爱学习——老师推荐看的东西，妈妈没看，电视倒是天天不落。

林妈妈知道林珮莉是在为自己的不努力找理由，却又不得不承认林珮莉也不是全无道理。林妈妈也想为女儿做好示范，也想像家长会上的模范家长那样有耐心又有方法地教育孩子，于是她买了老师推荐的书看了两天——实在看不进去，随手一放就不知放哪里去了。

至于电视，这是林妈妈不多的减压手段——连姐妹们约打牌都忍住不去，再不看电视，这还让人过日子吗？林妈妈暗骂自己没出息，没水平，不能坚持，可自责完了也不能做出什么实质性的改变。要是家里有个文化人就好了，起码可以分担林珮莉的教育问题。

最近有人给林妈妈介绍了一个对象，是个离异的公务员，比林妈妈大几岁，没有小孩。林妈妈和他接触了几次，印象不错，但因为担心林珮莉不接受，一直在犹豫要不要继续谈下去。

看林珮莉现在这犯中二病的样子，连妈妈都可以不要，更不用说给她找来的"爸爸"了。

怎么办呢？


## 手机家规

清晨。

虽然有些人在晨练，但社区旁边的公园还算清静，毕竟已经到了上班的时间。

林妈妈选了一处僻静的长椅坐下来，拿出手机看看时间。离约定的时间还早，看样子还要等会儿。

脚下的小路铺满了卵石，曲折蜿蜒地连接着柏油路，柏油路往远处的地平线延伸，一直通向大门。太阳刚起床，才爬到大门口，向门内投射出一个接一个的光晕。

　　林妈妈不时地望望门口，觉得阳光有些耀眼。恍惚间光晕中多了个人，影影绰绰地靠了过来，走近一看，圆脸上堆着笑，一脑门的汗。

　　汤老师来了。

　　"读得好好的，为什么要转学呢？"一坐下来，汤老师就开门见山地问。在电话里听林妈妈一提这事，汤老师就提议见个面聊一聊。

　　"其实我也觉得很难做决定，毕竟我和孩子对班级、老师都满意，可孩子成绩实在太差了，离中考不到一年，这样下去考不进好学校的。"

　　"转学了成绩就可以提高吗？"

　　"是这样的，"林妈妈解释说，"我计划让她重读一个初二，这样知识掌握更好些，备战中考的时间也多些。"

　　可是这样会错过这个优秀的集体，汤老师认为，如果不继续提升林珮莉的认识水平，留级也不一定会带来成绩的提高。

　　他试着做些挽留："由原来的抵触学习到现在不反对学习，林珮莉正在向好的方向转变，这个时候转学，多可惜呀。再说，好不容易适应了新的集体，又要重新开始，也挺不容易的。"

　　邬倩离开以后，汤老师常常在放学路上和林珮莉一起走。通过和林珮莉的接触，汤老师感觉这个女孩子是可以迅速转变的。有一次，汤老师说林珮莉去过台北，也到过香港，要她比较这两个地方街头与现在这个城市行人走路的速度，还把走路的速度和个人的生活状态联系起来，结果第二天林珮莉走路就变得急匆匆的。

　　虽然有点好笑，但这些细节在告诉汤老师：孺子可教也。

　　林妈妈感受到了汤老师的不舍，为难地说："我们也舍不得离开。可是，现在她在学业上欠账太多，每次四十多名的排位也很让我们难堪。如果重读初二，她的排名一定会上升的。"

　　汤老师心想，排名真有这么重要吗？再给我一年时间，我可以还你一个更成熟、更上进的林珮莉。

　　可林妈妈真的需要这个排名。她想，林珮莉要是能在新的班级考二十多名，自己就不会这么焦虑，也就不会时时刻刻都对孩子念念叨叨。

　　再说了，留级这事现在还只是自己的一个想法，能不能说服林珮莉，有没有学校愿意接收，都还说不准哩！

　　她只好对汤老师笑笑，说："我知道老师的意思了，我回去和孩子再商量一下，好不好？"

　　留级的话题告一段落，两人转而聊起林珮莉放假以后在家的状况。像许多家长中的"差生"一样，林妈妈开始抱怨林珮莉不自觉的种种表现。

　　汤老师说，自觉的"觉"是什么，是觉悟。没有解决学习的动机问题，把学习当成是家长加给自己的苦差，林珮莉自然不肯为学习多做付出，这就是所谓我要学和要我学的区别。如果学习是一家公司，把学习当作自己需要的学生，就是这家公司的老板和主人翁，而林珮莉只不过是个等着下班的打工仔，自然有付出的不同。

　　"可是我没有办法呀，教育过她很多次，她的态度也没有改变呀。"林妈妈说。

　　汤老师知道林妈妈的所谓教育，与其说是教育，不如说是教训。据说管教孩子需要又管又教，可林妈妈却从来是只管不教（管也是常常打折扣的）。若是要说林妈妈这样处理不当，她又会强调自己文化和精力都不够。

汤老师想起一件事情。

林珮莉经常在教室里有些不合时宜地放声傻笑，比如有同学出糗、希望别人都视若无睹的时候，林珮莉却总是奉上不加掩饰的笑声。有时候同学的发言其实一点儿都不可笑，只是由于林珮莉自己不曾了解过其内容，也会莫名地笑，为此有些同学感到林珮莉没有教养，令人讨厌。

汤老师觉得林珮莉是单纯善良的，这种傻笑不是出于嘲笑，而是因为无知。有人说，科学与人文才是最大的道德，正是由于林珮莉的家庭缺乏教育和价值观的培养，她才会这样失礼地傻笑。

林妈妈说自己没文化，汤老师不会奇怪，但是培养意识和习惯本来就是教育中最重要的环节，家长只会强调自己做不到，那孩子怎么办？

对于林妈妈假期里的陪读，汤老师觉得聊胜于无。本来在孩子小学的时候，最应该培养孩子的良好习惯和正确意识，结果家长不多管，有的只要求成绩，有的甚至只看重身体所需的营养。不要说把孩子教大，有的家长连把孩子管大都做不到，只能算作喂大、养大。等到了中学，孩子不良的意识习惯已经养成，改正难度已经增大，学业的紧张又导致时间不足，这时家长才意识到，最佳的培养时机已经错过了。汤老师提醒林妈妈，就是在当下，她对林珮莉的改造都还存在着很多误区。

在林珮莉的作文里曾经提到和妈妈的那些分歧。林珮莉爱画画，歌也唱得不错。可自从上了中学，妈妈就没表扬过她一句唱得好或是画得好，取而代之的是"作业做完了吗？你成天弄这些有什么用？"在妈妈眼中，只要成绩不好就一无是处。林珮莉就想，反正怎么都得不到表扬，我还有什么努力的必要呢？为此她从来没把自己当优秀学生，自然也不会给自己高标准的要求，少有付出与实干，多的是解释和逃避。

在林珮莉眼中，妈妈似乎天生就是用来投反对票的。

周末做完作业，她看着《爱情公寓》笑得前仰后合，妈妈却送上一句"无聊"；饭桌上给妈妈讲自己感兴趣的事情，妈妈也常常没有倾听的兴趣。

老师说，和人讲话要多用商量的口气，可为什么妈妈对自己讲话总是像个发号施令的女王呢？

林妈妈听着汤老师的分析，心里很不是滋味，一直以来，她都觉得自己做得就算不好，也不算有大问题，没想到在女儿眼中，自己是这么一个形象。

"就像期末考试考得不好，林珮莉自己肯定也不好受，因为她对期末成绩的提高抱有期望，"汤老师继续举例，"这时她期望家长给她的，不是埋怨与指责，而是理解、鼓励和支持。"

林妈妈听了，默然半晌。

临走前，她又提到另一件事，要汤老师替她参谋参谋。

下半学期的时候，为了刺激林珮莉的学习积极性，妈妈答应她如果月考上升了五名就给她买最新款的 iPhone 手机——实际上林珮莉也做到了，但到了要兑现承诺的时候，妈妈却犹豫起来。

倒不是钱的问题，如果有必要，就算给林珮莉买 10 个手机林妈妈也不会心疼的。

那是什么问题呢？

那段时间郭一航在养伤，林珮莉随时随地都把手机掏出来和郭一航聊天发短信，回家还煲个电话粥，顺带玩玩游戏、听听音乐。

本来做作业就慢，再玩那么久的手机，自然越发地睡得晚，第二天打着哈欠上课也就在所难免了。

林妈妈不是不知道要重承诺，但女儿使用手机这样不知节制，拿到功能更多的新手机，还不知道玩成什么样子呢。

一周后的小测验，林珮莉考得一塌糊涂，更坚定了妈妈不买手机的决心。等到期末，看到林珮莉的成绩，不买手机自然顺理成章了。

可林珮莉不这么认为，除了妈妈说话不算话外，她还觉得妈妈对她的要求在得寸进尺，这也是母女俩放假后拌嘴的常用话题。

"那这手机买不买呢？"林妈妈等着汤老师出主意。

"为什么不买呢？"汤老师很奇怪，几千年前的曾子都知道答应了孩子杀猪就要兑现，你难道还做不到？

"那她玩手机影响学习怎么办？"

"家里不会想办法吗？上次家长会不是发过一篇《老妈的iPhone家规》，讲美国家庭手机管理的？"

汤老师好说歹说大半个小时，终于让林妈妈相信，买手机是正确选择。两人各自回家。不料晚上林妈妈就打来电话："汤老师，我思来想去，还是不应该给林珮莉买手机。"

"啊？"

林妈妈开始在电话那头絮絮叨叨地讲理由，汤老师很郁闷。他想家长怎么可以这样，为了一点儿眼前的蝇头小利，就放弃长远利益。就凭林珮莉的成绩，就算影响能影响到哪里去？能比家长说话不算话的问题严重？在提高孩子意识这样的方向性问题上不做好，却抓住一些琐屑小事婆婆妈妈，这不是一些家长的通病吗？

正在浮想联翩，电话那头传来林妈妈的声音："喂，喂？"

汤老师回过神来，应道："我在。"

林妈妈说："还有就是白天说的转学那件事，我也做通了孩子的工作，那就这么决定了哟！"

"啊?!"


## 易拉罐围殴事件

听了汤老师的情况说明，郭一航的脸上掩饰不住地失望。其实汤老师自己也失望，但还是不痛不痒地安慰了一航几句"没有不散的宴席"之类的话，看着一航失魂落魄地回教室去了。

一连几天，郭一航表情呆滞，目光游离，反应迟钝。林珮莉的桌子因为没人，已经被校工搬走。郭一航连睹物思人的机会都没有，下课后就靠在走廊上，看着来来往往的人发呆。

这样看久了，有时他会看到林珮莉从人群中走出来，但定神一看，却不过是自己的幻想。刘唯彬也想不到好办法劝他，只好时常陪他站走廊。

这天的走廊很喧闹，（3）班的李俊正带着两个男生在走廊上追着踢一个空的易拉罐。过去这一年，李俊有了很大的变化。他抽烟从躲在厕所里到逐渐公开化，迟到旷课也成了家常便饭。终于，参与了一次校外的打群架之后，他被田径队停了训。

如今他在年级上也算挂得上号的人物，有人说他爸爸就是吃过牢饭的，老师根本拿他没办法；也有人说，他其实不算太坏，但是最好别去招惹他。

跟着李俊踢易拉罐的两个男生，是他收的两个小弟，平日里神气活现，觉得跟李俊走在一起，自己也算个人物。

忽然，李俊一脚射门，易拉罐飞起来，正砸在郭一航身上。

若是放在平时，郭一航肯定是呵呵一笑，没事一样。凭他的乖巧，肯定不会自找麻烦。

但是，这些天他一直不开心，难免有些脾气。

他捡起易拉罐，走到李俊面前。

李俊见踢到了人，扫兴地一摆手，正准备走开，不料郭一航挡在他面前。

郭一航比李俊矮一个头，他要抬起头才能和李俊面对面。他看到，李俊正挤眉弄眼，用不屑的眼光看着他。

郭一航面无表情地对李俊说："踢到了人，应该道歉。"

李俊不相信这个一向懦弱的小矮子还会来跟自己叫板，问道："你说什么？"

郭一航一个字一个字地说："我—要—你—向—我—道—歉！"

李俊哈哈一笑，走廊上那么多人看着，还指望我道歉？他一扳郭一航的肩头："让开！"

不料郭一航反而向前一步，还是挡在他面前。

李俊一把将郭一航推翻在地，郭一航马上从地上爬起来，像发疯一样冲上去把李俊揪住。

刘唯彬想把两人拉开，但李俊的两个小跟班一见这阵势，马上冲上来对郭一航拳打脚踢。

郭一航本就不是李俊的对手，这样一来就被三个人围着打。

　　刘唯彬拉了几下，见情况不对。自己再不动手，郭一航一定会被打惨，也只好加入团战打了起来。

　　这下变成了郭一航揪住李俊死磕，刘唯彬一个人对付剩下两个。

　　好在两个班的班干部都及时出来平息了事态，袁凯文和余远航站在两拨人中间把他们隔开，李俊见人越来越多，只好悻悻地住了手。

　　袁凯文抱住刘唯彬的脸，头顶头地对他小声说："彬彬，你要冷静！"

　　刘唯彬一下子挣开，说："冷静？这叫我怎么冷静？"

　　袁凯文看了看郭一航——脸上挨了好几拳，半边脸都肿起来——再看看刘唯彬，脸上也是红一块白一块。袁凯文说："这样吧，你带郭一航先去医务室看看有没有什么问题，我代你们给政治老师请个假。你们回教室前，最好先找找汤老师。"

　　刘唯彬其实一百个不愿意找汤老师。老师不知道强调过多少次，有争执找老师，不准动手。这次不仅动了手，还是和外班的人动手，不用想也知道老师要说些什么。

　　但他也知道，这件事是不可能避开汤老师的。所以，去过了医务室，他还是和郭一航一起找到了汤老师。

　　汤老师正在操场上和吴淼一起边走边谈。自从付娟不当班主任以后，汤老师好像生怕失去了吴淼似的，经常和他在一起。

　　看着两个小孩鼻青脸肿地过来，汤老师有点诧异地停了下来。

　　刘唯彬想好了，把所有的责任都揽到自己身上，不能让本来就难过的郭一航再被数落。他一站到汤老师面前就承认错误：

"我和（3）班的李俊打架了。要说这事都怪我不冷静，老毛病又犯了……"

汤老师示意他闭嘴，凑过来端详郭一航的包子脸。

郭一航有点不好意思，说："其实没啥问题，就是有点肿。"

汤老师对郭一航说："你来说说经过。"

郭一航不敢耍滑头，老老实实地讲了整件事的前因后果，用了七八分钟。讲这么久的话，不加油添醋也不乱开玩笑，对他来说实在是个稀罕事。

汤老师听郭一航讲完，没有作声，转头看着刘唯彬。

刘唯彬觉得很对不起汤老师，但又不知道该说点儿什么，只好保持沉默。

郭一航觉得，这件事完全是因为自己而起的，见汤老师一直盯着刘唯彬，忙补充说："是我先和李俊动上手，刘唯彬只是想劝架。其实被易拉罐踢中也没什么，最多告诉老师就好了。呵呵，当时是气昏了头，我愿意接受处分。"

刘唯彬心想，笨蛋，你就别扯淡了。真要为了个易拉罐就找老师，你把自己当小学生了？你以为，我会让你一个人受处分？

汤老师还是不作声，盯着刘唯彬。

刘唯彬觉得这样被看着，比挨一顿狠狠的批评还难受。个性驱使着他，他装作不在乎的样子将胸膛挺了挺。

忽然，他听到汤老师不紧不慢地说了一句："如果，你的好朋友在被三个人围殴，你却在旁边围观，那还算什么朋友？"

刘唯彬的眼圈一下子就红了。他努力地仰起头，不让自己哭出来。

再看郭一航，被三个人围殴的时候他没有哭，这时候却因为老师一句话哭了起来。汤老师不再说话，拍了拍他的肩，招呼吴淼一起走开了。吴淼向汤老师伸出个大拇指。汤老师笑笑："我觉得，班主任首先还是一个人，要有点人味儿。"


## 麻辣教师

第二天中午，汤老师的办公室。

汤老师坐在中间，李俊和他的两个小跟班歪歪扭扭地站在一旁，郭一航的妈妈坐在另一边。

汤老师开始做介绍："这就是（3）班那三位同学，他们班主任关老师外出学习了，今天只有我一位老师来处理这件事情。"

李俊不屑地撇了一下嘴，只有关老师在的时候能稍微管住他几分，现在班主任不在，你个隔壁班的能拿我怎么样？

汤老师继续介绍："这位是我们班郭一航的妈妈，她今天过来的意思，是昨天的事情呢已经过去了，她也不打算再来追究什么，只希望不要再有下文。"

头天晚上，汤老师给郭一航的妈妈打电话通报了这件事情，顺便问问郭一航有没有大碍。郭一航妈妈说，一航的伤倒没有大问题，但是他回来描述，那个叫李俊的同学已经放出话来，这件事没完儿。

汤老师告诉郭一航妈妈不要担心，只需要明天来学校一趟，看老师处理这件事情。

听到汤老师说不要有下文，李俊先低头作势想了几秒钟，然后扭着脖子站直身子说："老师，你们说得倒轻巧。我们三个被你们班的学生打伤了，就这么算了？"

郭一航妈妈一下子柳眉倒竖："你还恶人先告状了？你们三个在这里好胳膊好腿的伤到哪里了？我们郭一航被你们打成那个样子，不追究你们，你还嚣张起来了？"

李俊身边一个校服上画满了各种手绘图案的男生说："阿姨，我们是内伤，疼得一晚上睡不着的，你要不要验一验？"

汤老师一伸手，阻止了郭一航妈妈答话。

他转过头，慢条斯理地说："我看出来了，你们三个都伤得很重，你们要养多久的伤那是你们自己的事情。不过，我已经表态清楚了，这件事到此为止，不能有下文。"

另一个头发带点莫西干风格的男生说话有点冲："你说算了就算了，你以为你是谁呀？"

连李俊都觉得这话有点过分了，拉了他袖子一把，那男生不说话了。汤老师没有开口，只是一直把那男生看着。看了一分钟。

这一分钟，屋子里没人说话，甚至没有人动，三个男生直僵僵地站在那里。

许久，汤老师才提起笔，在纸上"唰唰唰"地写了几句话。

他抬起头，对三个男生说："我不是谁，但我知道现在是初三，大家都盼着顺顺利利毕业。如果有人不想顺利毕业，我也可以让他毕不了业。"

李俊手一摊："你是老师，你厉害。不过你放心，我们不会让你逮到的。"

汤老师继续说："如果，我们在这里打好了招呼，你们还要去向郭一航和刘唯彬动手——听好了——处分只是学校的事情，你们怎么揍他们的，我就怎么揍你们——我说到做到！"

"莫西干"冒出来一句:"要揍他也不用我们……"

汤老师粗暴地打断了他的话:"我还没说完!如果在毕业以前,他们被其他人揍了,我一样地揍你们!"

李俊急道:"那万一是他们招惹了别人,你也揍我们?"

汤老师就两个字:"照揍!"

三个人面面相觑,半晌,那个把校服画成"文化衫"的男生才说:"你不敢的。你敢这样做我们……我们就去告你!"

汤老师拿出一叠纸:"我找你们的班干部搜集了一堆材料,都是关于你们三个抽烟喝酒打架迟到旷课违犯各种校规校纪的。正好我和工读校很熟,你们如果想转过去,我可以帮忙。

另外,我要揍你们的时候,会请一个最有代表性的,单独到我办公室来,揍完了以后我会告诉学校,是因为他先攻击我,我才还的手。按你们的说法,我被他打成了内伤,很痛苦的。没准儿,我还会请郭一航的妈妈到场参观,我想她很愿意证明我陈述的真实性。"

三个人又呆立了一阵儿,李俊忽然说:"算你狠,我们走。"

三个人转身走了几步,汤老师忽然喊:"等等!"

三个人回过头来,只见汤老师招招手:"李俊,你过来,我给你看看我刚才写的字。"

李俊只好又回到汤老师面前。

汤老师望着他说:"我见过你在门口的书店买书,爱看书的孩子不应该变成坏孩子。别学流氓,你们没见过真正的流氓。"

他把那张提前写好的纸条递到李俊手上,说:"给他俩也看看。"

那张纸条上写着:"接受完老师教育,离开前道谢和告别是本校学生入校就养成的习惯。不过，根据你们的素质，我可以预料，你们走的时候不会想到这一点。"

三个人被这张纸条弄得哭笑不得，只好讪讪地说了一句"老师再见"才走出办公室。

等三个人走了，汤老师才耸耸肩，对郭一航妈妈说："见笑了，三个小屁孩不在我班上，我平时管不了他们。看他们太嚣张，才用了这个下策。不过，他们要是一直在我手里，可能也不会这样。"

郭一航妈妈向老师深深地一鞠躬："我知道了为什么孩子们都喜欢您。老师真的是在伸开双臂保护学生，谢谢老师……"

郭一航妈妈一走，从里间传出一个声音："如果他们还不收手，你真的会揍他们？"

汤老师头也不回地说："你猜？"

吴淼笑嘻嘻地从里间走出来："我猜你只是吓吓他们。"

汤老师说："我有我自己的办法。"

吴淼说："你原来不是提醒过我，绝对不能对学生动手？"

汤老师不假思索："你看今天那三个小孩的阵势，和风细雨会管用？我是一个实用主义者，讲究成效。"

吴淼靠在椅背上，将手枕在脑后，给出一个总结性的评论："是啊，要不怎么说你是麻辣教师呢？"

"GTO吗？"汤老师笑得很灿烂，"那可不敢当。不过，面对阴阳怪气的学生，一本正经地指出错误可不是好办法。要教他们做人，先得收服他们。下次看到李俊，没准我会再和他聊聊，不过有没有这个机会，就要看他的造化了……"

## 打麻将 VS 打游戏

初一的时候，有的学生觉得，比起小学，作业多了好多。如果语数外老师一齐布置作业，再加上历史或政治老师来凑热闹，大家就会齐声惊呼，大声叹息，用各种方式来表示抗议。

这种抗议有时候会有效果，汤老师听完抗议常常就会研究作业的分量，如果实在多了，就宣布语文作业明天不交，或是完全取消。他说，教好学科不靠作业多。

到了初二，物理作业加入，有的同学开始开夜车。班上就提高学习效率的问题组织了讨论，缓解了这个问题。

初三增加了化学作业，开夜车的势头又有抬头。汤老师每天都要平衡各科作业的分量，作业太多的时候，他会与科任老师商量，能不能把作业挪到不多的时候布置。

他还增加了巡视教室的次数，看看有没有精神不振的学生。

星期四下午第三节课，物理。

全班的听课状态都还好，只有曾育强趴在座位上睡觉。

汤老师皱起了眉头。

这孩子什么时候才会醒呢？

曾育强是被放学的铃声唤醒的，醒来后看见自己在桌上流的一摊口水，吓了一跳。

到家的时候，爸爸妈妈已经在吃晚饭，曾育强放下书包，坐到饭桌旁。

"哇，晚饭这么丰盛！"曾育强赞了一句。每周二四两天，妈妈要去"以舞会友"，饭会吃得早点儿。曾育强一边吃饭一边暗自盘算着，今晚有没有机会溜出去。

妈妈在饭桌上念叨："这两天在学校表现好不好？上课有没有开小差？老是不用功，真不知道你什么时候才懂事。"

"知道了！每天都念这几句！"曾育强觉得很烦。他知道，要让妈妈闭嘴，最好的办法就是装得很委屈，于是他又表情悲愤地加上一句："总是不信任我！"

果然妈妈语气有所缓和："我还不是为了你好，怕你长大像你老子一样，给人下苦力。"

曾育强爸爸靠着椅背坐着，一只脚踩在椅面上，眯缝着眼睛，呷了一口酒说："关我什么事？你说他还要扯到我？"

"是呀，我在教育他呀，你不是也说，去学校各科老师反映他这不好那不好，让你没面子吗？"

曾育强爸爸用筷子在空中虚点："所以说你只会乱教，你用贬低我来教他，他能听我话吗？再说，我考了厨师证的，和下苦力还是有区别。"

妈妈挖苦爸爸从来不留情面："算了吧，你考了证的，一个烂中级。考了证连续几年不出去做事，让老婆来养你，还好意思说——当厨师的，在家饭都懒得做，还等我收了摊来伺候你们这一大一小。曾育强懒都是见样学样。"

爸爸嬉皮笑脸："你看嘛，老师说不要挖苦曾育强呢，你平时就是这样挖苦我们的。老师说了，教育孩子要耐心——再说我不已经出来工作了吗？"

"你工作，你挣那点儿不够你一天到晚打牌的。等你挣钱，我和曾育强只能去喝西北风！”

爸爸又呷一口酒，摇晃一下脑袋，嘴里"咂咂"作响，表示他的注意力没在妈妈那里。

曾育强乐得看两人斗嘴，因为斗完嘴后爸爸妈妈一般都不太注意他。

果然，妈妈气哼哼地看了一眼墙上的钟："我来不及了。你在家里把曾育强看好哟，初三大意不得，说好了我出去你就在家看着他的！"

"行了行了！"爸爸朝妈妈扬一扬手，示意她快走。

妈妈前脚才出门，爸爸转过来对还在刨饭的曾育强说："行了行了，快去做作业！"

爸爸总是这样，在妈妈面前说要对孩子耐心，其实剩下他和曾育强的时候，态度马上来个大转弯。

曾育强曾经听妈妈说过，爸爸不喜欢小孩子，嫌小孩子麻烦。反正他也不喜欢爸爸，大家半斤八两。他没好气地回了一句："我还没吃完呢！"

爸爸很不耐烦："吃那么久了还慢慢吃？那你待会儿把碗洗了！"

曾育强知道，爸爸也想溜了。

这时候要是爽快地答应洗碗反而会被怀疑，曾育强来了个欲擒故纵："我要做作业，哪有时间洗碗？"

爸爸说："你这样慢慢吃，谁有工夫等你？"

曾育强揭短道："我向妈妈告你，她一走你就把事推给我！"

爸爸骂道："小兔崽子，皮痒痒了是不是？敢去告状老子揍死你！"

曾育强赶紧埋头刨饭，心里却一阵暗喜。

果然，爸爸披了件外套，趿拉着拖鞋出门了。

爸爸和妈妈回家都不会早于十点，曾育强只要九点半到家就可保安全。他把桌上的碗飞快地堆进洗碗槽里，打开水龙头胡乱地冲了两下就捞起来，然后也三步并作两步地出了门。

小区后面有个黑网吧，不用身份证就能上网。曾育强和老板已经很熟，快到九点半的时候他会提醒曾育强，所以他总能及时到家。

九点半，曾育强从网吧回来，趁着夜色摸进小区。

下了电梯，他掏出钥匙开门。他记得，出门的时候肯定是锁了门的，但当他把钥匙插进钥匙孔的时候，发现门没有反锁。

曾育强的心里，就像这晚上的气温，拔凉拔凉的。

果然，爸爸妈妈正吵得不可开交。正是人算不如天算，妈妈跳舞的地方音响坏了，提前回了家。发现家中空无一人，就去麻将馆揪回了爸爸。而爸爸呢？见曾育强一进门，一记耳光就送了上来。

第一次月考结束，开了家长会，曾育强的成绩一如既往的烂。由于其他同学的进步，他的排名还出现了下滑。看到曾育强的成绩，爸爸的脸比暴风雨前的天空还要阴沉，他直接向老师表态，不要曾育强再读了。

汤老师心想，除了威胁孩子不让他上学，你对他的学习还有过什么帮助？

他还是耐着性子问："为什么不要曾育强上学了呢？"

"成绩差嘛，这样下去肯定上不了本校，再读也是浪费时间！"

根据以往的经验，每个班能够升到本校高中的只有大约三十人。曾育强从入学开始，从来没进入过五十名。曾育强爸爸虽然早就清楚这一点，但他给曾育强定的目标就是要升入本校。

汤老师问："那家长觉得，他成绩差的原因是什么呢？"

"我觉得一个班的人都考得好，就他不好，肯定不怪老师。主要怪他自己贪玩。爱打游戏，游戏真的像鸦片一样，戒都戒不掉。小学他的成绩还马马虎虎，现在一塌糊涂，都是那个游戏害的！"

说到兴起，他一把抓过曾育强的手，怒道："再玩游戏，老子把你的手剁掉！"

曾育强惊呼一声，把手缩了回去。

汤老师问："家长，你平时打不打麻将？"

曾育强爸爸说："要打的。干了一天工作累了，打点小麻将放松一下是有的。"

"多久一次呢？"

"呃……"曾育强爸爸有些尴尬，"平时他在家我们都不开电视，没别的娱乐，我就去外面麻将馆玩玩——也是为了不干扰他。"

汤老师也不深究，继续问："您肯定听说过麻将害人的说法吧？"

"是是是，打得倾家荡产的我们都是见过的。但是——"曾育强爸爸正色说，"汤老师，我从来都是小打小闹，不会影响家庭的。"

"那为什么有的人打麻将会倾家荡产，您却不会呢？"

"老师，我们虽然要玩一玩，但还是有个节制的。"

"那，在您看来，打麻将倾家荡产，该怪麻将呢还是该怪本人呢？"

曾育强爸爸笑了："当然该怪本人啰，控制不住自己嘛。"

"我们有些玩游戏的同学，成绩也很好。所以游戏也好，麻将也罢，不过是种娱乐工具，要是影响了成绩，不是游戏的问题，是人的问题。"

曾育强爸爸点头："我们也是这么说，所以要怪还是怪曾育强不自觉。"

汤老师继续说："孩子生来是一张白纸，全凭我们这些大人在纸上作画。如果后来这画不漂亮，该怪这纸呢，还是该怪画画的人？"

曾育强爸爸终于弄明白了汤老师的意思，强笑着说："老师说得是，是我们当家长的没教育好。"

说了这话，曾育强爸爸又觉得好像丢了面子，又强调说："老师你不知道，我们也一再教育他要自觉，真是好话说尽，办法想尽，但真拿他没办法，可能是家长太无能了吧。"

汤老师看了一眼在旁边缩成一团的曾育强，说："曾育强考得不好，就代表他所有表现都不好吗？比起初一，他改善了自己的人际关系，开始有了朋友——能改变自己不是很了不起的事情吗？他原来作业都交不齐，现在他从来不缺交作业，这不是明显的进步吗？他的态度在改变，我相信他能做好。我们能不能多给他一点时间呢？"

曾育强爸爸说："那你是没看到他在家里，他从来都是老师面前一套背后另一套。随便怎么教育，油盐不进。"

汤老师忽然发现他和曾育强爸爸干的事情截然相反：他一直在试图证明，曾育强可以教好；而曾育强爸爸一直想证明曾育强有多糟。

汤老师决定结束这场无意义的对话："但是，您知道，您只有一个孩子，不能轻言放弃。你要宣称辍学，他也容易半途而废。"

曾育强爸爸尴尬地笑着，说："老师说得对。"

汤老师很懂得曾育强爸爸的微笑，这种微笑既不代表会心，也不代表认同，只是为了掩饰自己尴尬的一层面具。他常常在老师面前摆出一副通情达理的样子，其实根本没打算接受意见。回家后他会把这种尴尬看成儿子给自己带来的耻辱，让风暴越发地升级。

汤老师诚恳地说："别再打他了。孩子不是你的财产，是你幸运遇到的朋友。以为可以对孩子呼来喝去的家长早就不适合这个时代了，而跟孩子做不成朋友的家长，注定都是失败的家长。"

曾育强爸爸继续尴尬地笑。

汤老师也不打算再说了，只约定下次家长会再交流。

他想告诉曾育强爸爸，不要只会责怪曾育强缺乏自觉性，自觉性的形成是有条件的。家长有没有给他创设形成自觉性的环境，有没有找到提高他思想觉悟水平的有效办法，这些事情没做好，怪那张白纸不会自己作画，其实是不公平的。

他想说如果在曾育强的世界里，有比游戏更丰富、更有趣的事情，游戏就不会成为他的唯一选择；如果让曾育强有了目标和追求，如果教会了他懂得平衡眼前利益和长远利益，他才可能会试着把握好未来的人生。

## 未来的爱因斯坦

有的人就是对他说什么也没用，至少教政治的苏老师是这么认为的。苏老师长期奋斗在初三战线，以认真负责、战斗力强而著称。（2）班升初三后，由她接任了政治学科。政治学科在中考占五十分，是语数外的三分之一，可苏老师从来没把自己这个学科看成小学科。她布置作业和检查笔记的热情似乎比主科老师还高，再加上锲而不舍地抽背和考试，相信她的学生都不敢轻视她的这门学科。

对于刚接手的（2）班，她的印象是，多数孩子都很乖，但是有一个家伙好像特别喜欢与她作对。

首先是作业，那家伙交上来的作业字迹凌乱，鬼画桃符一般。讲得明明白白的答案，那家伙却常常爱这么答就怎么答。

苏老师找那家伙谈了一次，印象不太好。站在老师面前，无论怎么和他说话，他都不吭气。讲了半天，苏老师发现全是自己在说话，最后只有打发他走了。

没过几天，检查书上的笔记，那家伙居然一个字也没记。苏老师心想，敢对我的学科态度不端正，你是太不了解苏老师的战斗力了。

苏老师给汤老师打了个电话："你们班那个李皓冬，成绩怎么样？"

"你问哪科？"汤老师反问道。

"各科都说说。我要了解一下他是各科都糟糕抓不起来呢，还是就我这科不认真。"

汤老师说李皓冬的理科几乎全是满分，哪怕有些作业他还不做。文科呢，英语一般，因为他不大背单词；语文感觉他思维有一定水平，但他的文字水平却很难充分地表达想法，再加上字写得烂，所以语文成绩也一般。

李皓冬和刘唯彬的字在班上堪称两派宗师。刘唯彬应该是狂草派，每个字弯弯曲曲，相互勾连，溢出方格之外；李皓冬则是板桥体，每个字大小不一，随心所欲地歪来倒去。

汤老师主张刘唯彬多练字，通过练字锻炼心性，却并不强求李皓冬也练。他只是向李皓冬强调，说话写字都是要呈现给别人的，要考虑呈现的效果。

苏老师在电话里说："我感觉这人是聪明的，态度有问题，回头我再找他谈谈。"

汤老师说他在外面开会，回来再找苏老师交换意见。不过他不太赞成苏老师找李皓冬谈话，说最好别太干涉这孩子。

"可是，不记笔记、不认真做作业怎么行呢？明明可以考好的学生采取这种态度，太可惜了吧。"苏老师决定要负起责任。

她又找李皓冬谈了一次，告诉他像他这样的好学生，她要多多敲打。她极力想让自己显得亲切些，可李皓冬好像根本没放在眼里。他始终站得离她远远的，偶尔开口回答问题，声音又极小。苏老师让李皓冬站近点儿，结果李皓冬向前一个大跨步，紧紧地贴着她站着，苏老师觉得李皓冬一定对她有意见。

她可不是一个容易半途而废的老师。接下来的几周，她常常在课堂上提问李皓冬，她感觉李皓冬肯定是不高兴的，因为有时候上课讲到好笑的事情，同学都在笑，李皓冬却没有表情。

这天政治课上，苏老师检查李皓冬的笔记——潦草写了几笔，连老师写的十分之一都不到。

苏老师拿起李皓冬的笔记本，对大家说："同学们看，这是李皓冬同学的笔记本。其实呢，李皓冬同学是很聪明的，如果他能够端正学习态度的话，政治就不会只考及格了。"

她这样说的时候，李皓冬正在把桌上的一张草稿纸慢慢地揉成一团。等苏老师讲完李皓冬笔记本的问题，她把笔记本放回李皓冬桌上，语重心长地加上一句："聪明不能当饭吃，聪明容易被聪明误呀！"

李皓冬把草稿纸揉成的纸团举到眼前，瞄准了一下，朝面前的苏老师轻轻投过去。

纸团在空中划出了一个小小的抛物线，然后落在苏老师身上。

这是对苏老师的当面报复！

所有人都呆了。

李皓冬却满意地搓着手笑起来。


一下课，苏老师就去找汤老师，整个办公室都听得见她的大嗓门："我再也受不了你们班那个李皓冬了！他不给我道歉，就别上我的课！"

也难怪苏老师生气，她教了近三十年书，还从没遇见过有学生朝她扔纸团，而且是当着她的面。

汤老师知道苏老师性格直爽，来得快去得也快，倒也不太着急。

问清了原委，他说："李皓冬呢？"

苏老师气呼呼地说："在我办公室站着呢！"

汤老师做明白状："哦——大姐您坐会儿，先消消气。是我们班的学生不乖，我这当班爸爸的有责任，先给您赔罪。"

苏老师抚着胸口，让自己顺顺气："关你什么事，我看，是这孩子家庭教育有问题。"

汤老师笑笑："他倒是特别的那一个。"

他忽然问苏老师："大姐，有部老电影看过没有？叫《雨人》，阿汤哥演的。"

苏老师摇头："不知道，你们语文老师看的东西太文艺了，我看不懂。"

汤老师点头："如果有兴趣倒可以看一看，李皓冬和那里面一个角色有点像——这样吧，李皓冬就交给我教育好吗？看我面子。"

苏老师眨眨眼，说："好吧，就交给你了——看你面子啊。"


隔天苏老师主动去找汤老师，一进办公室就嚷："小汤，你说那电影我看了！你该不是说，李皓冬像片子里那个哥哥？"

汤老师点头："看出来了吧？"

苏老师悚然道："你的意思是，这小子有点神经？"

汤老师苦笑："我的好大姐，那叫自闭好不好，和神经病有区别的。"

苏老师马上改口："好，算我说错了，你是说他有病？"

汤老师挠头："很难界定是个性内向，还是轻微自闭。但据我观察，他现在情况比初一有改善。"

苏老师紧张道："啊，你班上还有这种人呀？他要是上课忽然发起病来怎么办？"

此时正是课间，汤老师直接把苏老师带到教室门外，让她观察李皓冬。这时的李皓冬正在安静地看一本杂志，周围几个同学有说有笑，他却一直没抬头。

汤老师说："看见那本杂志吗？那是一本关于机器人模型的杂志，那机器人叫高达，来自日本动漫，李皓冬家里起码有上百个高达。

他参加过机器人模型的兴趣班，但据说很少与人交流，他更愿意一个人制作高达，就像他愿意一个人看蚂蚁一样。在认识我之前，他不参加任何体育运动，我很高兴能够吸引他开始踢足球。"

不知道李皓冬看到了什么，开始满意地搓着手。

汤老师说："看见这个动作吗？这是他高兴时的习惯动作。他有他自己固定的世界观和认识世界的角度，他不认可的事情，你是没办法改变的。就像每天早上固定迟到三分钟，我试过很多办法，都改变不了。"

苏老师说："开始我以为是这孩子倔，现在听你一说，我觉得应该叫偏执。"

这时语文科代表陈佳走到李皓冬面前，对他说着什么。李皓冬漫不经心地答应了两声，眼睛都没有离开杂志，伸手从抽屉里摸出语文练习册，看都不看就递给陈佳。

汤老师说："你不要觉得李皓冬这是无礼，其实陈佳是他愿意搭理的少数人之一。他是觉得陈佳要检查练习册，达到目的就行了，他不认为放下杂志看着对方做回应是有必要的，他没这个意识。你也不要觉得他对你傲慢无礼，其实他既看不懂你的表情，也不会向你做正确的表达。他不会傲慢，相反，有时他还有点胆怯和敏感。"

苏老师睁大了眼睛："难怪他不说话，偶尔说话音调也怪怪的，我开始还以为他是故意拿腔拿调呢！"

汤老师说："包括向你扔纸团，以我对他的了解，我觉得不要简单地理解为一种报复。因为你向大家展示了他的笔记本，他觉得不满意，认为应该做出回应，所以他就做了，而且为此感到开心。其实扔纸团前他也不会愤怒，扔完了也很难觉得愧疚，因为他是特殊的那一个。"

苏老师说："这样说起来，还真是可怜哪。"

汤老师说："我倒不这么认为。这不是一种严重的症状，尽管和大家稍有不同，但他并不是完全不能和人沟通，这三年间，我能看到他的变化。他会喜悦，也能感恩，情感一样也不少，只是表达方式不一定和咱们一样。看他的情况，未来成为一个爱因斯坦那样的科学家也不奇怪。"

苏老师笑道："我再也不要他道歉了，要不然以后爱因斯坦把我写进书里，我就成反面教材了。"

两人在说笑中走进教室，苏老师发现张苇正手捧一本漫画看得津津有味。

她一把拿过张苇的漫画，正想提醒说初三了考试形势严峻，不应该把漫画带到教室里来，汤老师却接过漫画，向一脸错愕的张苇提出一连串的问题："什么漫画呀，《薄樱鬼》吗？是关于新选组的吗？有近藤局长吗，没有？那土方总长呢，什么，你喜欢冲田？我也喜欢……"

苏老师听得呆了，她一直对这些哈日哈韩的动画内容搞不懂，难道是因为自己不是语文老师？


## 抬头看路 or 埋头赶路

上了初三，模拟考试每个月都会有一次。

高雨涵拿到最新的试卷，实在有些沮丧，物理又是刚好及格。

这件事破坏了她一天的好心情，一直到放学回家，都还快快不乐。

推开家门，爸爸已经到家，正在电视机前聚精会神地看他的抗日神剧，妈妈在厨房忙着做晚饭。

见高雨涵从电视机前经过，爸爸目不转睛地一边看着电视机，一边指了指冰箱："回来了，买了你喜欢的冰激凌铜锣烧。"

高雨涵没好气地回了一句："每天都看抗日神剧，你可不可以换个题材嘛！"

她也知道那不可能，她曾经试过几次和爸爸一起看她喜欢的电影，爸爸总是看到一半就睡着，还总是抱怨："不好看，看都看不懂。"

爸爸似乎还没注意到她的心情不好，眉飞色舞地说："正是精彩的时候！这个侦查员本领就是高，这么多敌人围着他，都奈何他不得！来，坐下来看看，换换脑子。"

心情好的时候，高雨涵会陪着爸爸看一会儿神剧，毕竟爸爸最疼她。但是今天，她却觉得烦透了，一句话就给堵回去："那我还要不要做作业了？你下了班倒没事，我放了学可没那么悠闲！"

爸爸愕然地抬起头："怎么了，心情不好？"

妈妈也听到了高雨涵这话，一边在围裙上擦手一边从厨房里出来："雨涵，怎么跟你爸爸说话的？"

高雨涵不说话了，一头扎进了房间。

关门的时候，她听见爸爸在说妈妈："你这个人哪就是……人家上学累了一天，心情不好……"

等到晚饭的时候，高雨涵埋头吃饭，家里的小花猫习惯性地要跳到她的腿上，她却将小花猫的头一拍。小花猫"喵——"地抱怨一声，跑开了。

爸爸趁着往她碗里夹菜，笑嘻嘻地轻声问她："好些没有？"

高雨涵从鼻孔里发了一个音："嗯。"

妈妈问："在学校遇到什么事了？"在对待高雨涵的态度上，妈妈和爸爸还是有区别的，虽然在外人面前，两人都是一样的护短，但回到家里，妈妈的要求还是要高一些。

高雨涵闷闷不乐地说："没什么，考试没考好。"

水煮肉片，糖醋里脊，凉拌三丝……桌上的菜都是高雨涵平时喜欢的，可她就是没胃口。上了初三以后，妈妈每天都换菜式，给高雨涵做好后勤。

爸爸妈妈对她越好，她就越觉得压力大。如果要按照爸爸妈妈的期望读上北关的高中，起码要在班上考进前十。可最近的考试，她没有一次进入二十名。

想着想着，她的眼泪扑簌扑簌地掉了下来，滴进了碗里。

爸爸赶紧安慰道："妹妹，这次没考好，下次再来，别背包袱啊？"

妈妈却说："知道难过也好，难过了就赶快抓紧，要考上北关中学，你那物理可得好好抓一抓。"

北关中学，又是北关中学！

北关中学是这个城市最好的中学，以高雨涵的成绩，不要说直接考上，就是达到自费入学资格都困难。

高雨涵像一个被捅了的马蜂窝，一下子炸开来："你让人家怎么抓嘛？花那么多时间在这上面，课也补了，还不是不行！"

她的眼泪由水滴变成了小溪，源源不断地流下来，汇聚到下巴上，扁着嘴边哭边说："就算是谭欣雅也不敢说一定能考上北关中学，你们为什么要强人所难嘛！"

妈妈不说话，自顾自地吃饭，爸爸却有点慌了神："别哭别哭，只是希望你上北关，谁说一定要你上嘛？"

高雨涵的脸已经哭得变形："你还不是现在才这样说！平时妈就总给我压力，说谁谁的孩子都考上了北关。你不就是说考上了北关，你在人前就有面子！你们有没有想过我的感受？"

她越想越委屈，倒像是爸爸妈妈真做了什么对不起她的事情似的，说到气头上，将手里的筷子重重地往桌子一扔。

筷子"啪啦"一声，摔进糖醋里脊里。

这下爸爸妈妈都停了筷子。

爸爸拍着胸脯保证："好，不再说考北关的事！妹妹你放心，就算你什么学校都考不上，爸爸养你一辈子也不用担心！"

电视机里的枪林弹雨声音太吵，妈妈紧皱着眉关掉了电视，插嘴说："老高你越说越不像样了，怎么能不考北关呢？"

爸爸说："你这个人就是……没看到雨涵心情不好吗？"

妈妈说："心情不好你也不能乱讲啊？还养一辈子，有你这样教孩子的吗？"

爸爸正色道："怎么乱讲了，我有讲这个话的底气。"

妈妈不满道："得了吧，你就别在家里人面前吹牛皮了。自己不求上进，还要孩子不求上进！"

爸爸睁大了眼睛："明明在说孩子的事情，怎么又扯到我身上来了，我哪里不求上进了？"

妈妈毫不客气地揭爸爸的短："你呀，从来都不知道严格要求自己。当初不是我拿钱出来一定要你去读大专，现在你还不知道在哪个乡坝卫生所呢！"

爸爸也火了，脖子涨得通红："这是哪儿跟哪儿的事，你这人说话怎么东拉西扯的？"

妈妈也不示弱："怎么东拉西扯了，我说的是事实！雨涵也是，遇到压力就乱发脾气，哪有这样的道理？"

爸爸对高雨涵百依百顺，对妈妈可从来没有耐心："你就是头发长见识短。孩子压力大了需要开导，我在安慰高雨涵，你来唱什么反调，你个初中生还懂怎么教孩子了？懂都不懂！"

高雨涵将桌子一推："你们还有完没完？一个给我定高不可攀的目标，拼命给我加压；另一个叫我不用努力，随时拽我后腿。我还怎么学？"

她气哼哼地起身回房，"砰"的一声甩上了门。

爸爸在饭桌边抱着膀子想不通："怎么又怪到我了？"他越想越气，朝着妈妈的背影吼了一嗓子："你看嘛！每次都是你站出来扫兴！"

妈妈不理他，他又自顾自地点着烟在那里嘀咕："每次都是这样，说来说去都是我不好……反正都是我的错……"

高雨涵发泄出来以后，感觉好了一些，起码压力山大的感觉消散了些。这时她才觉得，自己对爸爸妈妈的态度也过分了点儿。

作业做了一半，她决定去哄哄爸爸。妈妈不用哄，只要看到她和爸爸和解了，妈妈就自动会站过来。

爸爸已经抽完了闷烟，又在看另一部谍战剧，高雨涵蹑手蹑脚地走过去，从后面搂着爸爸的脖子："对不起，爸爸。我不该乱发脾气。"

爸爸慈祥地笑："没什么，一家人不说两家话，你不向爸爸发脾气，还能找谁呢？"

他又补充道："别生你妈妈气，她是刀子嘴豆腐心。"

高雨涵眼眶有点湿润，见爸爸看电视的兴致正浓，小声说了一句："我过去做作业了。"

爸爸眼睛还是盯着屏幕："想吃什么水果，我待会儿给你送去。"

高雨涵说："等我做完作业再说吧。你不要老是在我做作业的时候，一会儿送水果一会儿送小吃的——老师发过材料，不要总是干扰孩子的注意力，你忘了？"

爸爸摆一摆手："我吃的盐比他吃的饭还多——做什么事都要劳逸结合！你们那老师，懂什么？"


高雨涵的低落情绪持续了一周。这一周里，她常常在联系本上哀叹自己坚持不下去了，还不时地怀疑自己连保送本校都没指望。

汤老师在班上最新放的电影是《飞越疯人院》，在放映之前，他找过高雨涵，说这部电影是为她放的。他认为一直以来，高雨涵都对眼前的一些小事情过于在意，而对于更重要的事情，比如说方向问题，缺乏思考。他劝高雨涵不要只会埋头赶路，还要抬头看路——想清楚了为什么活和该怎么活，比多做几道题有意义。

看着电影里的酋长砸破疯人院的铁窗奔向自由，教室里的同学欢声雷动，高雨涵在人群中泪流满面。这段时间以来的压抑仿佛也随着影片的放映而得以释放。她甚至想到怎么会有这么好的电影，可以这么准确地道出她的心声，给了她答案。

其实每个人都面临疯人院的围墙，只是汤老师不好再向高雨涵强调她的围墙源于哪里。他只是在高雨涵的观后感下面，留了一句话："困难其实没有你想象的那么大，我们需要做的只是战胜自己。"

高雨涵考多少分不重要，重要的是她能不能获得上进的意识，能不能摆脱刁蛮的脾气。还有，能不能飞越家庭的局限，用智慧武装自己。


## 忽冷忽热的同桌

曾育强是汤老师这一段时间关注的另一个重点。他上课仍然只是睡，一直睡到下课铃响。汤老师决定中午把曾育强叫到办公室，好好谈一谈。

经过一个暑假，感觉曾育强又长高了一头，虎背熊腰地立在老师面前。

汤老师问："为什么课上又睡觉呀？"

曾育强眼睛有点红肿，脸上还有趴在书上留下的红印子。他想解释点儿什么，话到嘴边又改了口，低声说："没有理由，就是意志力不强。"

"那你的意志力什么时候增强呢？"

曾育强痛苦地咬着牙："真的，我也想做好，但实在是做不到……尤其是一想到我爸我就生气，就再也没办法努力了……"

汤老师想起曾育强爸爸是如何努力地证明儿子的不是；想起曾育强说，爸爸上次家长会回去以后，对老师说的话非常不高兴；想到曾育强指责爸爸在妈妈面前装负责，妈妈一走就不管自己；想起曾育强妈妈曾经抱怨，丈夫答应了老师要改变教育方式，却说话不算话……

汤老师斟酌着词句，思考怎样和曾育强沟通。他觉得曾育强的爸爸是个懦夫，是个缺乏责任感的男人，靠这种人是没可能教好曾育强的，遇到这样的情况，他宁愿绕开家长，直接去唤醒孩子。

走出办公室的时候，曾育强忍住不让自己哭出来。汤老师和他说的最后一句话是："你已经为你父亲活了十几年，你可不可以从今天起换个活法——为了自己活？"

他松开拳头，掌心里是汤老师给他的一张一寸的登记照，那是他初一入学的时候交给老师的。照片上的曾育强还活脱脱地是个小学生，表情很萌。

照片是在小学六年级照的，那时的曾育强还不认为自己是个差生，那时他还在为考上求是中学而努力……

如果，让那时的他看看现在的曾育强，他还会认识自己吗？

回教室的时候，全班正在上午自习，坐在讲台上的值日干部是班长袁凯文，正做着作业。

凯文看着曾育强回到自己的座位上，眼眶红红的，知道他被老师找过了。

上了初三，多数同学都比较自觉了，汤老师和同学谈话的频率也明显降低。按照老师的说法，若是在往届，初三他的学生早就不让他操心了，根本不用找来谈话。但是这一届，可没那么容易。

升学考试的压力，让一些本就不够优秀的学生难以承受。袁凯文对这种情况还是比较理解的，毕竟到了初三，真正不紧张的只是少数，就连一向大大咧咧的刘唯彬，最近也沉默寡言。

想到这里，袁凯文看了一眼坐在窗边的陈佳。她居然上了初三后不紧张，要放在初一，肯定没人相信。

自从辩论比赛夺冠以后，她的气质发生了巨大的改变。

遇到老师的时候，原来她只会在深吸一口气后叫声"老师好"，然后安静地走开。而现在，她也会和老师有说有笑了。一贯胆小的她，竟也学会了在说话的时候自称"姐姐我"，而且还时常爆发出一阵爽朗的笑声，让袁凯文很不习惯。

这段时间陈佳的状态奇好，连续两次考试都考了第一，有人开始叫她"女强人"，她也并不拒绝。她已经不再是那个随时需要人管着的小女生了。

更让袁凯文不习惯的，是两个人之间的陌生感。两个人很少在一起讨论问题了，坐在一起的时候，陈佳像是对他怀有怨恨，总是故意地冷漠，袁凯文也不知道是什么原因。

是初三的生活太累太匆忙吗？我们都忙得没时间讲点儿有趣的话题，没时间慢慢地研究一道搞不懂的习题了？还是我什么时候把她得罪了？

女人真是奇怪的动物。

他甚至感觉，同桌老是这种状况，很影响他备战中考的心情，所以萌生了换座位的想法。

反正也有人等着跟陈佳做同桌。

可到了汤老师收换座申请的时候，凯文又没了交条子的勇气。他想，她不是不高兴我吗？不如等她去写条子好了。换座位的条子交给老师，只需要一分钟，他却拖了又拖，就好像懒汉立志，想做又下不了决心。

　　他不知道的是，陈佳其实也写了一张换座位的条子，也没有交出去。在凯文面前，她总是摆出一副对他无感的样子，可在他身后，她又总是一脸幽怨地看着他的背影，似乎期待着他说点什么。

　　可恨的就是这小子太呆，一直认认真真地打冷战，就不明白女生的心思。

　　想到这里，陈佳看看自己放在课桌上的作业，半天都没翻一页。她苦笑了一下，抬头看看教室门上的小窗。

　　小窗上嵌着一张脸，由于贴得太近，鼻子在玻璃上被压扁——通常这脸属于汤老师，躲在窗口观察人民群众乖不乖。

　　但这张脸好像没有汤老师那么大，皮肤也没那么黑……

　　见陈佳注意到了她，那张脸向后面急速一退。这下陈佳看清楚了，差点叫出来——

　　是已经转学的林珮莉。

　　林珮莉向她做了一个"嘘——"的手势，从小窗上消失了。


## I Do Belive

　　一下午自习，郭一航就找到汤老师："老师！林珮莉是不是来过了？"

　　汤老师反问："你怎么知道的？"

　　"陈佳告诉我的，说看见她了——到底是不是真的？"

　　汤老师观察着郭一航的表情，慢条斯理地说："倒是有这么回事。"

郭一航急道："那她现在呢?"

"找过了我,走了呀——"

"那她怎么没来找我?"

汤老师忍住笑："她为什么要来找你?"

郭一航不说话了,转身走开。

汤老师在他身后说："她说,有意避开你,这样对两个人都好。"


林珮莉小心翼翼地在办公室门口喊报告的时候,汤老师从座位上站了起来,迎到门口："哎呀,小姑娘今天怎么回来了?"

林珮莉有点不好意思地说："学校这两天开运动会,今天下午不上课,我来看看您。"

汤老师把她往办公室里让："快进来坐!"

林珮莉头发剪短了,看上去很精神。待她坐定,汤老师问："怎么样啊?"他知道林珮莉去的是一所单办初中,在本地也小有名气。

林珮莉笑笑："还好吧,老师同学都挺照顾我的。"

她顿了一顿,补了一句："我考了二十多名。"

汤老师从她的眼里看到了一种期待,她希望得到老师的肯定。汤老师自然大大地表扬她一通,因为汤老师知道,从这个一直不把学习当回事的小姑娘口中,做出这样的表白,意味着多么大的转变。

汤老师问："跟妈妈的关系还好吧?"

林珮莉点点头,说："谢谢您,我和她现在和平共处。"

汤老师又问："那,新手机买了吗?"

林珮莉亮出手机："买了。"

汤老师赞道："那说明妈妈有进步嘛！"

林珮莉做无奈状："有时候还是很烦吧……不过比原来好些。"

林珮莉聊起妈妈过去与她的话题总离不开学习。林珮莉说看不到学习的意义在哪里，妈妈劝她重视学习；林珮莉说根本听不懂数学，妈妈劝她耐心学习；林珮莉说起郭一航，妈妈说不要早恋影响学习；林珮莉说最近感觉压力很大，妈妈说相信她可以战胜压力继续学习。因为妈妈要讲什么，闭着眼睛都可以背出来，所以林珮莉一直和妈妈冷战，她觉得妈妈的鸡同鸭讲，是对她的不理解、不尊重。

可是汤老师却说，有时不妨把妈妈当个差生，她年龄大了，有自己的局限。等着妈妈改变不如自己找个方向坚定地走下去，不要怕走错方向，就怕没有方向。

当然现在妈妈确实也好说话一些了，这也要感谢汤老师，在办完转学手续的时候，还一针见血地告诉妈妈，她的价值观和林珮莉根本不可能完全一致。如果妈妈不能对林珮莉多点理解，多点指引，还不如少说几句。

汤老师启发道："这说明每个人都是可以改变的嘛！妈妈有了进步，你也应该迎头赶上哟！"

林珮莉低头说："我跟她说到了高中想兼修艺术，她又想反对，最近正在纠结这件事。"

汤老师笑笑："有话好好说，好吗？合理表达诉求嘛，想想办法，你妈会答应的。我支持你，但别总是对抗——手段不正确，你会由合理的一方变成理亏的一方。"

临走的时候，林珮莉向汤老师深深鞠了一躬。她得在午自习结束前离开，她不愿意让郭一航看见自己。

汤老师把她送到楼梯口，看她走下长长的楼梯。

林珮莉忽然感到，这画面很有象征意义——自己走在人生的阶梯上，身后有注视着自己的老师。

到楼梯转角的时候，她回头向老师挥挥手，汤老师忽然大声喊道："要相信自己会成功哟！"

"嗯！"林珮莉大声答道。

"哪怕做一个娱记，也要做最棒的哟！"汤老师又喊。

"我会的！"林珮莉大声回答。

我会成功吗？林珮莉暗暗问自己。一年以前来插班的时候，我还是各个学校都不欢迎的飞女，班上排名倒数的学渣，但现在我在新班级学习已经有起色，也受到大家的欢迎。

有什么不可能的呢？

她停下脚步，发现自己正走到操场，站在主席台旁边。

正午的学校操场，一个人也没有。

这个主席台林珮莉很熟悉，她曾经站在上面赢得了"校园十大歌手"的称号。那首歌是汤老师建议她选的，杨培安的《我相信》，是她擅长的歌曲。

耳边忽然又传来音乐的伴奏，人声鼎沸的喧嚣中，（2）班的助威团在高喊："林珮莉——林珮莉——"

"想飞上天，和太阳肩并肩，世界等着我去改变……"穿着短裙，系着发带的林珮莉在歌声中跑上了主席台。

台下的掌声一下子热烈起来了，高雨涵指挥大家发出震耳欲聋的欢呼，把举在手上的牌子摇了又摇。

这欢呼比前面登台的每一个歌手得到的反响都要热烈，坐在第一排的评委也禁不住纷纷回头，看看这些学生怎么这么激动。

台上的林珮莉也像充了电一样活力十足："我相信我就是我，我相信明天，我相信青春没有地平线……"

唱完这句，台下的郭一航鼓起腮帮子，吹了一个响亮的口哨。

林珮莉得意地用眼神回应了他一下，把话筒递到嘴边。

却有一个人抢在她开口以前唱出了下一句："我相信自由自在我相信希望，我相信伸手就能碰到天……"

台下所有的观众，不管是哪个年级的学生，全部大声鼓噪，很多人拿出手机来录像，好几个评委也笑着鼓掌。

林珮莉诧异地一回头，是汤老师，在她一无所知的情况下，汤老师上台来为她助唱了！

她还愣着呢，汤老师向她一甩头，示意她加入进来，两个人在那天最热烈的气氛中唱出高潮："有你在我身边，让生活更新鲜，每一刻都精彩万分，I do believe——"

一曲唱罢，林珮莉微微低头，单手指向空中，这是她设计好的结束姿势。汤老师则抱着双臂，侧身站在她身边。在台下经久不息的口哨和掌声中，评委纷纷亮出高分……

林珮莉回过神来，自己不知什么时候已经站在了主席台中央，只是，身边没了助唱的汤老师，台下也没有了粉丝团的喧嚣，只有微风轻轻拂过耳畔。

在求是中学虽然只有短短的一年多，却有很多场景难以忘记。妈妈和她商量留级的时候，她其实舍不得离开，却又做不了主。这些天来她一直安慰自己，好在——在她的记忆里，毕竟留下过这些美好的片段。

包括郭一航，在印象很好的时候离开，不也是一个美好的片段？

## 求爱现场

可惜郭一航并不这么认为。

他跑到一个没人的地方哭了一场。回来后他撂下一句话："天涯何处无芳草，何必单恋那只鸟！"鬼才知道他从哪里听来的。

不到半个月，他就向大家宣布他和本年级（4）班的某女生好上了。根据大家对他的了解，所谓的好上了，只是他对人家有感觉了。至于那女生，可能还不知道郭一航是哪根葱哩！

为此，高雨涵还打听了点儿八卦，郭一航有一个竞争对手，是（4）班一个长相白净的男生，从地理位置和基因优势来分析，郭一航都没什么指望。

郭一航说他不怕，这次他会抓住机会的。

他找刘唯彬帮他出点儿馊主意，刘唯彬却并不吱声。过去凡遇到郭一航的情感起伏，他都要取笑一番，可是这些天他却常常一整天都不说一句话。

郭一航又去找高雨涵，高雨涵觉得郭一航的精明遇到这种事都会化为愚蠢。但谁也没想到，郭一航在经历了林珮莉之后，像是受了刺激，他觉得自己再也不能错过机会了……

下午第二节和第三节课之间时间比较长，是个大课间。

汤老师开完会回到年级走廊，却发现走廊已经堵得水泄不通，起码聚集了上百人。每个人的脸上都洋溢着兴奋和喜悦，如同发现了猛料的狗仔队。

"怎么全挤在这儿?"汤老师观察了一下,这条走廊上的每个班都有来看热闹的,他们拥挤的目的地就是(4)班的教室。在(4)班教室门口的人都在试图往那小小的门里挤,还有越来越多的学生涌过来,几分钟内已经接近两百人,如果不及时疏散,会有踩踏的危险。

"发生了什么事?"汤老师见曾育强也挤在人堆里,拉住他问。

"嗯——"曾育强摸摸后脑勺,"我也不是很清楚,听他们说,郭一航到(4)班教室求爱去了。"

正在这时,(4)班教室里爆发出一阵热烈的掌声,挤在(4)班教室门外的学生纷纷躁动着往里边挤,想看看究竟,场面几近失控。

汤老师大喊:"各班的同学请回到自己的班级!"可是现场太嘈杂,早把他的声音淹没了。

汤老师费力地挤向(4)班教室门口,好不容易挤进去,门口的学生却自动让开了一条道——郭一航涨红着脸出来了,他的头上大汗淋漓,像洗过澡一样。

学生们马上使劲起哄,掌声、欢呼声、口哨声,混作一团。

汤老师马上大喊:"好了,都给我散了!郭一航到我办公室来!"

年级组长也赶来了,拿着扩音器一阵驱赶,终于把围观群众驱散了。

站在办公室里的郭一航垂头丧气,脑袋低垂,更显得两肩耸起。偏长的头发也不识趣地耷拉下来,像是为他的行为不检提供罪证。

汤老师在他面前来回踱步,一声不吭。郭一航不时抬眼偷看一眼，又赶紧在汤老师发现以前把脑袋低下来。

忽然，汤老师问道："干什么去了？"

郭一航小声地说："也没干什么……"音量微弱，几不可闻。

"没干什么有那么多人围观？被你骚扰的女生有没有打算报警？"

郭一航急道："我可没找那女生——我找的是平时围着她转的那个小白……"

汤老师忍住好笑："你找他干什么？"

郭一航扭扭捏捏地说："我只是对他说，我们俩公平竞争……"

"哇，长本事了？"汤老师提高了嗓门，脸对脸地对郭一航咆哮，"你怎么不安排一个决斗仪式呢？就在主席台上，我负责售票！"

这声咆哮让郭一航感觉所有的头发都在向后飞跑，他知道汤老师是真生气了，只好站得毕恭毕敬，甚至身体还有一点颤抖，表明他的悔恨和恐惧。

老实说，汤老师心里在暗暗好笑，觉得郭一航这件事情处理得很有戏剧性，让汤老师想到法国电影里的"三个火枪手"或是台湾电影里的青春桥段。但脸上还是保持声色俱厉："管不住自己是不是？马上要考试了知不知道？执行力是什么，是管住自己！平时我又不是不知道你们那些小心思，可有几个同学像你这样管不住自己的？"

汤老师保持着脸上的严肃，偷眼看了一下郭一航，发现郭一航正在向办公室外的围观群众递眼色。见汤老师看向他，马上又摆出低头认罪的模样。

汤老师知道他是个演技派，心想不给点颜色，这小子是不会老实的。又踱到窗边，望着窗外问道："知不知道要毕业了？"

"……知道。"

"知不知道引发这种群体性事件会招致处分？知不知道现在处分了毕业无法撤销？"

"啊？"这下郭一航真急了，"老汤你别跟我开玩笑了好不？这么点儿小事也摊得上处分？"

"和外班的打架，学习弄虚作假，纪律经常违犯，制造群体性事件——数罪并罚！"

"这——"郭一航对着汤老师的背影哭丧着脸说，"前几条我不都改了吗？"

汤老师这才转过来，一脸的严肃："那不管。你今天回去就写检查，写得不好明天就处分！"

看汤老师语气坚决，郭一航有气无力地答应了一声，慢慢地转身回教室。走路的时候驼着背，拖着腿，活像一个小老头。

刚走到办公室门口，忽然袁凯文冲进来，向汤老师报告："刘唯彬和曾育强动手了！"

## 你还可以坚持的！

"怎么回事？"汤老师皱着眉头问，真是坏事一件接一件，刘唯彬和曾育强最近学习状况看上去都还正常，尤其是刘唯彬，乖了不少，怎么又动起手来了？

话音未落，刘唯彬也进办公室了。大踏步地走到汤老师面前，沉默了几秒钟，开口说："我对曾育强动手了，是我先动手的，他没还手。"

332

力量占优势的曾育强居然不还手，也算是个奇事，郭一航站在办公室门口挪不动步子，想听听下文。

却听到汤老师说："郭一航你为什么还不走，还想继续聊？"

郭一航一溜儿小跑地去了。

"说说情况吧，怎么了？"汤老师坐下来，望着刘唯彬淡淡地说。

"我正挤在人群里，看郭一航的热闹，曾育强踩到我了……"刘唯彬忽然很不愿意说下去，他的心里泛起一种对自己强烈的厌恶。

开学帮郭一航打架这件事，汤老师并没有责怪他，当时刘唯彬真有为了汤老师赴汤蹈火的冲动。他暗下决心，不再给老师添麻烦，可现在还不是站在这里？

他好像看见自己在向自己冷笑，问自己，你打算在这里干什么，等老师的教育，再得到他的原谅？你打算怎么给老师解释，最近心情不好？

他像是下了决心，忽然深吸一口气，又回到那种昂首挺胸的状态。从鼻子里喷出气来，居高临下地对汤老师说："其实，我一直很讨厌你。讨厌你的神气活现，讨厌你的自以为是。我打架就是因为你是我的班主任，只要你在班上一天，我就要向你证明，我是一个地道的烂人，你拿我没办法的！"

他在心里想，快发火吧，快咆哮吧！证明我是配不上你的教导的！

一旁的袁凯文吓了一跳，想要制止他发飙："刘唯彬，你在说什么？"

汤老师坐在椅子上听完这番话，面无表情地问："说完了？"

刘唯彬夸张地点头，大声地说："嗯！说完了！"

汤老师也点点头："原来是这样。"

袁凯文插嘴说："老师，不是这样的。刘唯彬平时说起你——"

汤老师把食指放在嘴前，让凯文闭嘴。

他也不看刘唯彬，好像是自言自语地说："如果是这样，你可真是言行不一呀。上初三以后，你的考试成绩、课堂表现，甚至是出勤和清洁，都有明显提升。你这个当烂人的计划，没见到你实施呀。"

刘唯彬还在昂首挺胸："那都是我装的，为了骗你。"

汤老师的眼神转向刘唯彬，犀利得像要撕开他的全部伪装："你是在骗我。不过不是平时，而是现在。

这三年来，我只教了你一件事，就是要学会坚持把事情做好。你今天对我说了那么多废话，无非就是想向我证明一件事，你快撑不下去了。而作为你的老师，我也只想用行动向你做出示范，那就是——我还可以坚持。"

袁凯文松了一口气，他忽然想起，有一次汤老师在班干部会上说过的一件事。几个年轻人，在上海办足球兴趣班。他们的要求之一就是绝不批评学生。批评本来就是教育的必要手段，再加上兴趣班是面向社会招生，学生肯定难管，怎么能做到绝不批评呢？答案就五个字——"百倍的坚忍。"

凯文再看刘唯彬，不争气的眼泪又上来了。

刘唯彬眼里噙着泪，脸上却带着微笑。他好像感到自己像个孙猴子，怎么也跳不出如来佛的手掌心——但他喜欢这种感觉。他装着不出所料地评论道："所以说你这个家伙讨人喜欢呢，就在这些地方……"

汤老师扶着转椅的扶手，旋转了一圈，又停下来张开双臂，胜利地笑。

上课铃响了，袁凯文说要回教室上课，离开了办公室。他想，这两位可能还要再谈谈。

汤老师凝视着刘唯彬的眼睛。

半晌，忽然问道："知道我从你眼里看到些什么？"

刘唯彬不答。

汤老师自顾自地说下去："我看到愤怒，对现状的强烈的愤怒；还有恐惧，对未来的深深的恐惧。"

刘唯彬心中一凛，看了汤老师一眼。

汤老师还是不紧不慢："当然，还有无力、沮丧、自责和痛苦。"

刘唯彬沉默地听着，不置可否。

"最近这段时间，我一直在观察你。"汤老师示意刘唯彬坐下。

刘唯彬一屁股坐下来，低头看地面。

"你不打篮球，下课很少和朋友在一起，经常发呆。"

刘唯彬抬起头，眼里没有平日的张扬与卖呆，竟流露出悲哀。

汤老师的语速极慢，声调也很轻柔，轻到好像若有若无："你遇到了无法接受的事情，所以你愤怒；这件事情你无法左右，所以你沮丧；你恐惧不可知的未来，又为自己的不够坚强而自责。"

刘唯彬的眼泪慢慢地充满了眼眶，他仰起头，不让眼泪流下来。

"所以彬彬，你要勇敢，因为那是控制恐惧和愤怒的最好的武器。我不是给你们讲过曾国藩的过往不恋、未来不迎吗？已经发生的事情，生气也没用；还没发生的事情，未必会糟糕。有些事情无法改变，要学会接受和顺应。要相信自己最终会有足够的能力，理顺那些不顺的事情。"

刘唯彬脸涨得通红，小声地咕哝道："我努过力了，可我做不到……做不到……"

汤老师回应说："现在做不到，不等于将来做不到。你还小，你会成长得更加强大，要有耐心。我对你讲过，压力大的时候，要学会排遣，但不要用发脾气的方式胡乱释放。任性总是容易的，管住自己的性情却不容易。"

看看谈得差不多了，汤老师小心地问："这事需要和你妈妈通个电话吗？"

刘唯彬忽然脱口而出："不用通电话了。您也猜到了，离了。"说完，将脸别到一边。

汤老师点点头，不说话了。

两个人就这样默默地坐着。

良久，汤老师开始发话了。看得出，他斟酌着措辞："你该去上课了。我说过，如果不开心，我随时可以倾听。"

刘唯彬忽然开始抽泣，然后越哭越伤心，直到眼泪和鼻涕一起涌出来："我想了那么多办法想要挽回他们……他妈的……呜呜呜……呜呜呜……"

汤老师也不说话，只在一旁递纸巾。

刘唯彬只哭了不到一分钟，接过纸巾擦了几下，忽然像按下了停止键，立刻收起了哭泣，又恢复到那副玩世不恭的表情。

他站起来，向汤老师鞠了一躬。

汤老师也站起来，拍拍他的肩膀。

刘唯彬已经比老师高了，这肩膀要抬高手臂才能拍到。只是，在这个高挑的个头里包裹的内心，是否足够成熟和坚强呢？

汤老师还想再打个比喻，在人生的球赛中，不是每一次都能赢球。输过了，哭完了，我们还是要积极面对下一场比赛。

但他没有说，他觉得刘唯彬现在不需要这个。

他忽然换上一副大大咧咧的表情，模仿着刘唯彬的口吻说："想干什么，哥今天心情好，满足你！"

刘唯彬苦笑一声："说实话，想打架，想虐人。"

汤老师做思考状："在现实世界里打架是违纪的……这样吧，我到游戏里陪你去虐人好不好？你们不是一直想我陪你们玩吗？周末 DOTA，来不来？"

"真的？"刘唯彬睁大了眼睛，他们知道汤老师也玩游戏的。但汤老师曾说过，他们毕业以前，不会和他们玩电子游戏。

下周一到学校的时候，刘唯彬向郭一航宣称周末汤老师陪他玩了 DOTA，听得郭一航又是羡慕又是嫉妒。


周一课上播放了初三的最后一部电影——《肖申克的救赎》，遭诬陷的银行家挖了二十年的地道。这不是刘唯彬第一次看这部电影，他还记得初二下学期，汤老师得知他看过这部电影的时候，对他说的话。

电影里的安迪还在钻他的下水道，再度看这部电影的刘唯彬却有了新的感悟。长长的下水道里弥漫着令人作呕的气息，但用一个小时还是三个小时爬出去，并不重要——只要一直在爬。刘唯彬忽然想到最重要的不是自己要下多少次决心，而是要一直坚持向正确的方向前进。哪怕这过程中有阻碍，有迂回，甚至有倒退。只要坚持，就不怕路途遥远。

他好像看到自己也在下水管道里前进，前面依稀透出光亮。光亮中站着一个人，向他张开双臂。他看不清那人的脸，却听到那人的鼓励——你可以坚持！


## 打破有色眼镜

电影看完就放学了，可还有一部分学生没有离开教室。

班长袁凯文组织全体班干部留下来开班干部会。

汤老师已经好久没参加过班干部会，今天也难得地留了下来。

"首先请各位班委通报一下各部门近期情况。"凯文开始组织会议。

"课堂表现正常。"纪律委员说。

"作业每天都能交齐，完成的情况也还不错，特别要表扬一下郭一航，进步比较明显。"学习委员说道。

"出勤方面，除了李皓冬，其他人都保持良好。"听到这话，大家相视一笑，都心照不宣。

轮到劳动委员张苇了，但她却低着头在望着地面出神。旁边的同学推了她一把，她才反应过来，小声地说道："清洁状况最近不够好，主要是我管得不好。"

汤老师皱皱眉头，感觉那个爱自责的张苇又回来了。这孩子最近情绪都不大对，是遇到什么状况了吗？

凯文问道："具体原因是什么呢？"

张苇说："主要是初三了，学习任务重，作业多。两个劳动委员，一个管值日生，一个管放学清洁，有点忙不过来。"

凯文点点头，两个劳动委员中，张苇的学习压力大，另一个又住得远，确实有些问题。他马上征求意见："我建议增加一名劳动委员，想请大家提出人选。"

汤老师像欣赏一件艺术品一样看着凯文开展工作，越看越是喜欢。初二下学期以后，为了让更多的同学得到锻炼，汤老师换掉了几乎整个班委会。新当选的班干部虽然有不少比起前任能力上有欠缺，却在凯文的带领下，把工作开展得井井有条。

大家七嘴八舌地提了几个名字，余远航忽道："觉得曾育强怎么样？"

"那怎么行？"教室里一下子炸开了锅。

文娱委员高雨涵说："你这也未免太异想天开了吧？且不说他成绩差，态度懒，就算是人缘也够不上格吧？"

余远航却认真地说："你不觉得曾育强最近和大家相处得好些了吗？"

实际上，最近汤老师在提醒曾育强，做一个受人尊重的人，是与其他人交往的门票，所以他也确实有些小变化。不过眼前的争论让汤老师觉得有意思起来，想看看凯文怎么处理这个分歧。

凯文不表态，问："其他人怎么看？"

信息委员赵一贤说："曾育强其实流露过想当班干部的意思。"

高雨涵不同意："他想当就让他当吗？那还不是要看他适不适合。"

赵一贤说："对呀，曾育强有力气，又有意愿，怎么不能干劳动委员了？"

高雨涵说："那他的懒惰呢？老师常说，一个人要是对自己生活中的事犯懒，对学业也勤快不到哪里去。曾育强对自己的学业那么懒，倒过来分析，管清洁也不可能勤快吧？"

凯文打个圆场，说："这样倒着推未必成立吧？"

张苇向来都同情弱者，这时也插了一句："最近他做值日生挺认真的。"

赵一贤见得了支持，推推自己的圆眼镜，理直气壮起来："对呀，再说这个工作是他想争取的，一定会有所表现的！"

高雨涵说："离毕业没多久了，为什么不找个能力强些的同学来做呢？让这个惹祸包来当班干部，不怕他捅娄子吗？"

余远航说："人家早就不惹事了，当个劳动委员能捅多大娄子？再说，还有另外两个劳动委员在管事呀。"

凯文说："我有两点看法。如果我们是个公司，肯定不选曾育强当干部。但我记得老师说过，学校不是一个盈利机关，不能只考虑方不方便，如果曾育强有这个愿望，做这个工作又能给他带来进步和帮助，我们为什么不让他做呢？

还有，我觉得我们应该更全面地看曾育强，不要只盯着他的缺点。他希望上进，在运动会上为班级争得那么多荣誉，不也是优点吗？"

汤老师插了一句："有个词叫多元智能，大家下来可以了解一下。"

凯文总结道："我爸爸对我说过，有时候一个人表现怎么样，全看你怎么看待他。你当他是好人，他在你面前就容易做好人；你当他是坏人，他自然就容易当坏人。因此我个人支持曾育强——不过，我们还是举手表决吧！"

汤老师满意地看着凯文张罗着表决，想到前几天教训刘唯彬的时候凯文的表现，越来越觉得这个班长可爱。他忽然意识到一点，就是自己每一届的班长，都是富有人格魅力的学生，也许这也可以作为一条规律。

班干部会结束时天已经快黑了，汤老师回办公室收拾了东西，打算上个厕所回家。这时整层楼的学生都已经回家，空空荡荡的走廊里悄无声息。

刚走进厕所，汤老师就听到有一个格子间里有窸窸窣窣的声音，知道那里有人。

汤老师也不以为意，正想解决了问题走人，却看到那个格子间忽明忽暗，映着红色的微光。

汤老师心里有数了，走到那个格子间前大声咳嗽一声。

红光一下子消失了，格子间里响起冲水的声音，继而门打开，皮小星出现在面前。

汤老师瞥了一眼格子间里面，虽然烟头已经被冲掉，但烟味却无法散去，从格子间里一阵阵地飘出来。

汤老师看了皮小星一眼，一句话也没说，转身就出了厕所。

皮小星本来以为汤老师要批评他几句，却没料到对方居然直接把自己无视掉，忽然感到一阵失落。

自打付娟不再担任班主任以后，学校让英语卫老师接任了(11)班的班主任。卫老师可是经验丰富的班主任，一上来就三下五除二地整顿了班风，联络了家长，皮小星的那群小喽啰，不是被收拾得服服帖帖，就是迫于升学压力把注意力转向了学习。皮小星在教室里没有了往日呼风唤雨的气象，又自忖不是卫老师的对手，转而躲着抽烟。

卫老师曾经告诉汤老师，皮小星就是想让老师注意到他，可卫老师故意不理会他，挫挫他的锐气。

寂寞的皮小星觉得，卫老师毕竟是半途来接班的，不待见他也正常。可从初一起就教他的汤老师也不理他了，他就有点受不了了。

他追出厕所，对着汤老师的背影喊了一声："你……连你都不管我了吗？"

汤老师听了这话，转过身来，说："我给你讲个故事，有个人自称信上帝，在发大水的时候，任凭小船、摩托艇和直升机上的人怎么想救他，都不肯接受帮助——他的理由是，上帝会救我。后来他淹死了，抱怨上帝对不起他，上帝说，我派出那么多人帮你，你自己不要获救，怪谁？

就拿你的作业来说，我要求、教育、处置过你不知多少次，你还是不交。等到有一天我不再过问你的作业，你说我不帮你，那我会说，你总是不伸出手来，叫我怎么帮？"

皮小星张口想说点儿什么，汤老师抢过话头："卫老师是个好班主任，如果你想改进，她不会对你有成见——别一个人躲在厕所里抽烟了。要想找我，你知道我在哪里。"

说完，也不待皮小星答话，汤老师头也不回地走了。

皮小星追到楼梯拐角，向汤老师喊道："我想说——"

汤老师停下了几秒钟。

皮小星喊道："付娟一直想让我认为，班上的人都像她那样讨厌我。但我知道，事实并不是她想的那样！"

汤老师头也没回地向皮小星做个再见，下楼去了。

## 一个都不放弃

周六的晚上，十二点刚过。

汤老师坐在电脑前。刚刚和妻子在家里看完一部电影，还有点兴奋。反正明天不用上班，他想再看看网页再睡。

电话忽然响起。

汤老师皱皱眉，谁这么晚打来电话？

拿起电话，先听到一阵啜泣声。汤老师问道："喂?"

电话那头传出了声音："汤老师吗？我是张苇的妈妈，抱歉这么晚打扰你……"

汤老师说："你请讲。"

张苇妈妈说："张苇不知道为什么很不开心，在家里寻死觅活。我想请汤老师救救我们。除了你之外，我再也找不到其他的人可以求救了……"

汤老师曾经应张苇妈妈的要求，给她介绍过心理医生，可她们去过一次就不再去，不知道是嫌贵还是觉得不合适。

汤老师皱着眉说："究竟是什么事情？"

"她拿圆规把自己的双手戳得血迹斑斑，还一直歇斯底里地哭，我劝也劝不住，根本不敢离开她半步，我希望你能开导开导她。"

电话里果然能听到张苇咿咿呜呜的哭声，汤老师说："那让她接电话。"

张苇妈妈说："她不肯接电话。我劝她和你通电话，劝了好久都没用。"

"那你希望我怎么做?"

"让我带她来见你好吗? 只有你能救我们母女俩!"

汤老师说:"那这样吧,你劝她先睡,明天带她过来,好吗?"

张苇妈妈却说:"汤老师,这样的话她今天晚上都过不了! 我现在就带她去您家,可以吗?"

"今天太晚了吧?"汤老师眉头紧锁,"你安抚一下她,明天再来吧?"

"还不晚,汤老师。"张苇妈妈在电话里急匆匆地说,"现在时间才十二点半,我开车送她过来,四十分钟就可以到!"

听了这话,汤老师虽然很想把电话直接挂掉,但是那求救的声音好像在耳边萦绕,仿佛看到张苇拉着毛伶的手,走向深渊。

汤老师叹口气,说:"你们过来吧,到了小区门口给我打电话。"

放下电话,他想,我也是个奇葩——只有奇葩才会答应这样的要求。

他拿了笔和本子,走进卧室,对妻子说:"我要出去一趟。"

妻子愕然:"这么晚了,你要去哪里?"

"那个要自杀的小妹妹,她妈妈要送她过来面谈。我不想吵到你,打算把她们带去附近的茶楼。"

妻子很生气:"太过分了! 都这么晚了!"

汤老师吻了一下她:"不用说了,我已经答应了。你好好睡。"

他转身出门,身后传来妻子的嘱咐:"晚上冷,你多穿点——"

附近的茶楼,汤老师都很熟。这倒不是他经常去喝茶,而是每当有学生和家长要登门长谈,他常常就在茶楼接待。每次一谈,常常是半天。家庭调解,心理咨询,思想指导……这些年来,已经不知在茶楼接待了多少人。

订好了房间，汤老师站在茶楼门口，等着张苇妈妈的车出现。十一月的深夜，街上没什么行人，不像夏日的晚上，大排档的生意还红火。寒风刮到脸上，驱散了汤老师的睡意，他的思绪也好像被这风从床上一把抓起，开始活动起来。

午夜以后还接待家长，为什么要干这样的傻事，他也问自己。

上次给张苇办生日晚宴，妻子后来白了他一眼："你以为这样做了，人家就会感谢你？"

感谢？那真不敢想。还记得在原来学校的时候，一个学生在和同学打闹的时候撞到了桌角，眼角裂开，鲜血横流。汤老师抱着他冲到医院。医生要给那小孩缝针，虽然打了麻药，但由于眼皮很敏感，麻药的效果也不是马上能到位，在缝针的时候，那小孩还是很疼。

医生要汤老师帮忙固定住学生，不能让他乱动。汤老师就用胸口压住他的脚，再握住小孩的双手。由于疼痛，小孩的手使劲地抓，手上的指甲深深地陷进老师的肉里。

后来那小孩终于康复了，写作文回忆这件事的时候，他写道："我缝针的时候，汤老师特别紧张，只好抓住我的手不放。"

想到这里，汤老师笑笑。

那小孩现在已经工作了吧。多年以后，他还会记得老师把他按在急诊室的床上吗？

要等的人还没有出现，汤老师感觉有点冷，下意识地跺了跺脚。

他想起了小波。

汤老师刚参加工作的时候，教了一年，班级在几个平行班中排在第一。虽然这在他后来的工作经历中是家常便饭，但那时是第一次。

　　初二下学期的时候，小波来插班。他不知道是被哪个学校退了出来，才来到这里。

　　插班的时候学校和小波家长谈好条件——先试读，表现好才留下，表现不好退回。

　　小波成绩在班上排倒数，习惯意识也很差，但他有一个长处——很重感情。

　　他喜欢上了汤老师，听老师的话。一个学期下来，虽然成绩进步不大，但是论表现简直像换了个人。

　　学校组织去动物园，小波还特意拉汤老师在一只罕见的白老虎面前合影。后来，他把那合影做成吊坠送给汤老师，以示纪念。

　　临近期末的时候，该决定小波的去留了。学校里一位热心的大姐劝说汤老师，让小波走。理由很简单，他一个人就会把班级的平均成绩拖下来好几分。留下他，你们班就排不到第一了。

　　于是汤老师找小波谈话，说不能留他下来，因为他成绩不好，还抽烟。小波惊诧地睁大了眼睛，他以为凭自己的进步留下来完全没问题。汤老师昧着良心说话的时候，根本不敢看小波的眼睛——他也知道小波除了偶尔躲着抽烟，已经不打架，不缺课，甚至不缺交作业，上课也不违纪了。说他表现不好，完全是说胡话。

　　小波弄明白了情况，对着自己的额头重重地吹了一口气，看前额那绺长发飘起又落下。他那长长的睫毛一颤一颤的，让人看了很是心疼。一直到离开，他没有任何辩解，也许他早就习惯了。

　　就在汤老师硬着心肠赶走小波，班级在期末考试中再获第一名之后不久，他又在学校对门的街上碰见了小波。他习惯性地露出笑容，若是原来，小波也会笑着走近他，对他有说不完的话。可这一次，小波的眼神空空的，似乎什么也没看见。就这样，小波从他面前走过，没有任何表示。汤老师目送小波消失在人流中，此后再没见过他。

更为讽刺的是，初三下学期，学校的一部分春招的学生要离开，学校决定裁掉一个班。汤老师苦心经营的这个班虽然在平行班中排第一，但因为他最年轻，最后就把他的班裁掉了。

汤老师觉得自己这辈子都不会忘记小波。时常在恍惚之间，他看见小波向他迎面走来，他想问问小波现在怎么样，但小波却面无表情地与他擦肩而过。

这是汤老师唯一对不住的一位学生，他希望也是最后一个。

他做了决定，从此以后不放弃任何一名学生。不为了什么高尚的目的，只为自己的内心能够平静。

远处车灯闪烁，张苇妈妈过来了。


## 笑着活下去

张苇从车里钻出来，表情平静。到了老师这儿，她又像什么事也没发生过。

汤老师很清楚张苇这种不稳定状态的原因——归根结底是缺爱。对于一个长期缺乏关注的人来说，让周围的人都围着她转，始终保持关注，是她的重要目的。如果，周围的人在做自己的事，她会觉得被冷落了，就会制造点儿状况出来。

当然，经过长期的引导，张苇知道自己的心理状况是存在问题的。但是，长期生活在不良心态里的人就像瘾君子，明明知道这种心态不好，却又时常忍不住进入这种心态，因为这是她最习惯的解决方式。就像这次的自残，考试临近的压力是诱因之一，但最根本的是这样的举动让张苇感觉既受伤，又满足。

　　汤老师引她们进房间坐下，任张苇妈妈张罗茶水。至于张苇手臂上的伤痕，他甚至看都没看一眼。等张苇妈妈坐定，他才问道："张苇，你这么晚到我这里来，是要和我谈吗？"

　　张苇妈妈抢着说："是希望得到老师的指点。"

　　汤老师不为所动："那你做好和我谈的准备了吗？"

　　张苇不解地看着老师，她不知道谈话还需要什么准备。

　　"已经半夜了，我不想绕来绕去地浪费时间。我的意思是，你是基于对我的完全信任来的吗，你是打算放下包袱与我坦诚地沟通吗？如果是，我们继续；如果不是，那就请回，做好了准备再来。"

　　张苇目光呆滞了一会儿，又清晰起来，慢慢地点了点头。

　　"好，"汤老师说，"那我开始了。"

　　"毛伶最近还来找你吗？"汤老师问。

　　"还好吧……看了《玛丽和马克思》以后，我让她自己待在自己的地方了。"

　　"你今天的状况有临考的压力影响吗？"

　　"我不知道……我只是忽然觉得很难过……"

　　"原因呢？"

　　"我不知道……"

　　汤老师双手交叉，望着自己的手指说："你的小学老师待你不公，你的父母对你缺乏关注，你现在经常出状况。你觉得，这究竟是谁的问题？"

　　张苇迟疑地说："我不知道……可能都有问题。"

汤老师说："如果站在同情你的角度我会说，是那些大人的问题，你是一个无辜的小孩，是他们造成了你的问题。"

"但是，"汤老师话锋一转，"如果站在为你负责的角度，我会说，这已经是你的问题！

伤害你的行为发生在昨天，有的人对你做了不好的事情，可能他早就忘干净了，你却把这个包袱捡起来一直背着。在你出状况的时候，伤害过你的人会知道吗，会难过吗，你为什么要用别人的过错一直来惩罚自己呢？

你似乎在人前很退让，但同时你非要坐第二排，非要上台不可，非要奇迹出现——你有什么要求就非要大家帮你实现，为什么会这样？那是因为曾经有人对你不宽容，非要你听她们的。可现在，你用她们对待你的方式在对待别人，你知不知道？

如果你不想清楚这些问题，就算有一天，你的小学老师和家长都离开人世，你也照样一生无法快乐。"

汤老师继续说道："也许你曾经庆幸，初中的老师比较照顾你。不知道你有没有注意到，这学期以来我有意识地在减少对你的照顾。在你以后的人生道路上，不是所有遇到的人都会像汤老师这样对你，我希望就算周围的人对你不够好，你也要勇敢地活下去。"

张苇看着自己伤痕累累的双臂出神。

"就像换座位的问题。你同意了换到后面去，也同意了如果看不清可以把椅子搬到教室前面任何位置，像大学那样听课。可是，换座位以后你没有做到这一点，而是一直哭泣。为什么？

因为你等着别人来关心你，照顾你。一个人不够，要一群人；关心一处不够，要处处关心。我不怪你，我们都知道你这样的原因。可是，你知道吗——对于不同情你的人来说，只会认为你不会为别人着想。

不要总活在别人的同情里，张苇。不要总让人指着你的背影，说可怜之人总有可恨之处。这世上有很多比你更悲惨的人，学会关心他们，从中获得尊重和快乐。

你知道我的主张，抱怨问题不如解决问题。我今晚不愿意和你讨论你小学老师怎么样的问题，那对你的将来没意义。我更愿意讨论怎么解决你现在的问题。怎么改善你的个性和心态，那将决定你未来的命运。"

当张苇走出房间的时候，天刚破晓。她闭上眼，任早晨的第一缕阳光投射在她的脸上。

掐自己、自言自语、想不开、哭泣……我要不要从这种状况下走出来？回家的路上，张苇坐在后座一遍一遍地想。汤老师说重要的不是有问题，而是怎样看待问题和对待问题。能够改变当然好，如果不能改变，学会坦然面对也是好事。

悲惨的童年就是不幸吗？球王贝利却认为童年的贫困是他功成名就的助力之一，他那衣食无忧的儿子就永远也无法达到他的高度。神经质就是坏事吗？那不是附着在凡高和贝多芬身上的艺术气质？汤老师说张苇的想象力是种了不起的天赋。他说张苇有希望成为一名作家，还说自己在写一本新书，期待和张苇一起合作……

毕竟一夜没睡，张苇不知不觉进入了梦乡。妈妈在后视镜里看了她几次，睡得甜甜的，还带着一丝微笑。她是在梦里当作家，还是救助心理疾病患者？或者，去法国留学？

汽车载着张苇的梦向前飞驰，驶向那朝阳升起的方向。

隔了几天，张苇妈妈给汤老师来了电话，说和张苇商量过后，为她联系了一家补习中心，在最后两个月对她的所有学科进行全日制一对一辅导。张苇决心为了中考冲一把。

张苇妈妈在电话里抱歉道："给您添了太多麻烦。而且，这孩子又太笨，老考不好。"

汤老师说："我不这么看。她第一学期考五十七名，现在考四十九名。再除去各种原因离开的同学，她战胜了十个人。你觉得这个进步怎么样？"

"有那么多？"妈妈在电话那头有点窘，"我只一直觉得排名不高……"

"排名不重要，趋势更重要。好吧，中考场上见，祝张苇成功！"

## 专属的倔强

回到学校以后，汤老师要求袁凯文在每天下午上课前，带全班唱一次班歌。班歌叫《倔强》，是五月天的老歌，初一的时候汤老师教大家唱会了这首歌。汤老师说，最后冲刺阶段，大家压力都很大。疲倦的时候，一起唱响这首歌，能鼓劲，能减压，还能解乏。

大家起初觉得这办法很土，但在汤老师的坚持下，大家还是嘻嘻哈哈地学了。

每天，午睡起来，不太清醒的时候，袁凯文就组织大家唱一次。到最后，大家竟都有些上瘾了，越唱越喜欢，越唱越响亮。

后来谭欣雅看了德国电影《浪潮》，她觉得这就是汤老师的策略，给大家一种心理暗示，用团队的力量来渡过难关。

不过，她很享受这种心理暗示，总是投入地和大家一起唱：

"当，我和世界不一样，那就让我不一样，坚持对我来说就是以刚克刚……"

这歌让谭欣雅想到了初二上学期的一件事。那时没有了初一入校的雄心壮志，也没有初三的大敌当前，班上不少同学都显得松懈。一些初一已经规范下来的事情，渐渐有些"回潮"。有人清洁做不干净了，有人做操不整齐了，课前准备不够好了，课堂纪律下降了……

这时，学校通知将举行一年一度的广播操比赛。

汤老师发话，这次比赛必须进入年级前三名，否则他会生气。

这让大家很意外，因为汤老师从来不因为任何名次生气。更何况头一年的广播操比赛，汤老师只说了一句"争取在前一半就好了"，后来比赛结果出来，（2）班正好排在年级中间，也没见汤老师生气。

汤老师说，做操、清洁和学习一样，是大家本该认真对待的事情。现在做操时的懒惰懈怠，是大家心态的反映。他要求全班想尽一切办法，认真对待广播操比赛这一件事情，看看大家认真起来，是不是结果会不一样。

接下来的几周，班干部在班上反复播放广播操分解动作的教学视频，又把全班分成了十几个广播操互助小组，对做不好广播操的同学逐一纠正动作，然后按小组到体育老师那儿过关。就连郭一航这样的号称永远不会做广播操的学生，也做得像模像样。

整个年级只有（2）班为这比赛花了这么大力气，有时看见其他班练广播操，（2）班同学都会感到与本班差距明显——这个不整齐，那个不到位，真不是一个档次的。临近比赛的时候，全班同学都相信，班级要拿第一名。

比赛那天烈日当头，所有的评委都躲在阴凉处远远地望着。为了节省时间，评委安排每次上场半个年级，这样两轮就能把全年级看完。（2）班抽完签后，排在操场边沿，感觉评委站在他们躲太阳的地方，似乎不容易看到这一侧。

预赛的时候，领操的袁凯文注意到，好几个评委都在忙着聊天、打电话，根本没有往这边望。

尽管很担心，全班同学还是一丝不苟地完成了比赛，期待着结果的公布。

等下一组的班级做完，又等了好一阵子，广播里才开始念分数，听完全班同学都傻了眼。得分竟然只排在年级第七，连没练过一天广播操的（5）班，也得了第六。

按规定前六名才能进决赛，这下是彻底没戏了。

更可气的是，全班还要留在场边观摩，看那些做得不如自己的班级参加决赛。

刘唯彬当时就气得大骂评委都瞎了眼，手一甩要走人。其他的人则默不作声地看着场地中央——决赛正在进行——有一两个班的表现连（2）班练习前都不如。

比赛结束。全班垂头丧气地回到教室，失望之余还有很多人担心，汤老师说过不进前三要生气的……

汤老师终于也进了教室，表情不太好看。

全班没一个人说话，都望着他。

汤老师说："今天大家表现很不错，事实证明了我们只要认真对待一件事情，是可以把它做好的。"

郭一航叹道："唉——有什么用，还不是没进决赛。"

"评委太不公平了！"谭欣雅开始抱怨。

"就是。"也有同学附和。

汤老师摇摇头："没进决赛，不是大家的问题。但是有什么关系呢？你们已经做得够好了。在老师心目中，你们是第一！"

谭欣雅觉得眼眶有点湿润了，带头鼓起了掌，其他同学也跟着鼓起掌来。

汤老师忽然拿起讲台上的一个本子，撕了一页下来，在那张纸上画了一张奖状。在掌声中，汤老师抬高声音说："初三（2）班的全体同学，你们在年级广播操比赛中表现优异，勇夺第一名，我代表比赛组委会向你们颁发奖状，请你们班长上来领奖！"

很多同学都哭得稀里哗啦。

在这一片哭声中，忽然有人唱起歌来了，唱的是那首《倔强》。

"当，我和世界不一样，那就让我不一样，坚持对我来说就是以刚克刚……"

唱歌的是袁凯文，谭欣雅忽然感到，此刻没有比这歌词更能表达心情的了。

她情不自禁地开始跟着袁凯文一起唱："我，如果对自己妥协，如果对自己说谎，就算别人原谅我也不能原谅……"

加入进来的人越来越多，最后变成了全班忘情的大合唱："逆风的方向，更适合飞翔，我不怕千万人阻挡，只怕自己投降！"

那天离开教室的时候，全班的表情都酷酷的，搞得其他班的同学都纳闷，不知（2）班的人打了什么鸡血。

那张画成的奖状，现在都还在谭欣雅的文件夹里。

谭欣雅觉得，汤老师那时向他们诠释的精神，就是这首班歌的名字——《倔强》。

我和我最后的倔强，握紧双手绝对不放，下一站是不是天堂？就算失望不能绝望！

我和我骄傲的倔强，我在风中大声地唱，这一次为自己疯狂，就这一次我和我的倔强……

在初三的一个个下午，一群在中考压力下或惶恐或淡定的少年，在歌声中仿佛都忽然注入了共同的力量。刘唯彬唱得青筋暴起，高雨涵唱得激情飞扬……还有郭一航，他那走调的嗓音可笑地夹杂在人群中，却是那样地高亢。置身在这激昂的歌声中，热血沸腾的谭欣雅常常热泪盈眶。她一遍一遍地环顾这些忘情的少年，好像要把他们都刻录在记忆里带走。虽然大家就要各奔东西，但这首歌，这群人，这间教室，在她心中，都会是——绝响！


## 雕刻师

汤老师一回到办公室，吴淼就大声抗议："师傅，你们班的歌声整条街都能听见。"

汤老师笑笑，坐下来改作业。

吴淼又说："能不能不这样嘛，搞得我们这些班压力好大哟。"

汤老师笑道："你也可以弄个班歌呀？"

吴淼指着站在办公室角落里的两个萎靡不振的男生说："每天找这几根老油条清理作业都来不及，哪来的心情唱歌哟！"

汤老师看了一眼那两个垂头丧气的孩子，对吴淼说："找你说件事。"

吴淼知道汤老师要开展培训了，心领神会地跟着出了办公室。

汤老师带着吴淼走到操场上，两个人照例沿着跑道遛弯。

汤老师问："能不能不让那两个学生站办公室呀？"

吴淼笑笑："我就知道你要说这事。那怎么办，口头教育、罚抄、请家长……办法想尽了，他还不交作业，那怎么办？欸，你们班作业总交得很齐，怎么做到的？"

汤老师不回答，又道："那你也不能叫人家老油条呀？有事就说事，不要常常羞辱人家嘛。有时候生气是难免的，但也要尊重对方呀。做老师的，发脾气的时候也在给学生做示范哩。"

吴淼摸摸头，说："是啊，习惯成自然了。"

汤老师又说："其实，你跟学生关系一直是不错的。从一进校你就能站在学生的立场上考虑；我提醒你不要动手以后，你也再没对学生动过手；我建议你们多搞班级活动，一直到初三，你都还在坚持——你知道搞班级活动的目的是什么？"

吴淼略一思索，说："增强班级凝聚力吧？"

汤老师说："那只是一部分，更多的是通过在一起做更多的事情，传达一种价值观。就像我带孩子们搞一次足球赛，我会教给他们怎么分组，怎么安排小组赛和淘汰赛，3—5—2 和 4—4—2 阵型有什么优劣，跑位和逼抢有什么要领。

有的年轻老师觉得带学生搞活动就是图个高兴——其实快乐只是咱们搞活动的一种副产品，并不是全部。通过活动，孩子们体会到老师对细节的讲究，对质量的追求，对执行的强调，这是一种价值观的传递。"

陈淼说："那得在开展活动前有这个意识才行。"

汤老师点点头："是，要不然你学着别人做同样的事情，效果却大相径庭。班级管理就像雕刻自己的一件艺术品，有几件艺术品是不用规划设计就可以直接诞生的？自己的班级要成什么样，自己一定要有提前的设计。"

陈淼问："那么具体要为班级注入一些什么呢？"

汤老师说："这个问题问得好。中国古代的老师，都讲究既要教知识，又要教为人，管理一个班级，千万不能只注入知识，却不注入非智力因素。具体注入什么，其实有迹可循——你到网上找一找，美英日德俄，他们对培养自己的学生有什么要求和标准？整合归纳，去芜存菁，就是很好的范本。

就拿我们唱班歌来说，通过班歌树立共同的班级目标，甚至培养了共同的集体性格。"

吴淼对这个词语有些敏感："培养集体性格？那会不会过于强制，抹杀个性呢？"

汤老师解释道："有的老师对这个问题看得很极端，觉得只要培养共性就会抹杀个性。其实就像一支球队，有的球队追求快速，有的球队讲技术，有的球队善于打逆风球，这就是集体性格，这不会影响到每个队员各有各的特征，比如勇敢、乐观、坚强、积极向上、宽容、友爱……这些品质在任何一个团队里都需要，培养集体性格不仅不会影响个性，还对个性培养是有益的补充。"

两个人继续在跑道上边走边谈。

吴淼说："感觉你所强调的，都是观念和意识。"

汤老师说："观念和意识当然是最重要的，包括心态和个性。我坚持认为教授知识是末节，如果你给了学生观念和意识，再给他方法，他能获得的知识将远远超过老师拥有的。我们的学生入学的时候，很多方面是懵懂的。他们就像一个个形象并不清晰的泥胚。上天把他们交给你，安排你来做一个塑造他们未来形象的雕刻师，你本来可以拿起充满魔力的刻刀，一点点地雕琢他们的道德观念、思维方式、甚至是人格形象，让他们在你手中变成让人惊叹的艺术品，你却满足于只做一个教书匠，那多无聊？"

吴淼感叹："难怪你的班级总那么厉害。"

汤老师说："团队的优秀源于个体的优秀，也源于方方面面的高标准严要求。高标准能让质量意识渗入血液，严要求能让高标准得以贯彻落实。我说的严是严格，不是严厉，态度应该温和。"

吴淼又问："师傅，那遇到无法改变的个体怎么办？"

汤老师回答："可能有的个体的问题不能完全解决，毕竟学校教育不是万能的，但是一点儿都不受影响的个体，我还没遇到过。我想除非精神有严重问题的，多半都可以施加影响吧。

有的老师总抱怨学生问题多，我觉得首先取决于老师想要达到什么境界。如面对有问题的学生，或觉得没必要花那么多力气解决，或需要想办法解决，这两种动机不一样，付出的努力当然也不同——如果解决了动机问题，再大的难题都可以想办法处理。

有些老师没有给学生带去多少坏的影响，但也没给学生带去多少收获。学生来到他的身边，随自然规律成长，老师只是管着不出事就好，我不喜欢这种让学生自生自灭的老师——如果有的选，谁不愿意选能给孩子带来变化的老师呢？换位思考，你要做哪种老师，就先想想你希望自己的孩子遇到哪种老师。"

吴淼说："要给孩子很多收获，需要老师有强大的实力做支撑，如果做不到这一点，少一些坏的影响也是好的吧？"

汤老师摇头说："如果没有陶行知的水平，我可以少施加点影响，但要着力塑造学生人格、心灵、智慧、理性，这个方向还是要有，它会促使老师自我提高。我担心有的老师把不作为当成无为而治，当作给孩子们自由。无为而治是需要智慧的，知道哪些该管、哪些不该管是更高级的智慧。"

吴淼感叹道："这里面真是有大学问！我现在开始有点儿知道您为什么说老师是学生未来形象的雕刻师了。回头来看，我这第一届的班级带得实在有问题！从初一开始就听您讲了不少，现在最大的遗憾就是有些班级教育措施我明明该做，却总是嫌麻烦，觉得没必要做，现在再补救已经来不及了。"

汤老师说："我这办法是前面辛苦，后面轻松。也有的老师选择的是前面轻松，后面辛苦。"

吴淼想想他见过的有些班级，到了初三，每天出勤总不齐，作业收不上来，班级懒散之风蔓延。教室里管不了了，就把学生赶到走廊上站着，甚至去办公室坐着，班主任天天当救火队员……这样看来，其实也不轻松。

这一届是来不及了，下一届真要从初一抓起了，吴淼暗暗在心里拿定了主意。


## 四类游戏玩家

初三的学习生活，如果要用一个词汇去形容它，全看当事人的心态。你可以说它紧张，也可以说它充实；你可以说它单调，也可以说它单纯。

就像谭欣雅描述的，它是一个痛并快乐着的矛盾体。

这是谭欣雅真实的感受。一方面，在初三的压力下生活，让她感到兴奋和快乐；另一方面，初三也给她带来疲惫和痛苦，尤其是一天要面对七科作业的时候。

语文作业有时可以让步，但那毕竟"杯水车薪"，更何况，汤老师也不至于永远不布置作业。

这一天就是这种情况，七科作业不约而同地前来拜访。谭欣雅只盼望汤老师的语文课能早点讲完，留下十分钟给大家做作业。

果然，下课前十分钟，汤老师把要讲的内容讲完了。谭欣雅正要掏出作业，却听得汤老师说，今年世界新闻摄影比赛的评奖结果出来了，有很多好的作品，问大家要不要看一看。

谭欣雅和大家一起拉长声音道："不要——我们要做作业——"

"可是，对时事热点的关注和对画面的捕捉不也是对语文学习很有帮助吗？"汤老师还不肯罢休。

"你又不用做作业。"欣雅嘟囔了一句。

汤老师看向了她。谭欣雅心里暗道倒霉，刚才这句嘟囔没有同学的声音作掩护，被汤老师清楚地听到了。

"我来说明一下。"汤老师开始上演前奏，谭欣雅学大话西游里的至尊宝捂住脑袋——唐僧又要开始念经了。

玩笑归玩笑，谭欣雅还是拿起记事本，准备记录一下汤老师的说教要点——自从她决定将来做一个好老师以后，她就一直这么干。

汤老师说，我想借玩游戏来说说我对这类事情的看法。

首先声明，我不反对大家玩游戏。

刘唯彬和郭一航使劲点头。

汤老师白了他们一眼，接着说，有些家长认为游戏是影响学习的根源，我是不赞成的。因为游戏如棋牌，不过是娱乐手段。能不能管好自己，能不能分配好自己的精力，平衡好自己的娱乐与学习，才是关键所在。不解决这个问题，玩任何东西都会丧志，岂止是游戏？

游戏虽是小道，却也可以看出人的不同质量来。

最末等的玩家，玩游戏完全只为消遣，玩好玩坏无所谓。他们被规则所左右，是随波逐流的弱者。

好一点儿的玩家，立志做高手，玩得有追求。他们看比赛，学攻略，练技术。虽然像很多文章指出的，游戏和人生不一样，人生不会像游戏那样，付出必然回报，而且是立即回报。但如果看透了这一点，第二类玩家还是比第一类高级一些。

第三类玩家，把游戏当成研究对象，分析参数变化，探讨运作机制，推算隐藏数据，质疑开发公司。有这种精神的人，可能做不少事情都会比前两种人强。

还有第四种人，由玩家变成了游戏的开发者、缔造者，游戏规则的制定者，他们玩得和一般玩家不一样。

我想，为什么有的玩家能成为这后两种人，这不是没有原因的。

反观我们的学习和生活，不妨想想，自己在做第几类的玩家，要做第几类的玩家？

汤老师看了谭欣雅一眼，继续说道，我知道大家很忙，作业很多，但我也要提醒大家，这世上有比做作业更重要的事情。不要总是只关注对眼前有意义的事情，却丢弃了对将来有意义的事情。

有些人在忙碌的时候，容易迷失，甚至忽视眼前的生活，不再考虑高远的追求。可老话说得好，要低头赶路，还要抬头看路。你要做哪个等级的人，对自己有怎样的要求，决定了你最终到达的位置。

我们每个人只活一次，要抓住机会绽放光彩。也许未必能像乔布斯一样改变世界，但至少要在自己的活动范围内，做一个不一样的人，不庸庸碌碌，不泯然众人，释放出自己独特的灿烂，这才不枉来这世间走一遭。

谭欣雅觉得自己的小宇宙有开始燃烧的感觉了。

"在这世上有一种人，他们就像太阳，和他们在一起的人总能感受到光芒和热量，"谭欣雅在笔记本上这样写道，"我也要成为这样的人。"

## 分水岭时间

从初三上学期的期末，到初三下学期的保送考试结束，这两个月的时间，在袁凯文的脑海中竟没有留下什么印象。按部就班地——学习，吃饭，睡觉，周而复始。也许是注意力一直集中在学习上，没有关注身边发生的事情。后来回想这一段的时候，竟只记得公布保送成绩那一天。

公布成绩是考完后的一周，上了保送线的同学，确定了可以上本校的高中。据说学校会把他们编到一起，单独组织复习，直到中考。没保送的同学，则留在原班级。换句话说，整个班级在最后一个月将分成两半，而保送考试，就是分水岭。

这一周里，很多人坐立不安，如同等待命运之门打开的惶恐人群，不知道会得到怎样的宣判。

都以为学校会先贴出保送名单，不料消息首先从语文课上得来。

上课铃响，汤老师走上讲台，手上拿着一叠资料，下面静息的学生们并没有发现异样。

"下面我公布，咱们班上第一批获得保送资格的同学。"汤老师不紧不慢地说，好像在交代一件微不足道的小事。

但就像一阵阵风从教室刮过，把每一个静息的脑袋都吹得直立起来。

"年级公布的第一批同学将被编入混合（1）班，我念到名字就请立刻收拾书包，去阶梯教室报到。管年级的秦老师将会给你们交代接下来的注意事项。"

下面有一点儿骚动，因为都知道混合（1）班就是高一年级宏志班的预备队，是年级中的精英。

"张百悟。"汤老师念出第一个名字。

虽然并不意外，张百悟有时还可以拿下年级第一，但看得出来他还是在按捺自己的情绪。他看上去很淡定，开始默不作声地收拾书包，他那白皙的脸上泛起的红晕，显示了他的小激动。

全班先是安静了几秒，然后爆发出一阵长时间的热烈掌声。在掌声中，张百悟动作麻利地收拾好自己的东西。走到教室门口，他又回过头来，向大家挥手告别，这举动引来了教室里一阵新的掌声。

汤老师并没有像平常一样示意大家安静下来，而是耐心地等着，等掌声渐渐平息，他才念第二个名字："谭欣雅。"

这个排位让所有的人大跌眼镜。又是安静了几秒钟，倒是谭欣雅自己挥着拳头从座位上跳起来，喊了一声——"YES!"

全班一阵哄笑，然后又传来一阵掌声。

掌声中高雨涵向谭欣雅小声喊道："祝贺你欣雅!"

谭欣雅笑容灿烂地点点头，对高雨涵说："谢谢! 你也加油!"

看着谭欣雅蹦蹦跳跳离开的背影，高雨涵想，我该怎样选择呢？

下一个是谁？袁凯文在心里猜测。是郑文楠？考完了他说感觉特别好；还是曹君薇？上初三以来她的发挥一直很稳定……

袁凯文又看看陈佳。她双手握在一起，闭着眼，长长的睫毛微微地颤动。

临近考试的时候，陈佳大病了一场。一直到考试前一天，她还去了医院打点滴，这为她的考试蒙上了一层阴影。考完后，她继续天天去医院，回到学校上课的时候也不多说话，显得压力很大。

虽然一个学期两个人都在赌气，但都没提出换座位。临到分别，要写同学录了，还是不免珍惜。

陈佳生病这些天，凯文每天把陈佳没听到的练习答案和自己整理的要点复印一份，等她来学校，也不多说，只递给她。两个人的关系，到了最后阶段，竟回暖起来。

汤老师像是故意制造悬念似的，看似要念出下一个名字，却停下来了。

大家伙都眼巴巴地把老师看着。

汤老师顿了顿，才念出来："陈佳。"

陈佳双手合十，捂住了嘴和鼻子。一滴晶莹的眼泪，沿着脸庞滚落下来。

等她睁开眼睛，周围关系好的几个女生都在安慰她。她向大家表示感谢，内心里竟然有点笑话起自己来，不是告诉过自己要坚强吗，怎么又哭起鼻子来了？

她开始收拾自己的物品。这可能是她最后一次在这间教室里收书包了，她收得很慢，很小心。

而袁凯文呢，也像原来帮她收拾抽屉一样，默默地帮她把东西拿出来，分门别类地叠好，看她一点一点地装进书包和口袋。

没想到还不到毕业，大家就要各奔东西了！

陈佳背好书包，接过袁凯文递给她的口袋，站起身来。接过口袋那一瞬，她看了袁凯文一眼，像是有话要说。袁凯文觉得心跳都在加速，感觉耳朵都要像小兔子一样竖起来，生怕错过了陈佳最后的留言。但陈佳却终于什么也没有说，甚至连谢谢都没说一声，轻轻地走了。

接下来汤老师还念了六七个名字，袁凯文是一点儿也没听进去。他觉得自己好像也有些话想对陈佳说，但直到最后，仍然没说出口。

坐在一起近两年，居然有话到分别了还没说出来，这是不是所谓最遥远的距离呢？

为什么曾经亲密无间的好朋友，到了初三忽然没有征兆地开始疏远？临走的时候陈佳是不是有话要说，已经无从得知了。

也许陈佳走的时候压根儿没想说什么呢，凯文摇摇头，也许是自己想多了。


第二天公布了第二批保送名单，袁凯文名列其中。其实他的成绩是可以进入第一批保送的，因为他对学校高中国防班感兴趣，所以被编入混合（2）班，学校把想进国防班的学生都编进了这个班。

要在一个新的团队里开始学习生活了，袁凯文却感到自己好像没有做好准备似的，总是感觉不踏实。他想了半天，晚上回家后，他觉得应该放下一些东西，让大脑腾出空间，迎接下一段生活。于是，他打开电脑，把自己想说的话，写成了一封信，加了密，发进陈佳的邮箱里。

他忽然注意到，邮箱里有一封陈佳发来的邮件。

他的心跳瞬间加速，点开邮件的时候，手竟颤抖起来。

那封邮件的内容，凯文没有告诉任何人。

只是，在那天的空间日志里，凯文写下了这样一段话："一直以来，我都鄙视青春偶像连续剧，认为那都是胡编乱造的一些奇迹和巧合。可今天我忽然意识到，有些情节不一定是编造的……"

## "小范进"中举

保送名单公布两轮以后，教室里已经走了二十来个人，一下子显得空旷了许多。可空间的增加并没有使刘唯彬的心情更加舒畅，反而越发使他心里堵得慌。

昨天他去找袁凯文，看见他们的新老师一边组织他们复习，一边还在介绍高一的知识。可能是老师比较幽默，那教室里的学生有说有笑，看上去心情不错。看着看着，刘唯彬忽然没了找袁凯文的兴致，自个儿回教室了。

保送名单还会公布最后一轮。如果还没有他的名字，他就只好把希望寄托在中考。

可他知道自己能考个什么水平。

学校的分数线对他来说太高了。以他的排名，指望保送考试还现实一些。因为保送考试给校内的学生名额多，他还有挤上车的希望。若是想凭着中考成绩进本校高中，跟提前说拜拜也差不多。

考不上本校，我去哪里读书？找所普高？

天哪，刘唯彬忽然想，这三年我都干了些什么呀？

除了初三的后半段，自己算是努力了一阵子，以前的时间，都去哪里了？

汤老师再度走进教室，所有人都眼巴巴地瞅着他手里那张纸。

"第三批保送的同学，念完名字后到我办公室集中，有事情交代。"汤老师开始念，"高雨涵。"

高雨涵举起了手："老师，我可以放弃保送资格吗？"

汤老师停了下来："怎么回事？"

高雨涵语气坚定地说："我爸爸要我考北关中学，所以放弃保送本校的机会。"

汤老师问："你考虑好了吗？"

"是的，考虑好了。"高雨涵表情平静。

"那好，我们下来还可以再沟通。"汤老师决定继续。

班上每个同学都清楚，大概会有多少人过关，这已经在老师的多次计算和沟通中了解得很细致了。按照前期的推算，这份名单上最多还会有十几个人，全班三十五六个人保送，就算很理想了。

老师念了十个名字以后，刘唯彬的心情反而平静下来了。

他做好了最坏的打算。

这不就是所谓的陷入谷底吗？还有中考呢。就像安迪被关进肖申克监狱，不是还可以从下水道爬出来吗？

落到今天这一步，也算是自作自受。好在现在的刘唯彬已经知道，自己犯下的错误，要靠自己来解决和承担。

汤老师念了十四个名字。然后他环视教室里剩下的同学，合上了手中的纸。

刘唯彬长长地吐出一口气，低下了头。

然后他听见汤老师还在说话，只说了三个字——

"刘唯彬。"

刘唯彬立刻抬起头，看见汤老师向他晃了晃手上的纸，眼里似有笑意。

这老小子！简直是故意的！刘唯彬将头发向后一抹，又摆出一副抬头挺胸、得意扬扬的模样。洒进教室的阳光，刚才还那么让他烦躁不安，这时却是如此得明媚。

他忽然看到，汤老师的短发在阳光的照耀下反射出银光。他这才注意到，老师的头发已经白了不少。

汤老师还在给大家鼓劲："一直以来，（2）班都是个优秀的集体。祝贺已经保送成功的同学，希望到了新的班级也能记住，你们是从这间教室里走出去的，代表了咱们班级的形象。剩下的同学也不要气馁，我们不是没有机会。哪怕只剩下二十个人，（2）班的阵地还在，旗帜就不会倒。我教过大家，善始善终，不要虎头蛇尾、仓皇败退；我教过大家，如果得不到最优的结果，我们也要争取次优。（2）班这艘大船上的船员，个个都会是胜利者！相信自己，也相信你们的船长，咱们能够齐心协力，登陆成功的！"

最后一批保送的学生鱼贯走出教室，刘唯彬出门的时候，看见坐在门口的郭一航瘫在座位上。最后这段时间，郭一航还是比较用心，他也幻想自己能够搭上末班车。

刘唯彬想对他说点什么，却又觉得无从说起——刚才自己的心情不也这样吗，有什么资格劝慰郭一航？只好默默地从郭一航面前走过。

汤老师走在这群学生的后面，走到门口的时候，他忽然撂下一句："郭一航也来开会。"

郭一航圆睁双眼，诧异地看着汤老师。

汤老师表情很酷地说："谁叫你这三年一直折磨我？就不准我也小小地折磨一下你了？"

一直脑袋转得很快的郭一航竟然没明白这话的意思，张大了嘴一动不动。

坐在他后面的祝云峰抓起本子在他后脑勺上使劲敲了一下："猪头，你也上了！"

郭一航忽然一跃而起，抱着汤老师狠狠亲了几口，然后一边欢呼一边围着教室跑，嘴里还不时吐出一些含混不清的词语，谁也不知道他在说什么。

就像中举的范进，他疯跑了三圈才像是回过神来，又冲回汤老师身边，一边拍打汤老师的屁股一边嚷嚷："叫你骗我。"

里里外外的人都望着他笑。

汤老师笑嘻嘻地逗他："怎么样，刺激吧？"

郭一航抚着他的小心脏："真是心都要跳出来了，以后别这样整我了。"

汤老师说："高中还要不要这样玩心跳呀？"

郭一航连连摆手，说："不玩了不玩了，这太不好玩了。"

他忽然捂住脸呜呜地哭了起来："汤老师，对不起我要给家长打个电话，我太激动了，呜呜……"

## 再见了，教室

阴雨的中午，袁凯文的心情和天空一样，灰蒙蒙的。离中考只有半个月，他想汤老师一定很忙，犹豫再三，还是拨通了汤老师的电话："你好，是汤老师吗？我是凯文。"

电话那头传来熟悉的声音："凯文，最近还好吧？"

袁凯文吞吞吐吐地说："您中午有空吗？我想打扰您一下。"

"什么事呀？"

"就是……就是……想跟您聊聊。"

汤老师爽快地答应："没问题，来吧，我等着你。"

挂了电话，袁凯文又想到，虽然现在是新编混合（2）班的人，但有了事情，还是想找原来的班主任。

当袁凯文出现在汤老师面前的时候，汤老师吃了一惊："凯文怎么这么瘦了，生病了？"

半个月不见面，袁凯文的眼眶凹陷了下去，颧骨也更突出了。

袁凯文有点不好意思："这段时间感冒发烧，刚刚才好。"

汤老师还在开玩笑："你这样的国防身体都会生病呀，有什么原因——嗯，已经保送了，你的中考压力又不大——难道说，是因为感情问题？"

袁凯文苦笑："您就别取笑我了。"

实际的情况是，袁凯文选择高中留在本校，引起了家里的不满。家里希望袁凯文考北关中学，是由来已久的。

袁凯文的理由很简单，以自己的成绩，未必能不交费就进入北关中学。就算直接考上了，也进不了好班，他宁愿留在本校读个好点的班。

但是家里并不赞成，两个姐姐都是在求是中学读的高中，家里觉得他作为唯一的男孩，应该有所突破。

爸爸皱着眉头一支接一支地抽烟，也不说话。袁凯文知道爸爸对他寄望是很高的，但他觉得这件事自己可以做主，一直不肯妥协。

爸爸虽然不满意，但最后还是会让凯文自己做选择，可妈妈就没那么好说话了。

她无法接受命中注定"必成大器"的凯文和两个姐姐一样读本校，先是苦口婆心地劝凯文改主意，见劝说无效又变成挖苦。在她看来，凯文不去考北关中学就是害怕困难，那几天她对袁凯文说得最多的一句话就是："袁凯文我真没想到看错了你，你居然是这种人……"

凯文觉得很苦恼，他不知道自己犯了什么错。后来妈妈转入冷战，一直不理他，还停了他的零花钱。他想问汤老师："为什么会这样？"

汤老师听完他的讲述，静静地说，你没有做错，这是中国式家长的通病——过度关注和过度期待。他们习惯了安排孩子的一切，当孩子做出自己的选择时，就容易被认为是大逆不道。

"那我应该怎么办呢？"凯文问。

老师的意见是什么也不做，这件事自然会过去。不过汤老师还是建议："凯文，从现在到高一开学，这段时间你都可能日子不好过。还记得我们看过那篇文章吗？顺境多做事，逆境多读书。你现在处于一个逆境中，不妨转移自己的注意力，找点儿有价值的事情做做。心里有让自己快乐的事情，外界也就难以影响到你了，不是吗？"

袁凯文点点头，他想起清华学生马涛哥哥对假期的安排。

汤老师还给袁凯文找了件事做，作为班长，召集已经保送考试、任务不重的同学，为班级筹备一台毕业联欢会，也算转移一下注意力。

临分别的时候，汤老师发给袁凯文一百块钱，说是请他看电影。汤老师告诉凯文，最近电影院在上映《驯龙高手》，讲的是一个父亲对儿子不认可，而儿子最终证明了自己。他说凯文应该去看一看。

接下来的半个月，除了复习，袁凯文把全部精力都投入到筹备联欢会上。汤老师看过了他的计划书，表示满意。活动定在中考考完那天下午，地点借用学校的大会议厅，经费向全班募集。计划一个半小时的文娱联欢，两个小时的毕业电影，然后订了家火锅店聚餐。

6 月 14 日，中午十二点。

中考已经于一小时前结束，教学楼的警戒线也已经移走。

袁凯文匆匆赶回教学楼，毕业联欢会的一些道具还放在老师办公室里，他要赶紧搬到会场去。

整栋楼的人似乎都走空了，走廊上悄无声息。

路过初三（2）班教室的时候，他忽然听到里面有声响。教室的门关着，是什么人在里面呢？袁凯文悄悄地凑过去，从门上的小窗望个究竟。

一个穿着校服的女生，正弯着腰，独自在教室里扫地。

不是……毕业了吗？所有的教室都不再有同学做清洁，校工会管的。

那女生扫完一组，直起身来，齐耳的短发，熟悉的背影。

是陈佳。

她是想给这间教室做最后一次清洁吧？

地扫完了，她又把桌子拉整齐，开始慢慢地擦黑板。她的动作很轻，很柔，像是在抚摸着好友的脸庞。

陈佳转过身来擦黑板的时候，袁凯文退后一步离开小窗口，避免被她发现。他想，现在这种情况下，两个人还是不单独见面的好。

教室里忽然完全静了下来，听不到一点儿声音。袁凯文又探出头去，看看陈佳在干什么。

陈佳站在讲台上，端详着这间熟悉的教室。她想起第一天报到的时候。那天，自己第一个到达教室，怀着忐忑和不安探头打量教室里边的情形。那时的桌椅，不就这样摆放得整整齐齐吗？

三年过去了，有的桌椅已经显旧了，但那些桌面在这个安静的中午，似乎又泛着奇异的光，就像一个个熟悉的老朋友在窃窃私语，提醒她这里发生过的每件事情。

恍惚间，汤老师还在课桌间走动，臃肿的身体在狭窄的过道间有些运转不便，引起大家的窃笑，汤老师却不以为意地继续踱来踱去，用他抑扬顿挫的声音灌输心灵鸡汤："还记得那个把自己打扮得很漂亮的女孩吗？她以为人们看着她都是在关注她的穿戴，却没想到是因为她踩了一卷卷纸下楼——所以如果你犯了错，不要以为人家都看着你，别把自己想得太重要！"

她揉揉眼睛，汤老师消失了，取而代之的是那个满脸通红的小姑娘，她正在一个座位一个座位地补发校服，她的脸庞看来还那样地稚嫩；她看到象棋比赛胜利后所有的女生簇拥着那个小姑娘欢呼，让那个小姑娘有点手足无措；她看到四个伶牙俐齿的女生坐成一排，亮出唇枪舌剑，让对面的男生只有招架之功……

她又伸出手，轻轻抚摸讲台，用掌心感受它的光滑。她好像又看见了那截敲断的米尺睡在讲台上——只是，陈佳再也不会因为这样的事而害怕了。

她深深地吸了一口气，对着空无一人的教室鞠了一躬，说："再见，谢谢了。"

当她打开教室门走出来的时候，走廊上静悄悄的，似乎没有人知道她来过。

## 再见，我的菊次郎

等到陈佳赶到大会议厅的时候已经快两点，里面已经人声鼎沸了。对于会议厅几百人的容量来说，初三（2）班这几十号人只能占据会议厅一角，但是现场一点也不显冷清。上午刚刚考完，不少人还在释放"胜利大逃亡"的热情，再加上握手叙旧的，互相安慰的，指挥布置的，准备节目的，各种声音将会议厅装得满满的。

陈佳想，这大概是最后一回，（2）班的人聚得这样整齐了。

身后忽然传来一声大叫："汤老师——"陈佳转身一看，谭欣雅张开双手冲了进来，一直跑到汤老师面前。

汤老师问："考得怎么样，欣雅？"

谭欣雅作撒娇状："可不可以不问这么老套的问题？"

汤老师又问："假期有什么安排？"

"我们——就是辩论那四个女孩子，还有刘唯彬和郭一航，我还计划叫上袁凯文，我们一起去上海看世博会！还记得那个班会吗——假如我们去旅游——我们现在把它付诸实施了哟！完全的自由行，没有大人带队哟！"

"是吗？要注意安全啰。"

谭欣雅像个女汉子似的拍拍胸脯："放心吧汤老师，你忘了，我们在班会上可是把各种可能遇到的情况都安排了对策的，这个出游计划我们已经策划了一年多了！"

"那好，享受你的假期吧！"

谭欣雅忽然双手抱拳："实不相瞒，小女子还有一事相求。"

汤老师也回了一礼："女侠请讲。"

谭欣雅咯咯地笑起来："就是……我可能还是要换所高中。我家里帮我联系了外地一所著名的国际学校，那所学校要我的老师给我写份推荐信。"

汤老师一口答应："包在我身上！"

"太好了！"谭欣雅张开双手，"拥抱一下！"

汤老师也张开双手，任谭欣雅来个热情的拥抱。

拥抱完了，谭欣雅像情感还没表达完似的，说："再握个手！"

握过了手，她又说："再鞠个躬！"

旁边的同学笑起来了。

鞠完了躬，谭欣雅对汤老师说："我妈妈说，她还要打电话给您。"

汤老师笑道："中午她已经和我通过电话了。"

谭欣雅妈妈在电话里感谢老师对孩子的教育，说遇见汤老师是孩子的幸运，老师不仅在关心孩子的学业，还在改善她的个性，培养她的心智。她还说孩子在这个班享受的是真正的素质教育，她不后悔让孩子选这所学校。

会议厅里的灯开始次第熄灭，话筒里传出袁凯文的声音："初三（2）班毕业联欢会即将开始，请大家就座。"

热闹的会场安静下来，在充满怀旧气氛的背景音乐里，投影屏幕上开始一张一张地呈现班级三年来的照片。有歌咏比赛的照片，每个人手拿向日葵，簇拥在实习老师周围，实习老师捧着吉他，大家都笑得很灿烂；有军训的照片，男生都理了光头，活脱脱一群小和尚；忽然一阵哄笑，所有的人回头看刘唯彬，在这张手机拍摄的照片上，刘唯彬正和汤老师面对面地站在讲台上……

照片放完，所有的灯都打开了，主持人万芮和袁凯文上台致辞。坐在汤老师前面的刘唯彬忽然转过来，向汤老师伸出一只手。

他想对汤老师说点儿什么，但话到嘴边却改了主意，变成这样一句话："我想好了，假期一定把字练好。"

汤老师握住他的手："你是向我承诺，也是向自己承诺。说到做到。"

刘唯彬看着汤老师的双眼，那目光一直炯炯地盯着他。多少次，不管他再怎么装作无所谓，面对这犀利的目光，总是会低下头来。但这一次，他终于可以不再回避这目光，因为他已经准备好去面对……

观众们的注意力都在台上，郭一航和于维庆在给大家表演一个搞笑的小品。郭一航几次要跳到于维庆背上，都被狠狠地摔到地上。观众一阵大笑，把朱老师和蔡老师都逗笑了。

表演完了，郭一航喘着气在掌声中下台，坐在汤老师身边。得知郭一航惊险地成为最后一名保送生以后，他爸爸大喜过望，准备了一桌谢师宴，非要拉汤老师参加。汤老师推辞了几次，也没拗过一航爸爸和妈妈的热情，只好出席。

　　谢师宴上，除了郭一航一家三口，那张大桌子上全是汤老师不认识的人。郭一航的爸爸一一介绍，原来男男女女都是他的同学、朋友。

　　汤老师向这些不认识的人微笑点头，他注意到，郭一航爸爸在介绍这些人的时候，都在强调头衔。有两位政府官员，其中一位在教育主管部门任职，还有五六个各种董事长和厂长之类的。

　　这些人显然是没把汤老师放在眼里，寒暄之后就自顾自地高谈阔论。汤老师寻思郭一航爸爸也不是存心要感谢老师，而是想用这个形式向朋友们宣布——儿子保送上本校了！

　　可惜，就连这点意图似乎都没有能实现。大概是因为郭一航爸爸总是在这个圈子里抱怨儿子各种不好，桌上的人都知道郭一航不怎么样。他们喜欢的一个话题，就是调侃郭一航爸爸的教育不得力。看得出来，这在他们已经成了一种习惯，哪怕在庆祝郭一航升学的桌上，他们也不忘拿老郭开涮。

　　那个瘦高的王厂长开口就是："老郭，你说你这么精明能干，怎么不把儿子送到北关中学呢？话说回来，求是也是好学校——但怎么也要北关中学，才配得上你郭董的身价呀！"

　　郭一航爸爸尴尬地笑："哎呀，你又不是不知道，他就这条件……"

　　那个方脸大耳的马主任插话说："欸，你别说这老郭干什么事都强，可就是教育孩子这一块儿，啊，总是说不上话。我看哪，还得向我们周处长多学习学习。"

郭一航爸爸连连点头称是。

汤老师忽然觉得，郭一航的爸爸很可怜。他也不说话，和郭一航一起埋头吃东西。

对面桌上有位被称作陈姐的女宾，带着一个小学一年级的小孩，那小孩从坐下来开始，就把杯盘碗碟敲得"叮叮当当"响，上菜以后，也不等人发话，直接就把喜欢的菜转到面前开动。一边吃饭，一边乱蹿，还不时打断大人讲话，发表几句自以为是的高论。

只听陈姐说："我早就觉得，孩子有没有出息是从小看得出的。看我们家贝贝，多大方。一航这孩子是我们看着长大的，其实还是乖，就是太内向，人前都不太说话的，那怎么行？"

汤老师扭头看郭一航，面无表情地低头吃菜，和学校里的古灵精怪判若两人。

陈姐还在高谈阔论他们家贝贝的聪明伶俐，讲他小小年纪就把两个大人骗得团团转，将来肯定不可限量；还说一年级期末双科都上了九十五分，家长问他为什么不考满分，他反问家长："你们能做到完美吗，还来要求我？"

陈姐拍手大笑："不愧是我儿子！小小年纪就这样机智！再说，双科上九十五也是高分了——汤老师，我听说一航成绩一直不太好，他可能考不了这么高吧？"

马主任接过话茬："说你就是没文化。人家那是中学，和你小学的成绩怎么比？"

汤老师放下餐具，拿餐巾擦了擦嘴，对陈姐说："如果单论成绩，一航在我教的班上不算最好的。但是他为人热心善良，又重感情，是班上最受欢迎的学生之一。他不仅聪明伶俐，而且别人交给他的事情，他能认真负责地完成，是我们的优秀班干部。而且，老师们都觉得他家教很好，对人有礼貌，尤其是在公共场合，特别有教养。"

桌上一下子冷了场。

半晌，还是那个在教育机关任职的周处长开了口："我们的老师不简单哪。"

王厂长赶紧打圆场："就是就是，名师出高徒嘛！一航能够保送，还得谢谢老师！来，我敬老师一杯……"

郭一航的思绪回到联欢会场，汤老师已经被拉上了台，加入做游戏的行列里。郭一航久久地凝视着台上那个摆出夸张造型的大叔，轻轻地说了一声："谢谢你。"

联欢会结束，大家围坐在一起，观看初中的最后一场电影。

电影是汤老师选的，日本电影《菊次郎的夏天》。北野武扮演的痞子大叔，带着没有父母关爱的正男去找妈妈的故事。大叔虽然没能为正男找回妈妈，却陪着正男度过了一个快乐夏天。电影感人却不催泪，轻松的情节时常逗得大家发笑，适合毕业的气氛。

电影开场以后，袁凯文找了个角落坐了下来。忙活了大半天，布置场地，活跃气氛，又要主持又要催场，他是真心累了。

在明灭闪烁的光线里，他端详着那一张张熟悉的面孔。不知什么时候，这一张张面孔由稚嫩变得成熟，感觉这些人越来越可爱。同年级的朋友说到（2）班，都是一脸的羡慕，这个曾经不起眼的班级，也不知道从什么时候悄然发生了变化。

他忽然想到，这个班令人羡慕的团结与和睦，其实是很多人刻意经营的结果。与其说这是和睦的一群人，不如说这是想要和睦的一群人。

他是个很懂得珍惜的孩子，他觉得能和这些人聚在一起真是很幸运的一件事情。他甚至想到，也许，今后再也不会遇到情感这样深厚的班级了。坐在这里的人，包括汤老师，和他一起经历了太多事情，也教会了他太多事情。作为班长，他觉得自己应该为这群人做点儿什么。

电影结束，灯光再次打开。汤老师拿着话筒走上了讲台。

他向台下的这些少男少女挥手致意，就像在参加一场演唱会，下面的同学报以一阵嘘声和哄笑。

汤老师曾对凯文说过，这最后一次，不要搞得像《最后一课》生离死别似的，要大家都开开心心的。

汤老师开始高调地讲话："报告大家一个好消息！我们班级一共保送了三十六人，在全年级名列第一。再加上我们在后期良好的复习状态，我预计我们会有超过四十人在高中碰面！"

台下掌声和口哨声响成一片。

"我们这个入校排在年级第六的班级，自上初三以后，就一直保持年级第一，更在后期的考试中取得了佳绩！祝贺大家，你们创造了奇迹！"

在掌声中，郭一航冲上台来，献了一束花给汤老师，又狠狠抱了几下，才在笑声中跑下台去。

等到大家安静下来了，汤老师环视全场，好像要把每个人都装进眼睛里似的。他说："今天，（2）班这艘大船顺利靠岸了，我祝大家前程似锦，一帆风顺！当你遇到困难的时候，希望你记住，无论你走到哪里，都会有一个菊次郎一样的大叔在身后注视着你……"

汤老师的声音开始哽咽了，他没能把酷装到底。

有的女孩子开始抽泣了，但就在这时候，刘唯彬忽然在后排举起拳头喊道："老汤，挺住！老汤，挺住!"

郭一航也跑过去，和刘唯彬站在一起，用同样的姿势举起拳头。

谭欣雅也跑过去了，赵一贤也跑过去了……七八个人组成了一个临时啦啦队，动作整齐地挥动着拳头，声音也步调一致："老汤，挺住!"

老汤终于挺住没让眼泪出来，他向着后排，向着全场，做出一个"V"的手势，然后胜利地笑。

这时背景音乐不失时机地响起，就是那首班歌——《倔强》：

当，我和世界不一样，那就让我不一样，坚持对我来说就是以刚克刚……

这首歌和这个老土的剪刀手姿势就这样定格在袁凯文的毕业记忆里，凯文对剪刀手的主人默默地说了一声：再见，我的菊次郎。


## 幸会一场

我，老汤，初三（2）班的班主任。

如果说从二十多岁到六十多岁，四十年的工作经历可以分解成若干个三年的轮回，那么，我算是又完成了一次。

那些离去的孩子会时常地回来看看，就像乔伊·亚当逊笔下的小狮子爱尔莎。在每个暴风雨的夜晚，乔伊会惦记着爱尔莎。

我也一样。

初三（2）班已经完成了她的使命，已经解散了。但是，我又感觉，她一直都在。

总感觉有一些事情，似乎还没有完成。

　　有位前辈对我说，如果你已经能够帮到一个班的孩子，那你就应该想想，怎样帮到更多的孩子。

　　六月二十五日，晴。
　　和吴淼一起在操场上晒太阳。
　　聊起班主任的价值。
　　我时常和学校附近的小贩、餐馆的老板以及出租车司机聊起这个话题。在家长的眼中，一所学校好不好，除了高中上线人数、升学率等的宣传以外，很重要的一点就是孩子的老师好不好，班级好不好。
　　在家长眼里，孩子所在的班级，就是整个学校。
　　在孩子眼里，他遇到的老师，可能影响他的一生。
　　所以我们要多努力。
　　吴淼说，像你这样教学生，劳心费力，最终的效果可能要在别人的手上才能显现出来。我说，一个人的能力虽然会影响到他的境界，但反过来，他的境界也会左右他的能力。做一个有境界的老师，是一种享受。至于得失，别计算那么多。
　　有位朋友这么说过："搞教育的，还是要有些情怀。"

　　六月二十八日，阴。
　　张苇单独来找我，我请她喝咖啡。这次会面是中考前我们就说好了的，我说，这次来会给她看点儿东西。
　　张苇找的补习中心不错，凭着中考成绩，再交一点儿钱，她进了附近的一所县中，挺不错的学校。她说，她要在新的班级当班长，要学会去关心别人。
　　她说她正在看阿德勒的心理学著作，讲述的是如何克服自卑的。

她还说，回来看我，也是想对老师单独道谢。

我说别急着告别，我们没准儿还有合作的机会。我给她看我写的一个东西，讲述一个孩子努力战胜原生家庭影响的故事。我希望她看了这个故事，心态能好起来。我还鼓励她说，不妨多动动笔，记下所思所想，以后我俩合作写书的时候，就把各自的东西放到一起。

我会等她。

六月三十日，晴。

李皓冬和他妈妈来看我。

李皓冬送给我一支他亲手做的铅笔，这支做工和质地都是最精致的，特别是上色，跟商店卖的没有区别，真不知他怎么捣鼓的。

李皓冬妈妈说，孩子这初中这三年，比小学六年快活。

我说，环境的改变也来自自身的改变。我向李皓冬竖起大拇指，夸奖他好样的。在与大家融合这方面，我看到了他的努力，他是一个勇敢的小孩。

李皓冬不断地搓手，他一定很高兴。

七月二十五日，多云。

在街上碰见高雨涵一家三口。假期过去一半了，我问高雨涵学校落实下来没有。高雨涵表情尴尬，说了一声"呃——"。她妈妈抢过话头，说："就是着急呀，汤老师。你有什么门路吗？"高雨涵的爸爸又抢过话头，涨红着脸说："没有问题！一切顺利！谢谢老师关心！"

北关中学对于高雨涵来说还是困难了点，希望她一切顺利，找到解决的办法。

　　我曾经对高雨涵讲过一个故事，主角是一匹不爱接受意见的马。高雨涵能不能学会反思和学习，摆脱家庭给她的宿命呢？

　　八月二十日，雷阵雨。
　　接到曾育强的短信。他去了一所普高。那所学校的训练条件还不错，他还是可以继续练他的专项。
　　他那短信挺有意思，摘录如下：
　　老汤，谢谢你在中学的三年没有孤立和放弃我。我在假期里想了很久，知道自己的方向了。我会朝着这方向努力的！好，我不多说了，你总劝我少说话、多做事，我以后拿行动给你看。

　　八月二十三日，晴。
　　袁凯文来找我，说有东西给我。其实我们俩一直都说他们去上海旅游回来就见面，但他们回来了我又出门去旅游了，不知怎么的，一直拖到暑假快结束了才见面。
　　当袁凯文拿出他带给我的东西时，我愣住了。
　　这是袁凯文花了一个假期的时间写的一本班级回忆录！
　　回忆录一共六万多字，给班级每个同学（包括转走的），都写了个小传，还有前言和后记。袁凯文说先是一篇一篇在 QQ 空间里写好，再整理到一起，装订成书的模样。他说这样就能把这个班级留在记忆里了。
　　我花了一个下午细细地读完这篇回忆录，这个孩子观察的细腻和认识的深刻都让我震惊。班上的很多人、很多事，只有我这个班主任才知道全貌，他作为一个学生，不可能全知道，但在他的笔下，却分析得丝丝入扣，仿佛亲身经历。一直以来，我知道这个孩子不简单，但没想到，他那粗犷的外表下有这样丰富的情感。

这本回忆录刺激了我，我也应该加快动笔的速度了。

凯文还带来一个张苇给我的礼物，是在上海买的一个钱包。打开钱包，里面有一张小纸条，上面写着：对你不能接受的人和事，学会降低标准。

我一直以为，我是这群孩子的老师，是我在教给他们一些东西。但总是在不经意的时刻，发现他们也是我的老师，他们也在随时提醒和教授着我，引导我的成长。

在这小小教室里的相遇，究竟是学生的幸运，还是老师的幸运？

分手的时候，凯文说："经师易遭，人师难逢，您永远是我的老师。"

可能是语文老师的职业习惯，我立刻回了一句："亦师亦友，互帮互助，我永远是你的朋友。"

目送凯文离开，我正想转身回家，一个留着小平头的年轻人蹿到我面前："汤老师，没想到在这里遇上！幸会幸会！"

我辨认了半天，疑惑地问："你是？"

那小子抱住我的双臂说："不认识我了？我是小勇呀！你第一届的学生！你不记得啦？我眼角撞裂了，你还把我送到医院哩！"

我微笑着看着这小子，没有马上开口，但是我可以清楚地感到，一种暖意正从心底向全身弥散开来。

天是那么豁亮，地是那么广。

就这个 feel，倍儿爽。

# 后　记

　　2013 年，我忽然想写一个故事，写一个关于老师、学生和家长的故事。

　　就像《窗边的小豆豆》一样，学生可以看，家长可以看，我的同行也可以看。

　　这个故事来源于我过去六年所经历的人和事。就像 J. K. 罗琳的灵感来源于车窗外那个向她微笑的眼镜小巫师。多年来，我也常常仿佛看到那些已经离开我的学生——他们其实离我并不远，也在向我微笑。我庆幸曾陪伴他们走过一小段路，书写下属于我们自己的小小传奇。直到有一天，我意识到随着岁月的流逝那些一直清晰的微笑开始变得模糊，才决定抓起笔来。

　　我希望通过这个故事，刻画一个班主任老师。如果我的同行发现自己和这位老师有共通之处，让我们共勉；对班主任工作的开展，在故事里抛砖引玉，也希望形成思想的碰撞。

　　我希望家长在这个故事里，增加对于子女教育的思考。社会运转越来越快，家长越来越忙，但我们仍然要停下来想想：为什么有的孩子让家长充满希望而有的却充满失望？细数那一个个家庭，你会发现教育的成败充满了必然。修身齐家的古训从来都没有过时，如何与进入初中的孩子相处实在是门学问。

　　至于孩子们，看看同龄人如何面对与解决成长中的困惑，实是有益的借鉴。你喜欢怎样的老师，也欢迎不吝赐教。

　　这个故事里九成以上的情节都是发生过的事实，当然，出于创作故事的需要，也有一些调整。比如有些事件在时间轴上的位置有变动，有些人物其实是由不同时期的若干人物组合而成。我的朋友，如果你在小说里看出了谁的影子，不妨会心一笑；如果你觉得故事有点走样，也不要懊恼——就像方鸿渐不能代表钱钟书——那个人也许根本就不是你。

　　到这本书出版的时候，袁凯文已经成长成一个威风凛凛的军官，陈佳刚刚博士毕业，张苇在意大利读完了时装设计，谭欣雅在读研究生，郭一航留学回来开了自己的摄影工作室，李皓东则和汤老师成了同行——在大学当辅导员。

　　汤老师还在教书，还自得其乐地在抖音和微信上做了一个叫《唐老师的教室》的教育节目，取这个名字，就是为了纪念那个让大家一直记在心里的教室。

　　更幸运的是，袁凯文和余远航都各自在这个班上找到了自己的终身伴侣，汤老师还参加了他们的婚礼。

　　一间好的教室，带给大家这样的缘分和际遇，是不是真的很值得珍惜？

　　汤老师对吴淼说，老师是学生未来形象的雕刻师。其实，一间教室最后能成为一件艺术品，里面的每个老师和学生都是雕刻师。他们一起雕刻着这件作品，改变了这个集体，也改变了每个人的现在和将来。

　　让我们一起，把学校、把生活、把社会，雕刻成更美的样子！

　　　　　　　　　　　　　　　　　　　　　　　　　2021 年 12 月